高校思政教育理论与创新探究

殷晴波　韩　雪　薛萧萧◎著

北京燕山出版社
BEIJING YANSHAN PRESS

图书在版编目（CIP）数据

高校思政教育理论与创新探究 / 殷晴波，韩雪，薛萧萧著. -- 北京 ： 北京燕山出版社，2024. -- ISBN 978-7-5402-7303-3

Ⅰ．G641

中国国家版本馆 CIP 数据核字第 2024QA7439 号

高校思政教育理论与创新探究

作　　者	殷晴波　韩　雪　薛萧萧
责任编辑	王　迪
出版发行	北京燕山出版社有限公司
社　　址	北京市西城区椿树街道琉璃厂西街20号
电　　话	010-65240430
邮　　编	100052
印　　刷	北京四海锦诚印刷技术有限公司
开　　本	710mm×1000mm　1/16
字　　数	225千字
印　　张	14
版　　次	2025 年 3 月第 1 版
印　　次	2025 年 3 月第 1 次印刷
定　　价	76.00 元

作者简介

殷晴波，出生于 1984 年 05 月，学历，讲师 职称。毕业于周口师范学院思想政治教育专业 ，现任职于郑州商学院。主要研究方向为 政治学、思想政治教育（写明与出书方向有关的 1-2 个方向即可）。获奖情况：1.《河南省民办高校基层党组织体系建构研究》、河南省社科联、结项、SKL-2020-302。2021．7、主持；2.《推荐党员干部"四史"教育的有效途径研究》、河南省社科联、结项、SKL-2021-33。2022．8、主持；3.《黄河流域生态保护和高质量发展科技创新对策研究》、河南省软科学研究计划项目、结项、编号：212400410165。2022．9、省级、参与第二名。

韩雪（1985．04——），女，汉族，山东滨州人，目前就职于长春金融高等专科学校，职称为讲师。毕业于吉林大学马克思主义学院马克思主义发展史专业，研究生学历，硕士学位，主要研究方向为思想政治教育，主讲课程《大学生劳动教育》，学生管理、教学经验丰富。曾先后在省级以上期刊发表论文两篇，主持、参与科研项目多项，获得省级优秀妇女研究成果一等奖（排名第 7），指导学生参加创新创业大赛获得省级荣誉。除此之外，获得省级"双师型"教师，省级优秀征兵辅导员。

薛萧萧，1989 年生，女，汉族，河南南阳人，硕士研究生学历，职称为助教，广西民族大学社会保障专业，现任职于河南工业职业技术学院，主要研究方向为思想政治教育、马克思主义理论等。主持、参与省市级科研项目 4 项，发表论文 6 篇。

前　言

思政教育是以人的思想为对象的教育活动，它帮助人解放思想，进而用解放了的思想指导活动。它的目的在于唤醒人们内在沉睡的思想，激发奋发向前的精神力量，使人们朝着正确的方向奋勇前行。随着科学技术和信息技术的不断更新，各种社会思潮、思想文化相互交流融合，冲击和影响着当代大学生的理想信念和价值观念，使其思想日趋复杂。从大环境来讲，需要政府、社会和家庭积极参与，提供支持帮助；从小环境来讲，需要全体教职工同心协力、以身作则、言传身教、教书育人。

高校思政教育的主要目的是帮助大学生树立正确的世界观、人生观和价值观，大学生作为社会主义现代化建设的接班人，贯穿高校学习生涯的就业指导课是帮助当代大学生完成思政教育的主要途径。

高校思政教育工作是高校整体工作的重要组成部分。高校必须以全新的思维方式和视角来审视、探索新时期大学生成长成才的规律，在继承传统思政教育合理方法的基础上，积极开展思政教育的探索与实践研究，引导高校大学生走上健康发展的道路。

本书是一本探讨高校思政教育理论与创新探究的书籍，主要从高校思政教育概述、高校思政教育的队伍建设、高校思政课教学模式的改革与创新、高校思政教育工作的内容创新、高校思政教育工作的方法创新、新媒体环境下高校思政教育的提升、高校思政教育路径的创新发展等诸多方面进行阐述。

本书论述严谨，结构合理，条理清晰，重点突出，通俗易懂，内容丰富新颖，希望能为高校思政教育工作提供一些有益的借鉴。本书在写作过程中参考了大量的文献资料，不能一一列出，在此向参考文献的作者表示崇高的敬意。由于作者水平有限，书中难免存在很多不足之处，恳请各位专家和读者，能够提出宝贵意见，以便进一步改正，使之更加完善。

目　录

第一章　高校思政教育概述

第一节　高校思政教育的内涵与理念

一、高校思政教育的内涵

高校思政教育，力求将大学生培养成符合我国社会要求，将具有中国特色社会主义事业的课程，有目的、有组织、有计划地向高校学生输出教育培训。通过政治素质、思想、品德、心理素质等方面的教育，将当代大学生培养成未来社会发展需要的接班人，思政教育活动的主要阵地就是高校。目前，我国仍然需要借助于思政教育的方式让大学生了解马克思主义中国化成果，让学生们了解伟大复兴中国梦，并将"四个自信"转化为努力工作和学习的实际行动。坚持马克思主义指导思想，是高校思政教育需要遵循的指导思想，我国高校开展的思政教育必须体现出中国思想教育的特色，必须体现出中国特色社会主义价值观念。

我国高校开展的思政教育属于实践层面的活动，在实践教育活动中，大学生既是实践活动的主体，也是实践活动的客体，也就是说，大学生具有双重身份。大学生思政教育使用的主要途径就是思政教育课程，致力于让大学生成为未来社会发展所需要的人才。在教育的思想上将马克思主义放在主导地位，根据现有的中国特色社会主义理论成果，让学生在全面发展的同时，强化自己的社会主义理想和人生观、世界观、价值观的建设。让学生通过思政课成为一个具有社会责任感的大学生，加强思想道德，对于社会来说也具有十分重要的政治意义。

目前，我国正在加紧建设现代化的社会，想要实现民族的伟大复兴，想要实现中国梦，想要在国际当中占据更有利的竞争位置，那么必须对当代大学生展开思想方面的观念教育，这样才能培养出未来国家发展需要的高素质人才。

二、高校思政教育的理念

在社会快速发展的过程中，人们的价值观念、生活观念都在一定程度上发生了变化，当下，我们处于全新的发展时代，处于这个时代当中的我们也需要让思政教育显现出时代特点，这样思想教育才能培养出符合时代发展需要的社会主义接班人。这就需要我们不断更新传统的思政教育理念，以适应社会发展的需要。我国的思政方面的研究专家、教育学者应该思考如何让目前的思政教育理念与社会发展需要、时代发展需要相吻合。

在人们进行大量的实践活动以及大量的理论思考之后，就会创造出思想观念，与思想观念、哲学信仰、精神向往及理想发展有关的抽象化的事物，就是我们所说的理念，而教育理念指的是教育主体进行的对教育工作的理解、分析、实践，在此基础上所创造出来的教育观念或者教育信念。思政教育的理念是指教育主体在教学实践过程中逐渐形成的有关思政教育的最基本问题和本质规律的理性认识，思政教育理念当中，明确了思政教育所处的地位、具有的功能。与此同时，也明确了思政教育要使用的方法、要达到的目的、要遵循的规律。思政教育工作者在开展实践活动的时候，需要把思政教育理念当作最基本的准则，它在思政教育观念中居于统领和核心地位。

学校的思政教育理念是教育主体在思政教育教学过程中形成的一种教育指向性观念，是对学生的社会实践活动的理性认识。思政教育理念在先进理论的指导及影响之下，可以客观地对现实问题进行深入分析，所以，思政教育理念不断地在实践活动中持续发展、持续创新。

（一）开放式的教育理念

开放式教育是针对封闭教育来讲的，是一种借助现代科技手段来优化教育资源和环境的配置，从而营造出开放、民主、和谐氛围的新型教育模式，开放式教育要完成的任务是帮助学生综合发展。思政教育应该借助当前的思政教育资源进行教育模式的构建，让学生可以在自主的学习模式当中进行积极地互动，为学生的学习构建自由的、和谐的及平等的氛围。开放式教育可以更好地引导学生，让他们形成正确的价值观念。总的来看，开放式教育理念能够促进学生在心理智力等方面的能力发展，能让学生更好地适应外在环境的变化，这有助于学生快速融入社会。

1. 开放式教育是交往互动的教育

思政教育的开放性主要体现在：在教学过程中，教师与学生之间，特别是学生与学生之间相互交流、相互理解，从而使学生在相互交流中实现自身的发展进步。开放式教育强调培养学生的人际交往能力，强调让学生掌握正确的社会交往技巧，让学生从理性角度对交往方式及交往对象进行判断，这有助于学生通过交往进行人格的完善。

2. 开放式教育具有包容性

由于自然和社会环境是复杂多变的，所以，思想政治教育也应该秉持开放包容的态度，让学生实现全面自由的发展。只有采取包容性的方式，才能实现普遍性要求与先进性要求的有机结合，体现出主旋律与多样化的有机结合，呈现出共性与个性的有机结合。

3. 开放式教育的本质是学生的自我教育

高校在开展思政教育的时候，要培养学生的自我教育意识，在提高学生自我管理能力的时候，也要把思政的教育目标转化为学生主动追求的目标，从而实现学生自我教育的目的。

（二）德育为先的教育理念

德育为先是思政教育中的一个教育理念及教育原则，在培养人才的时候需要遵循德育为先的基本方略，德育和其他教育不同，德育可以引领其他教育的发展，德育注重对学生的思政观念进行教育，它强调让学生形成思想道德培养方面的认知和意识，它强调改变学生的行为。德育为先具有以下三个方面的含义：一是德育为先是一种教育理念和育人的要求；二是德育为先所表达的并非简单的教育序列问题，而是对教育的要害与本真的界定；三是德育为先是多层面的为先、深层次的为先。

三、高校思政教育理念创新的有效途径

体现时代精神，反映现代教育的本质要求，是高校思政教育理念转变与创新

的发展方向，具体来说，应当包含以下几个方面。

第一，树立以学生为本的育人观念。以人为本，以学生为本，是现代教育的核心理念，是一切教育事业的灵魂和根本，更是时代精神的集中反映和基本要求。我国高校思政教育，应当顺应教育条件与环境的变化，正视价值观念体系多元化的客观趋势，立足于社会的现实需要，转变过去那种思想政治教育单纯为政治服务的传统观念，相对弱化德育教育的工具性与功利性，而将视角真正凝聚到学生本身上面来，着眼于学生的未来发展，将促进学生的健康成长作为工作的重心。

以学生为本，就是要将学生的切身利益和发展需要，作为思政教育的第一目标，以社会主义核心价值体系为导向，从世界观、人生观和价值观三个维度，致力于学生健全人格的培养塑造，为学生的健康发展打造良好的心理品质基础。

以学生为本，就是要充分尊重学生，理解学生，爱护学生，立足学生的实际思想心理特点，遵循学生的成长发展规律，同时，兼顾学生的个性差异，引导学生树立全面发展的成才观和服务社会的崇高理想。

第二，树立素质教育、人文教育的育人观念。其实，无论是文化知识教育还是专业技能教育，首先是对人的教育，所传授的内容无论多少、不论难易，当以能够被受教者吸纳并内化成为个人的学识为原则。任何教育手段的施加，目的就在于改善受教者的素质和能力——这是一切教育的根本。因此，我们要真正树立起素质教育的科学理念，将促进学生道德品质素养的提高，作为思政教育的中心任务，贯彻始终，常抓不懈。

与此同时，还要强调人文教育的理念。与人文精神的培养有机地结合，并赋予其崭新的时代内涵，是高校思政教育改革的努力方向。要改变以往那种一味执着于概念、定义、原理，惯于在理性逻辑、机械记忆、抽象思维上面做文章的唯学术主义育人模式，将人文教育、人文关怀融入日常教学，更多地关注学生的情感、心理、兴趣等精神层面的需求，启发学生的个性觉悟、培养学生的人文精神，提高学生的综合素养。突出人文精神的培养，实现人文教育的回归，是高校思政教育理念革新的必然趋势。

第三，树立现代意识的教学观念。科学技术的迅猛发展和网络传媒的强势推进，将现今社会纳入了知识经济的时代，知识的更新势如潮涌，信息的传递方便快捷，沟通的方式多样高效。高校思政教育理当顺应潮流、跟上步伐，推陈出新、升级换代，树立起现代意识的教学观念，主要从以下几个角度出发。

一是单一性教学方式向综合性教学方式的转变。传统的课堂讲授法说教性强、方式单调，可适度减少，同时，增设一些兼具操作性与互动性的教学方式，例如，主题研讨课、演讲辩论课、案例辨析课、论著研读课及适量的校外实践活动，进一步调动学生的积极参与，提高教学的针对性和趣味性。灵活多样的教学方式，能够拉近思想教育与学生内在需求的距离，拓宽师生间的交流与沟通。二是理论说教向理性分析的转变。传统的理论说教空洞生硬，缺乏信服力和感召力，当逐步削减，要注重理论与当前实际的有机联系，要针对学生感兴趣的现实矛盾、社会焦点、典型事例，展开充分的理性分析、道理辨析，从而增强思想政治教育的时代感与说服力，提高教学的认同度和接受度。三是人力教学向科技教学的转变。应当改变传统的粉笔、黑板加教案这种基本依靠人力的教学方式，适度引入影像设施、网络传媒、教学课件等手段，增加技术含量，拓宽沟通渠道，丰富并优化思想政治教育的模式。

第四，加强教师队伍思想道德建设。一线授课教师是日常教学的主要承担者，也是教育理念人格化的直接载体。教师的教育行为，完全受其所秉承的教育理念的支配；科学的信念支持，是教师授业解惑、教书育人的不竭动力。因此，一定要重视教师队伍的思想道德建设，对师资的培训要制度化、现代化，要鼓励引导教师自觉地更新观念，自觉地增强科学意识和现代意识，努力培养一支理论素养高、态度作风正、职业技能优的队伍，从而保证思政教育的方向和质量，巩固改革与创新的成果。

总之，只有首先解决了"培养什么人"的问题，才能进而研究"如何培养人"的问题；只有真正树立以人为本的教育理念，切实贯彻科学实效的教学观念，才能确保各项改进工作循序渐进、稳中有进，高校思政教育就能焕发活力，再创佳绩。

高校思政教育的成败，关系到党的前途和命运，关系到国家的长盛久安，关系到中华民族的伟大复兴。创新是一个民族进步的灵魂，是一个国家兴旺发达的不竭动力。体现时代性、把握规律性、富于创造性，是高校思政教育发展的必然趋势；以人为本、科学发展、注重实效，是高校思政教育理念创新的根本核心。

面对新形势，应对新挑战，广大高校教育工作者应当进一步解放思想，锐意进取，努力开创高校思政教育新局面。

第二节　高校思政教育的特征与价值

一、高校思政教育的特征

（一）高校思政教育环境的特征

第一，思政教育环境具有多元化特征。在我国和世界以及国际社会逐渐接轨的情况下，我国的经济发展、文化发展、政治发展都出现了一定的变化，也进行了一定的创新，在不断交流的过程中，思想越来越多元化，文化越来越多元化，所以，从整体来看，文化环境是相对复杂的，处于这样的时代背景下，学生也会受到各种各样思想的影响。在这样的环境下，思政教育所面临的环境也必然更加多元、更加复杂。总的来看，思政教育的发展受到了传统文化、西方文化，以及现代文化等多种文化的影响。

第二，思政教育环境的国际化。由于世界各国的教育交流与合作日益频繁，思政教育也受国际环境的影响和制约。尽管各国思想教育的内容不同，但是归根结底都是对本国文化的认同和民族精神的弘扬，每个国家的思想教育都致力于让个体明确自身的个人职责、社会职责、家庭职责，致力于让个体遵循社会大众所认可的道德规范，每个国家都会借助思想教育的方式实现个体从自然人到社会人的身份转变，不同国家因为存在社会发展差异、环境差异、历史差异，所以，使用的思政教育方法也存在差异。

（二）高校思政教育对象的特征

1. 人格的独立性特征

人存在于社会中，会追求物质和精神世界的和谐统一，从哲学的角度对这种统一进行理解，指的就是人追求生活方式的和谐。在社会快速发展的情况下，人的生活方式受到经济的影响，也出现了变化，个体越来越强调自身的独立发展，人和人之间没有那么强的依赖性、关联性，人也开始有了更多方面的物质需要，市场经济对个人和企业都产生了影响。在它的影响下，个人和企业越来越独立，个体也越来越注重彼此之间的平等，可以说，在经济快速发展的同时，个体的主体特性也得到了有效凸显。所以，当今的学生都有较强的主体意识，他们开始关注自身的独立成长、独立发展。比如，利用假期或课余时间做兼职，逐步实现经济的自主化。他们的视野更加开阔，法律意识更强，且个性张扬，追求前卫。

在当今市场经济背景下，竞争机制激发了人们的生产活力，随着生产力和生产关系的解放，促进了上层建筑和文化方面的繁荣。当就业机制出现变化的时候，人类在谋生方式的选择方面也有了新的变化，这样的变化让个人对国家以及社会不再产生强烈的依赖，个人变得更有自信，更加独立，在这样的情况下，人的思维方式也会出现变化。

2. 网络的依赖性特征

在互联网行业快速发展、科学技术水平不断提高的情况下，社会上出现了很多新媒体，这些媒体对人们的生活方式也产生了影响，人类可以利用新媒体作为途径去获取知识、去沟通交流，人们越来越依赖通过新媒体进行人际交往。在信息化浪潮中，学生是追赶信息化浪潮的先行者，他们对科技生活的适应能力更强，可以熟练使用各种高科技软件及机器，开始习惯并依赖于网上购物，是否会使用微博、微信等，成为时尚的判定标准。

网络是把双刃剑，如果过度依赖，则势必会对学生产生很多不利影响，这就对大学生的思想政治教育提出了新的要求和挑战。由于网络信息鱼龙混杂，缺乏必要的监管，所以，净化网上环境势在必行。随着网络对日常生活的渗透，现实生活逐渐趋于虚拟化。在虚拟化的网络空间，学生可以更大程度地展现自己的个性，所以，学生越来越关注虚拟空间，忽略了现实生活。这些问题的出现，也使网络文化精神家园的建设迫在眉睫，这也要求人们要传播积极健康的内容，使网络变成社会主义文化传播的新阵地，为学生营造良好的发展空间。

二、高校思政教育的价值

在时代不断发展和变化的情况下，思政教育的研究也必须跟上，只有跟随时代需要，思政教育学科才能实现更好发展。思政教育在跟随时代发展过程中，需要研究自身的发展定位，分析自身对时代发展的意义。

（一）高校思政教育价值的认知

价值的意思是值得的，是指一件事物的价值，并主要指经济价值。

价值是人的需求与满足这种需求所需要的客体属性达成的交接点。主体与客体是肯定关系。主体和客体决定了价值，同时，价值还会因为主体的能动性，相应地改变客体的历史性。马克思主义哲学认为，价值所具有的客观源泉和基础都是价值客观性的表现，同时，价值也是将主体性和客观性及历史实践等统一的内核。

1. 思政教育价值的概念界定

价值在思政教育方面体现出教育的有用性，讨论思政价值含义的前提，必须是将思政教育当中的主客体，通过正确的价值观联系起来，从而正确地构建它们的关系。

社会由人组成，人是社会的主体，也是思政教育的主体。人们在社会中不可能脱离集体而存在。因为人是社会组成的一部分，与社会相一致；同时，人与社会之间的关系是相互成就和构成的。人既能够创造出社会环境，而社会环境也能够塑造一个人的人格。人与社会的物质条件，对社会发展会产生直接影响，对人和社会之间的关系也会产生影响，它直接决定人在群体当中以及人在社会当中的价值和意义，社会当中的人是思政教育的主体，也就是说，群体与个体以及全球的人类，与思政教育构成主体和客体的紧密关系。

主体和客体是一个相对的概念。主体的认识以及实践都是通过客体展现出来的。在思政教育中，主体的主要对象就是客体，主体与客体之间能够直接发生一些特定的关系，而且主体和客体可以在思政教育实践活动当中建立密切关联，主体之所以存在，主要是因为产生了价值关系，思政教育在确定主体地位时，可以从三个方面定义主体的地位。首先，通过物质或精神的分类来划分对象。物质主要表现在教育环境、条件等方面。精神主要表现在教育的目标、内容以及原则等。其次，通过性质可以将教育的主体分为个人和社会的。最后，通过来源可以将主体分为本身的主观世界以及之外的客观实践。主体本身是能动的，是通过不断的认知和评价进行自我教育的，因此，主体也可以包含在客体之内。就是说主体在一定条件下，可以转化为思政教育的客体。

思政教育当中主体产生的发展需要，无法利用思政教育本身具有的价值来满足，主体需要的满足需要借助于主体和客体之间的相互作用，利用相互作用，可以让思政教育充分展现自身的价值，以相互作用为纽带可以将它们连接起来。思政教育的价值通过主体和客体之间的互动逐渐形成，思政教育不但能够将主客体的关系相互连接、统一，同时，也能够把人的主体地位和思政教育逐渐向人趋近的方向连接。通过这种实践，让主体逐渐形成对于能量交换、信息交换、物质交换等层面的认知，并逐渐满足主体需求，从而实现二者关系的有机统一。

2. 思政教育价值的基本特征

在分析及界定思政教育的价值之后，可以发现思政教育价值主要有以下特征。

（1）阶级性与社会性

思政教育作为上层建筑的重要组成部分，是阶级和阶级意识的产物，具有鲜明的阶级性。在阶级社会，价值主体需要通过思政教育来传递自己的意识形态、政治意图和道德规范，培养社会需要的建设者和接班人，维护统治阶级的根本利益。思政教育是采取一定的方法，将一定阶级的政治思想，通过宣传和灌输来影响学生，通过自己的意识形态来改变人们的思想，反映阶级需要，为一定阶级提供服务。中国共产党从来不回避其具有的阶级性，以人民群众的利益为最根本的服务目标，满足人民最根本的利益需求。

一切社会关系的总和构成了人的本质。而思政教育具有社会性，能够展现出一定的社会关系价值。因此，一方面，思政教育能够通过满足社会需要提供自身价值，通过具有的功能，让个体与社会都能够通过正确的思政教育，引导具有一定的政治方向。同时，也能够约束受教育者的行为，让其拥有全面发展的能力，健全的人格与精神思想能够让其成为符合社会需要的合格人才。另一方面，有一些教育活动可以利用思政教育的方式让不同阶级的个体需求得到更好的满足，阶级不同的时候，人的意识形态就会存在差异，借助于思政教育的方式，人可以完成阶级跨越，也就是说思政教育可以让人们产生共性的思想理念。在一定条件下，思政教育的价值，需要通过不断完善、发展政治教育，来吸收和借鉴曾经的历史经验，从而总结出更符合国家发展的教育方法。

（2）直接性与间接性

思政教育价值的直接性，指的是思政教育能够影响受教育者从思想根基上发生一系列改变，思政教育能够通过这种观点的输出，直接将一些观念和规范传授给受教育对象，而且它还可以借助于活动的组织和计划，让受教育者的思想水平有一定的提高，政治教育也能够让人们的思想产生变化，通过间接影响来改变受教育者的行为。因为思政教育是一个复杂的转换过程，从认知理论到执行，通过将学习到的思想转化成行动的复杂步骤。通过正确的思想转化，人们就可以用正确的行为将行动转化成精神财富和物质财富，从而推动社会发展。

（3）短期性与长期性

思政教育的活动，具有针对性和现实性的教育意义，比如，在实践活动中，受教育者能够通过教育内容，触动自己的心灵，从而激发自己思想的变化，逐渐将意识转化为行动，进而成为对社会发展有促进作用的个体。思政活动，可以通过这种短期活动对主体产生良好的教育效果，同时，除了短期活动的教育效果外，受教育者需要长期坚持，来不断地将学习到的内容逐渐内化与外化，转换成自己长久的行为习惯。

思政教育效果具有的长期性，指的是受教育者在接受过思政教育之后，思政教育内容会对其发展产生深远影响，思政教育通过让受教育对象从思想、情感、能力、品质、意志和认识等方面综合提升，让思政教育逐渐向满足社会发展需求的方向转变，通过社会整体的需求，向个人的精神世界转变就是内化的过程。而外化是指通过让教育对象受到思政教育，转化成一系列的行为和实践，并养成习惯，也就是让存在于思想中的政治品质变成个体的行为，利用"两次飞跃"，社会所提出的外在发展需求就会变成受教育者所拥有的思想政治素质，借助于教育，社会可以对个体发展产生持续影响。总的来看，思政教育需要利用价值的短期性特点作为基础，对人产生持续影响，让人的发展符合社会的发展需要。

（4）潜在性与显在性

在存在方式上，思政教育的价值能够从显在性和潜在性两方面体现。思政教育本身是一个潜移默化的过程，通过长久的受教育来让自己的思想发生改变，从而影响自己的实践行动。这种潜移默化能够从开始的隐性教育到最后通过自己的行为习惯展现出来，成为显性行动。这就是思政教育的价值存在的潜在性与显在性。

人们正因为这种思政教育，通过掌握教育的内容来形成科学的正确的思想价值观念，在观念的引导下，人会做出符合观念内容的实际行动，在正确思想的引导下，人会借助于自身行动获取精神和物质方面的财富，这体现的是思政教育具有的外在方面的价值。也就是说，思政教育可以引导青少年的精神发展、精神成长。通过不断的潜移默化的影响，最后影响行为习惯，将思政教育完全外化展现出来，成为对社会有用的人。

3. 思政教育价值的不同形态

可以把思政教育的价值类型看作价值形态，在参考标准不同的情况下，思政教育体现出的价值形态也是不同的。

（1）理想价值和现实价值

从价值实现角度对价值形态进行分类，可以将思政教育的价值划分成现实价值形态以及理想价值形态两种。

思政教育具有的理想价值指的是在未来可能会实现的价值，理想价值比现实价值高，理想价值的特点是导向性明显、超前性明显。我国思政教育的理想价值是指全国人民为实现中华民族伟大复兴的中国梦而奋斗的同时，实现综合发展。思政教育能够从目前已经实现的和正在实现过程中的价值，转化成让人们能够感受到教育的有用性，从而实现思政教育的现实价值。

思政教育价值能够将理想和现实形成相互促进、相互联系的关系，它们之间辩证统一。现实价值是理想价值得以实现的前提和基础，理想价值可以对现实价值的实现进行指导，可以让理想价值作为对受教育对象的激励动力。教育对象能够通过知识解决现实问题，才能够体现出思想政治教育具有的有用性和吸引力，也是人才成长的需要。思政教育，可以为受教育者的精神提供理论支持，同样也可以为现实价值提供有力支持，虽然教育也许不能直接解决现实问题，但是却能够为解决现实问题提供有力的理论基础。

思政教育具有的理论价值以及现实价值，需要人们正确地处理、平衡二者的关系。受教育者需要通过日常教育，让思政教育理论学习为他们解决现实问题提供帮助；与此同时，理想价值也需要成为思政教育的教育目标，这样理想价值才能够引导受教育者，让他们构建出科学的、正确的人生价值观念。理论价值和现实价值之间的融合，可以让思政教育获得最大程度的教育价值。

（2）直接价值与间接价值

价值的实现可以将价值效果划分成直接价值和间接价值两个方面。

直接价值是通过思政教育活动，直接影响、满足社会和自身的发展需求，通过将正确的思想品德内容传递给受教育者，让他们的精神状态发生积极改变。对于受教育者，提高综合素质、激发综合潜力，调动劳动者的积极性和创造性，能够体现出思政教育的直接价值。而间接价值是受教育者不能单纯从思政教育中直接满足社会和自身发展的需求，而是需要通过学习思想政治教育的理论知识，将自己的精神动力逐渐内化，并使其转化为自己的物质财富，以对社会的发展有促进作用。

思政教育能够通过政治实践活动来影响和引导受教育者，形成正确的精神世界观、价值观和人生观。这些观念的形成体现的是思政教育具有直接价值，除此之外，思政教育也可以显现出间接价值间接价值的显现主要体现在思政教育可以间接促进社会发展、社会进步。

思政教育具有的直接价值和间接价值之间存在辩证统一的关系，在二者关系中，直接价值是基础部分，直接价值发挥作用之后产生的一系列综合反应就是间接价值。直接与间接价值之间的关系密切又复杂，需要通过思政教育将两者有机结合。作为教育者，不能认为思政教育和物质形态生产力之间没有直接关联就否认思政教育在物质生产方面的间接价值。同样的道理，也不能因为物质生产决定社会发展就否认思政教育具有的直接价值，如果直接价值被否定，那么思政教育本身的存在也会受到质疑。

（3）正面价值与负面价值

根据思政教育价值在性质方面的差异，可以将价值分成正面价值以及负面价值两种。

正面价值指的是思政教育活动可以在精神层面满足人民群众提出的发展需要，我国的思政教育以马克思主义理论体系作为指导思想，依照党和国家的奋斗目标，在积极满足人民群众发展需要的基础上，有目的、有计划地实施，在这个过程中产生了正面价值。而负面价值相反，它能阻碍社会和人类的发展进程。

负面价值主要包括两个方面：一是零价值或无价值，当思政教育活动不能实现既定目标和教育目的时，人的思想政治素质没有任何提高；二是负面价值（否定价值），指的是思政教育活动阻碍了社会的进步和教育目标的实现，甚至破坏了原有的教育成果，对个人乃至社会的发展起到了消极或有害的作用。

（4）目的性价值与工具性价值

思政教育从结构或目的来看，可以总结出具有工具性价值和目的性价值。

工具性价值作为目的性价值的前提，是一种巩固阶级统治的工具。通过将传播意识形态作为主要手段，把工具性价值放在思政教育价值的首要地位可以体现出思政教育本身的内核。工具性价值的存在可以让目的性价值的实施得到有效保证，与此同时，目的性价值最终的目标就是让工具性的价值得到有效实施。

目的性价值是通过正确引导，让受教育者在发挥自己主观能动性和创造性的同时，主动认识到自身发展需求，最终成为全面综合发展的社会公民。思政教育从阶级性和实践性出发，通过将受教育者的意识形态，达到与社会发展相结合的教育观，来达成社会管理和阶级统治的需要。目的性价值，就是将个体作为主要的主体，通过思政教育来满足个体精神层面的需求，通过提高思想政治素养来达成对于人类精神世界的构建。

工具性价值和目的性价值，这两者之间相互都有着支配和制约的作用。这两者能够在思政教育的实践中进行有机的统一，这两者不可分割。思想政治教育不仅要为社会培养合格的社会主义建设者和接班人，而且还要为受教育者实现成才成长的个人目标服务。

（5）显性价值与隐性价值

思政教育按照价值的表现，可以分为隐性价值和显性价值。

显性价值的价值依据是思政教育使用的外界语言，除此之外，也可以通过价值评估去判断思政教育的显性价值，借助于思政教育，受教育者可以更好地适应社会，有更高的素质，可以更好地改造自然。思政教育实施后，受教育者可以创造更多的精神及物质方面的财富。

思政教育没有通过一些活动展现出来，而是通过隐性价值展现出来，这就是思政教育的隐性价值。素质的提高是一个从知识掌握到行动的复杂过程，教育也许改变了人们的思想观念，但并不能及时地通过外在行动展现出来。但是这种思政教育的价值是属于隐性状态的，人们不可以通过显性的价值来评判教育的价值。

思政教育的显性价值和隐性价值具有统一性，显性价值一般会滞后于隐性价值。根据教育的客观规律，受教育者良好素质的养成并不是一蹴而就的，素质形成需要经历漫长的过程，所以，接受思政教育一定时间之后才会看到教育的显性效果。

（二）高校思政教育的社会价值

社会价值是思政教育通过传授教育内容，逐渐将社会文化、政治及经济建设来通过教育而积极地构建起来，从而让思政教育获得客观存在的社会价值。这与一些社会的文化、经济和生态的现象具有一致性。教育发生了作用，呈现出对社会方方面面的价值，因此，这也是思政教育具有社会价值的形态体现。

1. 经济价值

思政教育的经济价值指的是它能够推动社会的经济发展，实现经济增长。从而满足人类的需求的效应。人类的需求可以分为精神需求和物质需求，这些都是能够通过思政教育的经济价值来满足的，将经济建设作为思政教育的中心，要通过正确的理论指导，来保证社会主义的发展方向，并为经济建设提供动力。

（1）思政教育可以确保社会经济的发展方向

社会主义制度下的市场经济，是通过市场的机制和社会主义制度有机结合起来而形成的。资源配置需要依托于市场进行，思政教育可以对市场机制的形成进行约束，保证市场符合社会主义的发展需要。市场经济向社会主义方向发展对市场经济的本身构成有重要意义。社会主义方向一是通过市场经济的构成得到保障的，这也是控制社会主义市场经济发展的根本依据；二是人们对社会主义市场经济的构成有一致的理解与认识，在相同的内在结构当中，人民由于共同的认识而达成自觉地坚持社会主义市场经济的发展方向，而这离不开人们对思政教育方面的学习，只有充分保证这个优势，才能够对现行的社会经济体制做出正确的引导和宣传，让人们认识到经济制度在目前社会具有必然性和合理性，通过规范经济行为，人们的经济意识也会变得更加规范，在对人们进行正确的市场竞争教育、效率观念教育之后，经济建设将会得到有效推动。

（2）思政教育能推动社会的发展，能够成为社会发展的内在精神动力

作为社会的生产主体，人是生产的主力，人类通过生产力的发展，来征服自然和改造自然，这也是生产力发展至今的最主要动力。通过保证科学技术的发展，来为我国的生产力提供持续发展的动力，提高科技进步和劳动者素质是我国当今社会生产力增长的最关键因素，这些根本因素也让经济的增长方式发生了改变，人才已经成为我国生产力发展上最重要的战略资源，也是我国生产力发展和进步的开拓者。这说明人才是促进生产力的重要因素，只有让人全面发展，成为先进的劳动者，才能够进一步发展和提高社会生产力。

劳动者的全面发展，首先要具备两个基本素质：一是需要具备先进的劳动能力以及对于科学文化的基本素养；二是需要有积极的社会责任感和事业心，能够通过崇高的精神和积极的劳动来为社会生产提供动力。科学素养和劳动力是能够直接展现在劳动者身上的因素，劳动者本身具有的道德和思想政治素质，能通过直接和间接的作用反映到生产力上。这种直接和间接的作用，不但能够展现出人类的智力条件，也能够展现出一些精神层面的非智力条件因素，其中，非智力因素通过反映劳动者素质，成为提高劳动者精神动力的重要条件，也深刻地影响生产力发展的方向。

思政教育也能直接影响人们的道德素质和政治素质的发展。思政教育能通过教育内容，激发劳动者本身的创造性和积极性，为生产力的发展提供不竭的动力；思政教育也改变了原来的生产关系，通过发展生产力，让生产关系更适应现代社会的发展需要。需要正确对待这种改革，因为改革当中一定会出现一定的困难和风险，但是中国特色社会主义道路能够为改革进程中的开拓者提供信心和动力，让人们充分投入改革运动中，发展和解放生产力。

2. 文化价值

思政教育在某种程度上能够满足人民的文化需求，同时促进文化发展，这就是思政教育在文化方面的价值。在社会意识形态的组成要素中，思政教育不可或缺，它本身就是需要付诸实践的文化活动，可以有效促进我国社会主义文化的发展，增强国家软实力，建设文化强国。思政教育的文化价值主要体现在以下四方面：促进文化传播、文化选择、文化创造和文化渗透。

（1）促进文化传播

人们的政治观点或思想观念等具有文化特征的文化观点，从一个群体当中传播到另一个群体中，这种传播过程称为文化传播。思政教育，通过广泛传播社会主流的文化教育，来让公民具有社会化的思想道德意识。

（2）文化选择

思政教育在文化选择方面的价值主要有两个方面，分别是正面的选择和反面的排斥：正面的选择主要是吸收积极的文化，筛选与思政教育价值观相同的内容，将这些先进思想纳入教育中，丰富思政教育等组成部分，并在后期发展中继续继承、不断弘扬；反面的排斥主要是排斥与思政教育导向不符的内容，对有害的劣质文化加以抵制，从反面推动思政教育发展。

文化包括主流文化和非主流文化，通过丰富的内容和表现形式，能够为人类社会的发展提供最宝贵的历史精神财富积累，但文化也有糟粕。无论是物质方面的文化还是制度和观念方面的文化，不论何种形态文化，只要与思政教育的最终目标与内容一致，思政教育都应该积极选择和吸收，促进积极文化发展，使它们拥有更广阔的发展空间。反之，如果是消极的文化或与思政教育的目标和内容背道而驰，那么就应该坚决抵制或对其进行批判，使之无法进入教育体系，以确保思政教育的纯洁性和先进性。我国社会主义文化的繁荣和发展，离不开思政教育的推动。要把我国建设成为文化强国，思政教育应该不断取长补短，筛选各种文化，吸收有利内容。对中华民族的传统文化，需要有批判地继承。对于一些西方文化，应该具有批判性的创造和转化与理性的借鉴。通过各种文化现象和因素，通过科学的鉴别、分析和筛选，加以文化的继承和利用。

（3）文化创造

一个国家、一个民族的发展需要依赖于文化作为其发展的灵魂，文化可以让一个民族具有更强的凝聚力，可以为人民提供精神家园。全球化发展表面上是不同的国家进行经济方面的竞争，本质上是不同国家进行文化方面的竞争。

思政教育在培养创新型人才方面起到了很大作用，也促进了广大人民群众积极投身物质和文化生产建设中，推动精神文明建设，此外，还可以丰富理论知识内容。思政教育的教育者在传播思想政治观念、价值观过程中，会结合当前社会实际情况及自身的教学经验吸收优秀文化，自觉抵制腐朽落后的文化，向受教育者传播最新的思想和理念，确保符合社会主义核心价值观的要求，同时，也完善了原有的文化体系。思政教育在教育学科中具有特殊性，因为能够影响人类的生活方式和价值观念，通过改善人们的知识结构来影响人们在活动和生活当中的行为习惯，对更新人类文化结构也起到了一定创造作用。

（4）文化渗透

意识形态决定了思政教育需要通过统治阶级的意识形态，控制思政教育相关的社会文化意识。通过宣扬符合阶级目标的道德要求和文化价值观念，逐渐让符合要求的思政教育渗透到相关的教育过程当中，通过思政教育来弘扬社会主流文化，使之在社会亚文化中发挥更大作用，而要使主流文化渗透和影响各种社会亚文化，最重要的一种方式就是思政教育。思政教育传播主流文化，体现当前时代发展的特点，以人民为中心并具有中国特色，在指导思想上，以马克思主义为指导，融入了中华优秀传统文化，借鉴、吸收世界优秀文化，具有包容性和多样性。在主流文化外还有各种亚文化。这些主流之外的文化，不仅在方方面面影响着社会文化的总体发展，也影响社会的发展。思政教育不仅包括主流文化，还要从各种亚文化中吸收优秀内容，抵制落后思想，使主流文化能够更好发展。

文化渗透功能可以将思政教育和主流文化发展渗透到亚文化中，亚文化在社会文化发展当中也十分重要，将主流文化渗透到亚文化之中，能够创造更良好的社会文化环境，引导正确的文化发展方向，将冲突减弱，并通过文化的融合与吸收，让文化成为思政教育的载体，通过社会文化的融合，形成更加健康的社会文化环境。

3. 生态价值

让全民形成环保意识和节约意识，对生态环境也有正确的保护意识，形成良好的合理的消费观念，共同营造良好的社会风气。让人们在良好的生活环境下，为生态做出自己的贡献。

思政教育在引领生态思潮促进生态文化创新方面也是重要推动力。工业化发展让人们对自身所处的环境和不断恶化的生态有了更清晰的认识，人类面临着前所未有的生存危机。在此过程中，也形成了生态哲学、生态社会学、生态政治学等多种生态思潮。生态思潮主要从思想上重新审视人类文化，批判一部分落后的思想文化，来探究生态危机产生的根源，也就是社会文化和价值观方面的问题。

思政教育需要以马克思主义为指导，从这个角度出发，帮助人们形成正确的生态观，引领生态思潮的发展，探讨生态思潮产生的原因，从本质上揭示，让人们在评价和选择方面有更明确的方向。

整个社会的人类都追求人和自然、人和社会之间的协调、持续、和谐发展，这是整个人类社会的发展目标。中国先进文化中，社会主义生态文化是关键的一部分，马克思主义是指导思想，最终目标是要实现人、自然和社会的协调发展，这既是人类历史发展势不可当的趋势，也是先进文化的要求。思政教育立足于当下，紧跟时代发展步伐，在生态文化建设方面，始终坚持创新，遵循生态文明建设原则。这样做的目的是让受教育者明白生态文明建设的价值，认识到自然界不仅可以为人类提供物质所需，还可以满足人们在科学、审美、文化方面的需求，具有极大的精神价值。一定要充分发挥思政教育在文化创新方面的作用，以科学发展观为指导，从古今中外的生态文化思想中吸取合理的部分，人民群众在生态文明建设过程中的经验也值得借鉴，可以总结和提炼，使生态文化朝着创新方向发展，在未来发挥更积极的作用。

第三节　高校思政教育的平台构建

一、人文素质教育平台构建

人文素质教育，旨在发挥高校文化育人的功能。在高等教育内涵建设进程中，高校思想政治工作应注重时代特征与高校特色的结合，将人文素质教育贯穿学生培养的各个环节，提高大学生的人文修养，推动文理交融，完善综合素质，增强文化自信。

（一）人文素质教育的重要意义

第一，人文素质教育是人的全面发展的重要途径。教育的本质是对"人"的培养，通过人文素质教育让大学生学会"如何做人"，帮助他们树立正确的世界观、人生观、价值观，健全大学生的人格，增强学生社会责任感、历史使命感。

人文素质教育的目的就是要培养人高尚的人格品德和全面发展的人，这与马克思人的全面发展理论的内涵高度契合。进行人文素质教育，可以满足人对人文知识学习的需要，满足人们对高尚品德的追求，而人的全面发展要求人具备高尚的道德品格、优秀的内在品质、良好的知识结构和科学的思维方法，这与人文素质教育的内容是充分契合的。实现大学生的全面发展需要人文素质教育的开展，这是理论落脚于实践的内在需求。

第二，人文素质教育有利于学生道德品质的提高。人文素质教育让大学生的情感得以熏陶，心灵得以净化，思想得以升华。无论是孔子的"杀身成仁"，孟子的"舍生取义"，范仲淹的"先天下之忧而忧，后天下之乐而乐"，抑或是文天祥的"人生自古谁无死，留取丹心照汗青"，这都是中国传统文化的人文精华，挖掘中国本土性、母体性、民族性的人文因素，结合当下国情与时代背景，进行现代性转化，这不仅有助于丰富大学生思想道德教育的内涵，更有利于大学生道德水平的整体提高。

人文素质教育不仅仅教学生以人文知识，在更大程度上教学生认识自我，从而认识他人、社会乃至全世界。人文素质教育同样可以将许多先辈留下的人生体悟和人生哲理教给学生，有助于帮助大学生更清楚地认识自我，同时，通过自我认识更清楚地了解世界，以及自身对他人、家庭、社会、国家的责任。顾炎武所云"天下兴亡，匹夫有责"，正是中国传统文化对"责任"二字的最好诠释；庄子的《齐物论》让我们重新思考个人与世界万物之间究竟处于怎样的关系；佛学文化讲究"悟"，教人以"空"的思想重新审视整个世界，包括内在的精神与外在的物质，而"悟"的前提则需要深厚人文素养的积累、内化与践行。

第三，人文素质教育有利于创新精神的培育。良好的人文素质能够激发人的创造力，通过人文素质教育，开拓大学生思维，激发创新灵感。人的文化背景越宽泛，视野也会随之开拓，融会贯通能力也随之增强，进而创造力也得以激发。开阔的视野能够帮助大学生站在前人的肩膀上，高瞻远瞩。人文素质的提高是一个由外而内的过程，通过对人文知识的学习、认知与感悟，将人文知识内化为自身的一种"精神内涵"，这种精神内涵有助于对问题的深刻反省，对知识的灵活运用，能够击破思维的惯性与惰性，有利于发现、提出有价值的问题与创造性地解决问题。因此，人文素质对大学生创新精神的培养具有一定的作用。

（二）人文素质教育的主要内容

1. 推动革命文化教育

在中国人民及中国共产党坚持不懈的奋斗中，革命文化得以形成，革命文化中包含着中国共产党人及中国革命群众的思想精神，也就是说，革命文化包含革命精神及与革命有关的历史文化，它是扎根于中华土壤而形成的优秀的传统文化，社会先进文化的形成也在一定程度上吸收了革命文化的深刻内涵。革命文化包括中国新民主主义革命时期和社会主义建设初期的遗址、遗物、纪念物等物质文化，以及在这一革命过程中孕育出来的革命历史、革命精神、革命文学艺术，还有人民领袖、将军、烈士及老区广大人民群众的革命遗迹等非物质文化两种形态。分析革命文化可以发现，它展现了我国人民自强不息的顽强精神、时刻忧虑家国发展的爱国情怀、不因富贵威武及贫贱而改变的高尚气节和天道酬勤的民族精神。通过革命文化，我们可以看到我国人民的高尚品格，可以看到我国人民的崇高理想。社会主义核心价值体系的形成，在一定程度上吸收了革命文化的精华，革命文化在爱国主义教育活动中具有先天的优势。高校应当通过组织参观寻访、观摩主题影视资料、举办红色经典作品品读、开展演讲比赛和征文比赛等形式多样的活动，促进大学生重温老一辈的红色岁月，了解红色文化，潜移默化地使青少年学生接受更多的革命历史知识、革命传统和革命精神，进一步激发大学生对党的热爱，对社会主义的热爱。

2. 推动先进文化教育

对大学生开展社会主义先进文化教育，就是要培育大学生的爱国主义精神、民族精神和改革创新精神，其中，爱国主义精神和民族精神是重中之重。开展大学生爱国主义教育，就是要引导大学生充分认识到改革开放以来，党领导人民群众取得的社会主义建设伟大成就，增强大学生对于社会主义道路、制度、理论和文化的自信，并增强投身社会主义建设、为国家建设添砖加瓦的主动性和自觉性。开展大学生民族精神教育，就是要引导大学生增强民族自豪感和自信心，对实现中华民族伟大复兴充满信心；同时，要引导大学生积极弘扬民族文化、民族精神，传承和发扬好作为中华儿女的基本价值观念。

(三) 人文素质教育的基本路径

大学生人文素质是校园文化建设的重要内容，也是学生成长成才的必要基础。人文素质教育是大学生全面发展的需要，是思政教育学科发展的需要，是社会主义和谐社会发展的需要，因此，高校加强大学生的人文素质教育是势在必行的。通过构建课程体系、开设人文讲座、营造人文环境、提高艺术修养来加强大学生的人文素质教育，不断地夯实大学生的人文基础，提高大学生的人文修养，促进大学生的全面发展。

1. 构建课程体系

在高校整个课程体系、整个教学活动中规划人文素质教育课程。在高校学生中大面积普及人文知识教育，在课程体系构建过程中适当增设人文必修课和人文选修课。对大学生进行人文素质教育必不可少的是利用课堂教学方式，所以，大学在进行课程体系设置时，应该设置更多的和人文有关的必修课程，如开设古诗词鉴赏、中外哲学等课程，结合历史资料和影片、专题片等影像资料，进行直观的、感性的人文素质教育。人文选修课程的开设需要考虑学生的差异，需要考虑专业需要的差异，在此基础上，设计出符合学生兴趣和需要的人文选修课程。除此之外，学校还应该针对某一个专业学科的特殊性，为学生开设可以辅助其专业发展的辅修课程，也可以为某一个专业的学生提供双学位教学服务。

2. 打造教师队伍

人文素质教育师资队伍，是决定高校人文素质教育工作水平高低的重要方面。教师是教育行为的实施者，在教学过程中起着重要作用。高素质的教师队伍是推进大学生素质教育的根本保证。在高等教育过程中，教师的人格状态是影响教育质量的潜在因素。教师需要充分认识到人文教育对于教学活动的重要意义，自觉注重人文知识的学习，特别是经典著作的阅读，拓宽自身知识面。在实施教育过程中给予更多人文关怀，即对人的本性的内在需要。人文素质教育过程中，教师不仅需要有理论上的传授，应当更加注重与大学生情感上的交流，在教育教学的过程中，充分尊重和关怀大学生，注重培养学生的社会实践能力和感悟生活的能力，将教学与现实生活紧密相连，培养学生完善的人格以及关心他人、尊重他人的品格，促进学生的全面发展。

3. 举办人文教育活动

高校人文教育活动因其形式丰富、贴近学生、参与者众而广受学生喜欢，举办各类人文教育活动也成为高校人文素质教育最主要和最直接的方式。人文教育活动种类丰富多彩，包括舞台演出、人文讲座、读书活动、体育比赛等。这里对读书活动和人文讲座稍作展开。

阅读是人们学习科学文化知识、获取信息、体验艺术最重要和最直接的方式，因此，开展人文阅读，是对大学生进行文化素质教育最有效的方式。一方面，高校应为学生人文素质的提高提供阅读书目；另一方面，高校应该充分利用大学校园去开展校园文化活动，比如，可以在校园当中举办阅读活动、知识竞赛活动、朗诵活动、情景剧演出活动，学校的校报当中也应该及时看到经典作品，学校的广播站也应该经常播放与人文有关的歌曲。让人文经典的气息弥漫于大学校园之中，让人深入其中，接受人文熏陶。

人文课程教学可以借助于学术讲座活动作为教学的有效补充，学生人文素质的培养也离不开学术讲座的支持。高校可以积极邀请国内外知名专家、学者，打造校园经典人文讲座，形成大学讲坛文化。人文知识讲座要结合实际，有统一的组织和合理的安排，增强系统性和针对性。通过组织各类学术活动，开展传统文化教育等方式增强大学生修身意识，传承学校精神文脉，促进优良学风建设，营造文明修身、健康向上的校园文化环境。

4. 营造人文环境

人文素质的形成需要通过提升自身的修养来达到，而提高修养的过程就需要不断受到人文环境的熏陶，在耳濡目染中提高艺术修养，在隐性教育中提高人文素质教育的成效。校园人文环境包括自然环境和人文环境。自然环境是看得见摸得着的，如山水园林、校园建筑、学习场所及娱乐设施。人文环境是看不见摸不着的，包括学风、教风、校风及校园文体活动、人际关系等。校园人文环境建设是校园文化建设的有力抓手，也是人文素质教育的有效载体。加强校园人文环境建设，营造积极向上、健康高雅的校园文化氛围，对于大学生人文素养的形成具有重要意义。重视校园文化景观的教育意义，发挥校内雕塑、广场、建筑小品、景观景物的文化熏陶功能，进一步开发校内建筑及人文景观的文化价值，通过组织学生参与设计校园景观作品、命名楼宇街道等活动，鼓励学生积极参与校园环境建设。

二、身心素质发展平台构建

身心素质发展平台，是以大学生身心素质的平衡发展为核心，由高校的相关部门共同打造的育人平台，旨在通过全面的体育教育和心理健康教育，帮助广大学生培养强健体魄、健康心态，促进学生身心和谐。

（一）身体素质提高平台

第一，深刻认识高校体育工作的育人功能。身体素质是人的基本素质。体育课程教育、课外体育活动和赛事，旨在培养大学生健康体魄，切实提高大学生体质健康水平，促进学生全面发展，也是思政教育的重要途径之一。高校应当充分挖掘和有效发挥学校体育在学生思想道德素质、科学文化素质、身心健康素质，以及人格品质、审美素养和健康生活方式形成中的多种育人功能，锻炼意志品质，培养团体精神。

第二，大力建设大学生身体素质提高平台。改革开放以来，我国体育事业蓬勃发展，各地不断完善和落实各项政策措施，广泛开展阳光体育运动，有力推进学校体育改革发展，高校的体育工作取得很大成绩。

近年来，各高校通过多元化体育教育、锻炼平台的建设，积极打造体育教学、课外活动和体育赛事相结合的群体模式，开展形式多样的群众体育运动，拓宽学生参与群体活动的途径，丰富校园体育文化生活；依托学生体育类社团和体育骨干的培养，创建品牌体育活动，弘扬各具特色的校园体育文化、传统和特色；广泛传播体育精神和健康理念，形成学生热爱体育、崇尚运动、健康向上的良好风气，进一步促进学生身体素质的提高。

体育课程教育、课外体育活动和赛事，以及过程中弘扬的体育文化和体育精神，是身体素质平台建设的重要抓手，其中所蕴含的育人功能也早已成为各高校的共识。结合大学生生理心理发展特点，向学生传授体育知识、理论和实践的体育教育过程，应当适当融入思政教育的内容。

（二）心理健康教育平台

从广义角度进行分析，心理健康指的是人的心理状态处于良好高效可以让人满意的状态；从狭义的角度进行分析，心理健康指的是人在活动中涉及的认知、情感、行为、人格或者意志是彼此协调的。大学生群体看似轻松，实则承载着巨大的压力，比如，学业困惑、情感纠葛、就业迷茫、人际关系紧张等。大学生因为心理问题而休学、留级、退学的案例已经屡见不鲜。因此，加强和改进大学生心理健康教育是新形势下全面贯彻党的教育方针、建设人力资源强国、推进素质教育的重要举措，是促进大学生健康成长、培养造就拔尖创新人才的重要工作，是推动高等教育改革、加强和改进大学生思政教育的重要任务。

大学阶段的学生自我意识在慢慢成熟，大学阶段是培养个性的最关键时期。大学生的自尊心和独立意识都很强，但是他们的心理发展并没有完全成熟，自我的控制能力和调节能力不强，所以，在处理一些复杂问题时，时常会因为自我调节能力不够或自我控制能力不够产生激烈的冲突或者内心的自我怀疑，最终造成大学生心理发展的不平衡和失调，进而影响大学生的心理健康。另外，从外部环境来讲，随着社会竞争的日趋激烈和生活节奏的加快，大学生由学习、生活、就业、恋爱、人际关系等问题所带来的压力越来越大，由此而引发的心理问题和心理障碍日益明显。因此，高校开展心理健康教育，提高大学生心理素质，既是思政教育的需要，更是高校人才培养的基本需求。把一个学生培养成为人才，必须首先把其培养成为一个人格健全的人，而良好的心理素质是评判一个人人格是否健全的基础性指标之一。

我国高校心理健康教育工作，起步于 20 世纪 80 年代中期，较发达国家起步较晚，还有一定的差距。但是，在党和政府的高度重视下，我国高校心理健康教育发展迅速并不断壮大。经过多年的探索和实践，心理健康教育从小到大，从弱到强，逐步走向了专业化、科学化、大众化，在缓解大学生心理压力、塑造良好的个性心理、提高大学生适应社会的能力、促进学生全面发展等方面发挥了极其重要的作用。

第二章　高校思政教育的队伍建设

第一节　高校思政教育队伍建设目标

高校思政教育队伍建设的目标，是高校思政教育队伍建设所预期的理想效果，它贯穿于高校思政教育队伍建设的全过程，对高校思政教育队伍建设具有重要的指导作用。就具体内容而言，高校思政教育队伍建设的目标是要打造一支政治强、业务精、作风正、运转高效的思政教育队伍，实现高校思政教育队伍的素质、数量、结构、管理的合理与完善。

一、素质优良

高校思政教育工作者的素质，指能有效实现自己所担负的主体性功能而应具备的一系列素质的总和。思政教育队伍是思政教育的组织者、实施者、指导者和调节者，其素质的高低直接影响着思政教育的效果。高校思政教育队伍只有具备良好素质，才能提高大学生思政教育队伍建设的针对性、实效性和吸引力、感染力。

中国特色社会主义已经进入新时代，新时代新形势不仅引起了人们经济社会生活的重大变化，而且也引起了人们生活方式、思维方式、精神状态、价值观念和社会心理上的重大变化。在这样一个新的历史时期，高校思政教育如何跟上时代的步伐，适应改革和建设的需要，是高校思政教育工作者面临的新课题。高校思政教育要迎接新挑战、取得新成绩、开创新局面，关键是要进一步提高高校思政教育队伍素质。这不仅是高校思政教育本身的要求，也是高校思政教育工作者履行自身职能和责任的要求。在高校思政教育过程中，思政教育队伍担当着多重角色，包括教育者、管理者和服务者。每一种角色都要求一定的素质和能力。高校思政教育对队伍建设的要求主要体现在以下几方面素质的提高。

（一）政治素质

思政教育是党的事业和社会主义意识形态建设的重要组成部分，具有强烈的党性和阶级性。具备良好的政治素质，是思政教育工作者应当首先具备的最基本的素质，是思政教育工作者素质的核心。

政治素质有很鲜明的时代特色，不同时代思政教育工作者政治素质内涵是不同的。新时代高校思政教育队伍的政治素质主要包括以下几个方面。第一，坚持党的基本路线，忠诚于社会主义事业。贯彻党的基本路线是思政教育的主要任务。在党的基本路线的指导下，用中国特色社会主义共同理想和实现中华民族伟大复兴的中国梦把全体人民团结在党中央周围，坚持社会主义道路，坚定不移地贯彻中央精神，服从和服务于全党工作的大局。第二，坚持党性原则，具有强烈的事业心和高度的责任感。思政教育是党实现政治领导的重要途径，作为党的思政教育工作者，必须具有坚强的党性，自觉地按党性原则办事，在思想上、政治上和党中央保持一致。要做到这一点，思政教育工作者必须增强马克思主义理论素养，坚持个人利益服从党的利益，坚定为共产主义事业奋斗终生的信念。思政教育工作者要热爱党的思想政治教育事业，在自己的工作岗位上忠于职守，充分发挥主动性、积极性和创造性，努力把工作做好，为党的思政教育事业奉献自己的才华和力量。第三，具有较高的政策水平。政策和策略是党的生命。思政教育工作者政策水平的高低，决定着思政教育水平的高低。思政教育工作者的主要任务之一，就是要宣传党的路线、方针和政策。这就要求思政教育工作者必须率先理解党的政策，掌握党的政策。如果思政教育工作者对党的政策不明白、不理解，其后果十分严重。第四，具有较高的政治水平。思政教育工作者政治上要能够辨别是非，在错综复杂的形势面前，要能够把握住正确的政治方向；要具有较高的政治觉悟和党性修养，以充分发挥思政教育工作者的模范和表率作用。

（二）思想素质

思政教育工作者担负着对教育对象的宣传、教育、导向作用，应该具有较高的思想素质。

首先，高校思政教育工作者要坚持马克思主义的立场、观点、方法。要做好思政教育工作，思政教育工作者自己的思想观点一定要正确。因此，思政教育工作者要努力提高自己的思想觉悟，树立马克思主义的世界观，才能在学习和实践中不断提高自己的思想觉悟，使主观认识符合客观事实发展的规律，运用马克思主义的立场、观点和方法，分析周围环境和人们的思想，有的放矢地做好思政教育工作。

其次，高校思政教育工作者要具备现代化的思维方式和思想观念。思维方式是指以一定的社会文化、知识结构、方法等因素所构成的思考问题的方法和程式。社会存在决定社会意识，社会主义现代化建设需要和造就现代化的人，而思维方式的现代化是人们思想现代化的先导，如果没有思政教育工作者思维方式的现代化，就不可能通过思政教育工作去塑造现代化的人。所以，确立现代化的思维方式是思政教育工作者思想素养的一个重要方面。我们所处的时代是新技术革命突飞猛进的时代，这必然给我们带来许多新的矛盾和新的问题。为了适应时代要求，更新观念已迫在眉睫。思政教育工作者必须更新陈旧观念，树立新的观念，用新的观念来看待和评价现实的人和事，这是新时期对思政教育工作者的基本要求。

最后，高校思政教育工作者要具有良好的思想作风。良好的思想作风是取得思想政治教育成功的基本保证，高校思政教育工作者应该努力培养实事求是、公正民主、严于律己、批评和自我批评、谦虚谨慎、艰苦奋斗的作风。

(三) 知识素质

思政教育是一项综合性、知识性和专业性极强的工作，没有丰富的知识是无法驾驭的。丰富的理论知识是思政教育工作者施教的武器，缺此，思政教育就势必成为肤浅的空谈。

高校思政教育队伍建设中必须要求选聘的人才具备广博的文化知识，要有扎实的理论基础以及较好的专业技能。具体来讲，思政教育工作者不仅要具备比较系统的马克思主义理论修养，还要具备思想政治教育的专业知识和辅助知识。

首先，高校思政教育工作者要掌握马列主义和马克思主义中国化最新成果，这是思政教育工作者的基本要求。对受教育者进行马克思主义理论教育是思政教育的主要内容和主要任务。掌握了马克思主义理论，即掌握了思政教育的思想武器和思政教育的主要内容。理论是行动的指南，理论上的成熟是政治上成熟的基础。思政教育工作者能否做好思政教育工作，思政教育能否有成效，在很大程度上取决于思政教育工作者的理论水平高不高，理论根底厚不厚，理论基本功过硬不过硬。有些思政教育工作者感到工作吃力，事倍功半，对马克思主义基本理论知之不多、理解不深是重要原因。因此，要提高思政教育的质量，就必须努力提高思政教育工作者的马克思主义理论素养。

其次，高校思政教育工作者要熟悉思政教育的专业知识。这是做好思政教育的基本条件。思政教育的专业知识主要是指党的思政教育的基本理论、基本知识和基本经验，以及与思政教育比较密切的心理学、教育学、伦理学、社会学等专业知识。只有掌握这些知识，做好思政教育工作就有了坚实的基础，才有可能成为思政教育的内行和专家。

最后，高校思政教育工作者要掌握一些必需的辅助知识。思政教育工作者具备广博的知识，可以提高工作的有效性。为此，思政教育工作者应该有意识地学习历史学、逻辑学、法学、美学、民族学、宗教学、文学艺术等方面的知识。特别是在网络信息时代，思政教育工作者必须掌握计算机、网络方面的知识和技能。此外，思政教育工作者还应该对受教育者的专业基础知识有所了解。这样，思政教育工作者既懂教育又懂专业，与受教育者容易沟通思想，即使是教育和批评，也容易使人心悦诚服，具有说服力和感染力。

(四) 心理和身体素质

较强的心理和身体素质是思政教育工作者赖以完成思政教育任务的重要基础。

良好的心理状态和较强的心理素质是保障思政教育任务顺利完成的必要条件。高校思政教育队伍具备了良好的心理素质，才可能灵敏地调节自己的情绪，维持心理平衡，创造一个良好的心境，沉着应对外界的各种刺激，保持深沉、乐观的精神状态，在教育过程中，以自身的良好性格和果敢的意志等素质去影响和感染教育对象，增强思政教育的实效性。

身体是革命的本钱。体魄健壮、精力充沛是思政教育者必须具备的身体素养。思政教育的任何一项具体工作，如调查研究、科研、教学、谈心等，都要付出巨大的心力和体力。只有身体健康，才能精力充沛；只有身体健康、精力充沛，才能保持敏捷的思维，才能巧妙地运用各种因素、机遇推动思政教育工作的开展，顺利地实现思政教育的目标。

二、规模适当

唯物辩证法认为，事物是质和量的统一体，二者相互制约、相互影响。如果事物的质量不高或是数量不足，都会影响事物的发展。因此，高校思政教育队伍建设，一方面，要高度重视思想政治教育队伍的总体素质；另一方面，也要充分重视高校思想政治教育队伍的规模，必须保证队伍的数量，使队伍达到合理的规模。这是因为思政教育队伍的数量不足，特别是数量低于基本需求时，会直接影响思政教育的实施和人才培养的质量。从一定程度上来讲，高校思政教育队伍的规模越大，思政教育工作者个人承担的任务就轻，更有利于工作质量的提高。当然，高校思政教育队伍的数量也不是越多越好，数量过多，人浮于事，容易导致相互推诿、扯皮，最终也会影响工作的效率和水平。因此，要充分重视高校思政教育队伍的规模，必须保证队伍的数量，在满足思政教育工作需要和保证效率的前提下，保持思政教育队伍合理的规模。

近年来，随着高校思政教育队伍建设的不断推进，高校思政教育队伍规模虽然也在不断扩大，但是高校思政教育工作者的人数增长速度远远跟不上学生规模的扩张，思政教育队伍总体数量不足的情况一直没有得到很好的解决，特别是在一些民办院校和独立学院，思政教育队伍数量不足的现象还很普遍，"缺编"问题更为严重。在思政教育队伍数量不能满足高校思政教育需要的情况下，思政教育工作者不得不超负荷工作，工作质量难以得到保证。例如，由于高校思政理论课教师数量不足，每个思政理论课教师不得不承担很重的教学任务，很难保证教学质量。同时，由于思政教育队伍数量不足，思政教育工作者承担了超负荷的工作量，客观上没有时间去学习进修、培训和进行理论研究，严重影响了思政教育队伍整体素质的提高，最终必然影响高校思政教育工作的质量和水平。

当下，高校思政教育队伍建设亟待解决的问题是扩充队伍总量。高校要采取切实措施，要尽快达到国家规定的基本标准，并在此基础上进一步扩充队伍数量，使队伍维持适当的规模，以满足高校思政教育的需要。

三、结构合理

高校思政教育队伍是一个由多个层次构成的集体，同时，每个层次又是由多个个体组成，这就意味着思政教育队伍建设存在结构优化的问题。同样多的人和部门，同样的工作任务，不同人员的配备方式、人员构成和组合方式，队伍必然会产生不同的工作效能。合理的队伍结构可以更加有效、更加快速地提高思政教育队伍的工作效率。因此，高校思政教育队伍建设的一项重要任务，就是要考虑如何科学配备人员，如何优化队伍的性别结构、年龄结构、学历结构、专业结构和职称结构，如何对人员进行合理分工，最大限度地发挥出这支队伍的工作效能。

在思政教育队伍结构上，高校要从年龄、智力、学历、职称、性别、性格组合等方面给予合理的配备。

一是合理的年龄结构。思政教育工作有着其特殊性，即年龄偏大一些的老师具有较为丰富的社会阅历和理论沉淀，具有经验上的优势；而年龄偏小的老师虽然没有过多的工作实践经验，但是他们能够了解大学生的现实生活问题，理解大学生的思想。因此，在构建思政教育队伍的时候，要充分考虑年龄结构，充分发挥各个年龄层次思政教育工作的优势和各自的积极作用，形成良好的整体效应。

二是合理的智力搭配。不能把工作水平高的放到一起，而是把学识水平、能力水平有一定差异的人员相互搭配，达到群体和谐，形成良好的工作氛围。

三是合理的专业结构。思政教育是一项综合性的工作，需要的人才是多样化的。做好思政教育工作，既需要思政教育专业的人员，也需要掌握现代信息技术的人员，还需要掌握管理学、教育学和心理学等相关学科理论知识的人员。所以，高校思政教育队伍应该是由与思政教育相关专业的人才相互配合的集体。

四是合理的知识结构。思政教育是一项综合性的工作，对思政教育工作者的知识结构有较强的综合性要求。高校思政教育队伍建设要在马克思主义指导下，以思政教育为核心学科依托，但是仅仅掌握思政教育学科的理论，还远远不能适应高校思想政治教育工作的发展需要。这就要求综合其他相关学科，比如，教育学、心理学、政治学、社会学、伦理学、管理学、组织行为学的相关理论，综合进行。

五是合理的职称学历结构。高级、中级、低级职称要呈现出橄榄球形状，两边尖、中间宽，学历结构也应如此，这样才能达到一个稳定的状态，形成一个高效协作的团体。

六是合理和谐的个性搭配。在优化组合过程中，要充分考虑每个人的性格特点及人际关系等方面的互补。一般而言，性情急躁、外向的人集中在一起，容易出现摩擦，内向平稳的人往往比较保守，外向内向兼有，可以相互包容，有利于相互学习，互相提高，取长补短，协调工作。

七是合理的性别结构。高校思政教育队伍是由不同性别组成的集体，男女在思维方式、行为方式及心理活动方面存在差异，这些差异必然会在思政教育中表现出来，并在一定程度上影响思政教育的效果。如果队伍性别构成合理，高校思政教育工作者就可以扬长避短，互相配合，就可能增强思政教育的效果。

四、管理有效

管理是做好工作的保障。高校思政教育队伍的管理就是有关部门和个人为实现一定的发展目标，通过组织实施学习、教育、培训、管理、制度建设等环节，对思政教育工作者进行塑造，促使其得到发展的活动。做好高校思政教育队伍的有效管理，就是要让高校思政教育队伍所有成员各尽所能，相互合作、齐心协力，释放潜能，提高高校思政教育队伍的工作效能，增强高校思政工作的实效性，提升高校思政教育水平和质量。

高校思政教育队伍建设是一项系统工程，需要从不同的层次、领域与环节加以保障。高校思政教育队伍的管理，一是要从人才标准、选拔程序、培养培训、职称评聘、薪酬奖惩、退出、绩效考核、工作分析与设计等方面建立健全制度，使队伍管理工作规范化、制度化；二是规章制度要科学合理，要完善、系统、具有操作性；三是要维护制度的权威性，严格按制度办事；四是思政教育队伍的管理需要根据思政教育的动态变化，把握新问题、新情况的发展趋势，考察其变化的规律与特点，及时做出回应。总之，通过对高校思政教育队伍建设进行系统的管理流程设计和规范化，激发高校思政教育队伍的工作积极性，提高其业务水平，从而改善高校思政教育现状，增强高校思政教育工作的实效性。

切实加强和改进高校思政教育工作，培养造就一代又一代具有高尚思想品质和良好道德修养、掌握社会主义现代化建设所需要的知识丰富和本领扎实的优秀人才，使大学生能够与时代同步伐、与祖国同命运，这对于确保全面建成社会主义现代化强国和实现中华民族伟大复兴具有重大而深远的战略意义。加强和改进大学生思政教育，增强新时代高校思政教育的实效性，关键是要加强高校思政教育队伍建设，打造一支高素质的人才队伍。

第二节　高校思政教育队伍建设路径

一、强化合作意识，统筹多维力量，形成思政教育合力

党政齐抓共管，相关部门和人员紧密配合，形成思政教育合力，是党的思政教育的宝贵经验。

高校的根本任务是立德树人，培养社会主义现代化建设的合格建设者和可靠接班人，思政教育在完成这一根本任务中负有重要的历史使命。高校思政教育是综合性较强的工作，高校思政教育能否完成这一历史使命，履行高校思政教育的社会责任，关键在于能否形成高校思政教育合力。高校思政教育的力量分散了，就会减弱高校思政教育的效果；高校思政教育的合力增强了，就会大大提高高校思政教育的整体效应。

思政教育队伍是加强和改进高校思政工作的组织保证和人才支撑。高校能否形成思政教育合力，实际上取决于高校思政教育队伍能否与社会、家庭，以及队伍内部之间紧密协调、相互配合、相互作用。过去，高校思政教育在封闭的环境中进行，缺乏系统的思想和合作的意识，往往依靠高校思政教育队伍自身的力量"单打独斗"，显得势单力薄，效果有限，甚至往往自身的工作努力和成效被校内外其他方面的因素所抵消，局面十分被动。因此，高校在推进思政教育队伍建设的进程中，应该强化合作意识，统筹多维力量，注重加强校内外的合作与整合，形成巨大的高校思政教育合力。

高校思政教育要致力改善学校内部环境，统筹校内多维力量，推进教书育人、服务育人、管理育人相结合，形成高校内部思政教育的合力。高校思政教育

工作系统具有显著的整体性特征。它虽然是由诸多要素共同组成的，而且目标、内容、教育者和教育对象等要素都具有自身的功能，但其最佳效果的形成并不是各要素功能简单相加就可以达成的。只有在服从高校思政教育整体目标和功能的前提下，充分调动各组成要素的积极作用，并使其密切配合，协同运作，才能共同形成育人的合力，并取得整体最优的效果。具体来讲，就是要动员整合高校内部各种力量，形成教书育人、管理育人、服务育人相统一的全员育人、全程育人和全方位育人的大格局。

首先，高校思政教育队伍内部要协调配合。高校思政教育队伍是一支由高校党政干部和共青团干部、思想政治理论课教师和哲学社会科学课教师、辅导员班主任和心理咨询教师等组成的专兼职结合的综合性队伍，开展高校思想政治教育工作，任何一支力量单兵作战都是不科学的，都不能达到思政教育的综合效果。高校思政教育队伍内部分工明确，有着各自的工作职责：党政干部和共青团干部负责领导、组织、协调，宏观把握工作，思想政治理论课教师和哲学社会科学课教师负责对基本理论、知识和党的路线、方针、政策的传递和培养，是一种显性教育，而辅导员班主任和心理咨询教师主要负责日常的思想政治教育工作，在对学生活动的组织中、生活的关怀中、就业的指导中展开工作，产生一种潜移默化的影响。但是在合理分工的基础上，高校思政教育队伍内部必须密切配合。如果高校思政教育队伍内部缺乏合作，缺乏信息与资源共享，就不能形成思政教育合力，有时还会相互抵消冲突。如有的辅导员对学生的思政教育不够重视，经常在思想政治理论课时间安排一些学生来办公室做其他事；有一些党政干部名义上属于思政教育队伍成员，但从来都将自己的工作定位于普通的行政工作和管理工作，将自己的工作对象定位于老师而不是服务学生，而思想政治理论课和哲学社会科学课教师同样也是将自己定位于课程教学与科研，对学生课外的思想政治教育行为一概不关心，认为那是辅导员、班主任的事。事实上，离开思政教育队伍之间的密切配合，是做不好大学生思政教育工作的。如学生思想上的一些难点问题仅靠辅导员自身的力量是难以有效解决的，必须充分借助思想政治理论课教师的力量，发挥他们在理论教育方面的优势。同时，辅导员可以发挥自身与学生联系密切、能及时了解学生思想动态的优势，搜集、整理有关信息并提供给思政理论课教师，共同帮助学生进步。所以，在高校思政教育队伍建设的过程中，要充分考虑到队伍内部各支力量的优势和不足，进行资源合理优化配置，促进这几支力量相互配合、相互作用，形成巨大的思政教育合力。

其次，高校从事思政教育工作的部门之间要协调配合。高校思政教育是一项牵涉高校多个部门的集体性工作，必然需要多部门密切配合，形成思政教育合力。高校的思政教育工作通常由党委宣传部、团委、党校、学生处、教务处和工会、马克思主义学院等单位共同来完成。高校中的马克思主义学院负责理论教学，这是思政教育的重要途径。其他的思政教育放在学校党团工作、辅导员工作、教学育人、管理育人、服务育人、课外活动和社会实践中来实现。显而易见，高校思政教育各部门密切协同，形成合力，方能有效。

再次，高校思政教育队伍和其他教职工队伍之间要协调配合。高校承担着培养德智体美劳全面发展的社会主义事业建设者和接班人的重任，其中，德育处于首要的地位。思政教育队伍是高校思政教育的主力军，但不是唯一力量。其他专业课教师、行政管理人员、教学辅助与后勤人员均承担着结合本职工作开展思政教育的任务。高校其他专业课教师、行政管理人员、教学辅助与后勤人员虽然从事的工作内容不同、形式各异，但是在根本目的上是统一的，在教育方向上是一致的，都是为大学生成长成才服务。如果高校教职员工认识不到这种一致性，传播错误观点，必然削弱甚至抵消思政教育工作者的教育成果。高校思政教育工作是一项系统工程，需要调动各方面的资源和力量形成合力，构建整体性思政教育工作模式。构建这一工作模式，需要调动高校教职工参与思想教育工作的积极性，高校必须进一步增强全员育人的意识，采取积极的政策导向，对教师参与思想教育工作进行科学合理的评价考核，及时表彰和奖励思想教育工作的先进典型，还可以在职称评定、津贴评定等过程中充分体现思想政治教育工作的价值比重，吸引广大教职工参与思想政治教育工作，充分调动其积极性和主动性。

高校部门和各类人员之间协调配合，形成思政教育合力，实现"全员育人、全程育人、全方位育人"的思政教育工作格局，首先要明确各部门和各类人员的职责与分工。分工与合作相辅相成，各部门各类人员之间合理的、明确的分工是合作的基础。在高校，几乎所有部门和人员都会与思政教育工作队伍发生联系。对高校思政教育队伍而言，他们的职责是比较明确的；对于高校思政工作部门而言，在涉及教学业务、思想教育、后勤服务等大的方面的分工是明确的，模糊不清往往发生在具体的、交叉的方面或职责规范的空白点。要改变这种状况，就需要在学校的领导下，划分清楚各部门、人员的责任与任务，规范相关事项沟通与协商的工作程序。其次，要设立协调机构，来协调高校思政教育系统各部门各类人员工作；要建立相关制度与配套措施，保证协调机构真正发挥作用，如建立定期的学生工作联席会议制度、工作监督报告制度和各部门之间信息沟通制度等。

高校思政教育除了要注重加强校内的合作与整合，形成高校内部思政教育的合力外，还应该努力改善外部环境，在党和政府的大力支持下，推进家庭育人、学校育人和社会育人相结合，改变高校思政教育是高校的"独角戏"的状况，从而形成高校外部的思政教育合力。

思想政治工作需要各个部门都要负责任。这就是说，思政教育是全党的事情，是大家的事情，不能只靠政治机关和少数思政教育干部去做。把思政教育限制在狭隘的小圈子里，必然是冷冷清清，软弱无力，成效甚微，应当发动一切可以发动的力量，调动一切可以调动的积极因素。高校要以开阔的视野，充分整合全社会的人才资源，建立起一支为我所用的权威的资深校外专家队伍。这支资深专家队伍的来源可以是多渠道的，既可以是党政干部、科研机构和其他高校的专家学者、相关行业领域的资深人士，也可以是思想政治工作领域的行家。凭借这支资深专家队伍的专业优势、行业优势、阅历优势、经验优势等，可以从更广阔的视野、更高的层面、更深的思想深度，前瞻性地预测思政教育中可能面临的新情况和新问题，迅捷、有效地科学指导思政教育工作领域内的相关应对工作，规划和指导相关的工作队伍有效开展工作，从而使高校思政教育不管在什么情况下，面临怎样的复杂局面，始终应对自如、切实有效。

实践证明，只有加强高校思政教育力量和资源的内外整合，才能有效增强高校思政教育的合力，进而提高高校思政教育的整体效应，推动高校思政教育不断向深度发展。

二、强化专业意识，健全选优机制，促进队伍职业化发展

思政教育是一项专业性极强的工作，思政教育工作者必须具有丰富的专业文化科学知识和较强的能力。建设一支高素质的思政教育队伍，是新时代加强和改进高校思政教育工作的内在要求和迫切需要，而专业化是高校思政教育队伍建设

的必然选择和主要目标。思政教育队伍专业化是指思政教育教师通过专业训练、习得思政教育专业知识与技能，并在从业过程中，实施专业自主、遵守专业道德、不断提高专业素质的过程。

合理的知识结构是思政教育队伍专业化的前提。思政教育是综合性、实践性很强的工作，从事思政教育的每一位工作者都必须掌握丰富的知识，具备较为全面的能力结构。

就知识结构而言，思政教育工作者要掌握扎实的专业理论知识。思政教育是政治性、实践性很强的科学，思政教育工作者必须具备扎实的思政教育学基本理论和党的大政方针方面的知识。同时，思政教育学是一门多学科交叉的应用性科学，它广泛吸收、应用与思政教育相关的心理学、教育学、伦理学、政治学、管理学等学科的理论成果，只有熟悉这些相关知识，具备专业知识，才能提高思政教育工作者的业务能力和专业水平。其次是要掌握广博的综合性知识。思政教育工作同经济工作和技术工作不一样，它是做人的工作，而人是有感情和意识的，这种感情和意识又是不断变化的，思政教育工作有着特殊的复杂性。要做好这项工作，不仅要有扎实的专业理论知识，还要了解经济学、美学、法学、历史学、逻辑学、语言学、文学艺术，以及统计学、计算机、网络技术等方面的知识。

就能力结构而言，思政教育工作者应该具备较强的工作能力。一是思政教育工作者应该具备科学的管理能力。思政教育管理就其本身而言，管理的科学化是直接的、根本的目标。科学化的管理是规范化管理、制度管理和民主化管理的有机统一。规范化管理要求在思政教育管理过程中遵守科学的程序规范和方法规范，杜绝私人感情和片面因素，使思政教育这一系统工程能够协调有序地顺利进行。制度是管理活动正常运行的轨道。思政教育解决的是人们心灵深处的思想认识问题，其主旨在于塑造人的思想道德品质。思政教育是否切实可行，能否取得预期效果，取决于思政教育管理的制度化。思政教育工作者只有发扬民主作风，坚持民主方法，虚心接受他人意见、建议，不搞"一言堂"，才能保证思政教育目标的实现。二是思政教育工作者要具备科学的预测和决策能力。思政教育是立足现实、面向未来的活动，其效果只有在将来才能得到体现。因此，强调科学的预测，强化思政教育决策的未来意识，有助于遵循人的思想活动发展规律，从而确定思政教育的目标并选择合理的实施方案。人的思想具有复杂性、可变性、突发性等特点，如果事先早有预见，就能够使决策更趋于合理，更具科学性，从而制订出科学的实施方案和具体措施，保证思政教育工作的正常发展。三是思政教育工作者要具备掌握高科技手段的能力。在现代科学技术，特别是现代网络信息技术对人类生产生活影响日益深刻的今天，思政教育工作者必须具备运用现代高科技手段的能力，能够熟练应用现代科学技术手段有效地完成思政教育任务。

思政教育工作的专业性及其对思政教育工作者的极高要求，决定了并非任何人都能从事这一工作、胜任这一岗位。因此，高校在配备思政教育队伍时要制定一整套选拔、考核的机制，严把入口关，要做到好中选优。这是保证思政教育队伍质量的前提，也是确保思政教育队伍可持续发展的必然要求。

第一，严格准入条件，确保选优配强队伍。思政教育工作是综合性很强的工作，要求思政教育工作者必须具备良好的思想文化素质和专精广博的业务素质。

一是明确意识，端正思想，认真鉴别思政教育工作者的能力素质。高校要牢固树立思政教育工作的首位意识，端正用人的指导思想，达到人尽其才、才尽其用，切实把政治觉悟高、综合能力强、热爱思想政治教育岗位的人才选配到思政教育队伍中来，不能有谁都能做思政教育工作的想法。通过选准配强思政教育工作者，推动高校思政教育工作持续稳步发展。

二是结合实际，因地制宜，制定思政教育不同岗位的选拔标准和条件。中华人民共和国成立以来，特别是改革开放以来，党和政府制定的关于高校思政教育的系列文件对高校思政教育工作者提出了原则要求，这是我们选拔思政教育工作者的基本标准。高校在坚持德才兼备的基本原则和政治强、业务精、纪律严、作风正的基本要求的前提下，要正确处理需要与可能的关系，根据高校思政教育队伍现状和不同类别人员的岗位职责要求，对标准进行细化量化，确定相应的准入标准和条件，选拔政治素质优、思想作风好、学历层次高、组织管理能力强，愿意做、善于做思政教育工作的人员来做思政教育工作。

对不具备资格或不符合从业条件者，一律不准进入高校思政教育队伍，避免什么人都可以做思政教育工作的泛专业和泛职业的倾向，严禁杜绝不讲专业和职业要求随进随出的现象。坚持入口的高标准，才能保证队伍的高水平。如果降低准入标准，只会造成思政教育队伍的恶性循环，不可能适应新时代高校思政教育工作的需要。

第二，坚持标准，公开选聘。高校思政教育工作人员的选聘，要在明确思政教育的岗位数量和岗位职责的基础上，通过选拔、引进、外聘等渠道，采取公开招聘等方式，经过笔试、面试和综合考核等过程，坚持条件，严把标准，实行竞争上岗，择优聘用，严把"入口"关，确保思政教育队伍的质量。严禁随意降低要求，更不能通过非正常程序，将不合格的人员安排进高校思政教育队伍。

目前，高校思政教育队伍中新进的大都是从高校应届优秀毕业生中招聘，总体上说，这些毕业生能够胜任高校思政教育工作，有的还很快在岗位上做出了显著的成绩，但是不可否认，许多从校门到校门的大学毕业生对马克思主义理论的理解、对社会的认识还处在一个比较表面的层次，有的甚至对西方的文化、制度、生活方式、价值观推崇有加。一次性的笔试、面试，是很难深入了解这些学生内心深处的认识的，而高校难以通过长时间接触去全面准确了解这些学生。如何才能从这些毕业生中筛选出优秀者担任高校思政教育工作呢？我们认为要把握好这样几点。一是切实择优考察。要把学习、品德、现实表现确实优秀的学生筛选出来，重点考察，择优录用。二是要深入面谈。谈话内容要广泛，应当涉及学科理论、时政热点、政治品格等多个方面，从谈话中探查学生的价值观和认识能力。三是适当舍弃。对那些认识问题较偏激、思路狭窄、性格不佳者，哪怕学历高、职称高，也要坚决舍弃。

第三，解放思想，扩大队伍来源。只有队伍来源广了，选择面宽了，才能"优中选优"，才能选准配强高校思政教育队伍。根据高校的实践经验，选拔人才、充实高校思政教育队伍，可以通过以下途径：一是从校内外选拔那些年富力强，具有坚定的共产主义信念，一贯坚持党的基本路线，坚定不移地走社会主义道路，具有较丰富的专业知识，热心于思想政治教育，敢于创新的干部，提拔到思想政治教育的领导岗位上来，并依靠他们加强思政教育队伍的建设；二是从校内外业务工作第一线的先进分子中选拔，这是充实基层思想政治教育干部的主要渠道；三是从大专院校相关专业（比如，思想政治教育、教育学、管理学、心理学、社会学等专业）且符合条件的优秀毕业生中选拔人才，充实高校思政教育队伍。要做好这项工作，高校党委既要解放思想，大胆发现人才，又要严格把关，按组织程序，严格考核录用。

三、强化成长意识，加强培养培训，提高队伍综合素质

高校思政教育队伍，是培养人和塑造人的主体力量，其素质状况直接决定着思政教育的效果。学生中出现的某些问题，有多种原因，有社会原因、家庭原因，其中，也有与教师不善于教学生、带学生有关。如果教育者本人的品德、才能不如大学生，或者不足以成为他们的表率，那他的教育效果就可想而知了。思政教育工作者需要成长，其素质与能力的提高单靠自我学习、自我修养显然不够，需要更多的关心与爱护。因此，为了尽快提高思政教育队伍素质、促进他们尽快成长成熟，高校除了要做好选配工作外，还必须要抓好对思政教育队伍的培养培训工作。

加强对高校思政教育队伍的培养培训，既是时代发展的需要，也是思政教育队伍自身状况决定的。

首先，随着时代的发展和社会的进步，对思政教育工作者的素质要求也越来越高。一是经过多年的改革开放，中国特色社会主义进入新时代，思政教育无论面对的对象、所处的环境还是所承担的任务，都发生了深刻变化，现实生活中出现了许多新情况、新问题，一些问题又比较复杂，单靠思政教育工作者个人的力量，难以把握住问题的关键和实质，难以妥善地把问题回答好、处理好，这在客观上要求加强对思政教育工作者的教育培训，通过培训，用权威的声音解答思想政治工作中普遍性的困惑，让思政教育工作者在培训中增进学习和交流，在学习和交流中探索新的思路和方法。二是在信息化飞速发展的互联网时代，互联网已经成为社会生活的一部分，广大的高校大学生更是与互联网接触密切，从聊天工具到网页微博，从各种论坛到个人博客，网络已经成为大学生学习、生活中不可或缺的一部分。网络的迅速发展为高校思政教育工作提供了新的方式和契机，也提供了广阔和丰富的教育资源。互联网已经成为思想政治工作的一个新的重要阵地。思想政治教育必须占领这个阵地，利用网络对大学生进行教育和引导，这就要求高校思政教育队伍必须掌握网络技术，要学会利用网络开展思政教育。

其次，高校思政教育队伍总体素质与新时代思政教育面临的形势和承担的任务还不相适应。高校思政教育队伍的大多数从业人员忠诚于党的教育事业，工作兢兢业业。但是我们也必须看到，这支队伍也存在一些问题。突出表现为理论水

平偏低、科学文化知识不高、工作作风不够扎实、工作本领不够过硬、工作方法不适当、现代信息技术技能较弱。虽然高校思政教育总体是有成效的，但是由于一些人还没有自觉地认识到思政教育是一门科学，没有从教育培训体制上解决思政教育人员的教育培养和提高的问题，导致一些思政教育工作者没有经过专业训练，专业基础知识薄弱，业务水平不高，在思想政治教育中不能自觉地按照教育对象的思想活动规律和思政教育规律去进行工作，还没有克服思政教育某些方面的随意性和盲目性。

可喜的是，思政教育队伍的培训提升得到了党中央和各级党委的大力支持，在实践中，思想政治工作者有了各种培训机会。比如，高校思想政治理论课教师就有来自教育部、教育厅所定期组织的培训班、实践研修班，以及教育部所单独划定的进修指标等。思政教育工作者应当抓住这一大好时机，苦练内功，在各种进修、培训、交流中锻炼自我，提高自我。今后，中央和地方政府部门对思政教育工作人才的培养培训要继续加强。一是继续坚持完善分层次、分类别、多形式的培训模式；二是进一步扩大辅导员、思想政治理论课及哲学社会科学课骨干教师的培训面；三是培训内容要全面，既注重提高参加培训人员的业务能力，又注重对参培人员的职业道德、思想政治法律素养、心理素质等方面的教育。

与政府部门的定期、定人培训相比，高校是思政教育人才培养培训的主阵地。高校思政教育队伍的培养培训，应根据具体实际因地制宜地进行。思政教育工作者在工作一定时间后，要有计划分期分批送到其他层次比较高的学校脱产或半脱产进修学习，可以采用在职进修、专题学术研讨班、网上远程培训等学习方式；上岗前应结合他们的工作特点进行岗前培训；要注意通过交流、党政轮岗和挂职锻炼等多种途径丰富思想政治工作者的阅历，提高他们的实际工作能力；经常组织他们外出考察学习，开阔视野，丰富知识。总之，通过举办形式多样的培养培训，促使这支队伍及时更新知识、交流经验、扩大视野、提高理论水平和工作能力，以适应不断变化的新形势。

高校要做好思政教育队伍的培养培训工作，主要从以下几个方面着手。

第一，高校职能部门要做好培训规划，提供政策保障和资金支持。

第二，遵循培训规律，规范培训内容。就培训内容来讲，一是党的基本理论和创新理论成果。当前的理论学习中，要加强中国特色社会主义理论体系，特别是习近平新时代中国特色社会主义思想的学习。二是各项专业知识，即业务知识的教育，同时，加强心理学、教育学、伦理学、社会学、管理学等专业知识的培训。三是各类相关知识的教育培训，主要是培训中外历史、语言学、逻辑学、文学艺术、现代科学技术知识和现代信息技术。结合当前社会实际，尤其要加强社会主义市场经济知识和现代信息技术的教育培训，使思想政治工作者清醒而正确地分析经济形势和创新思政教育手段方法，增强思想政治工作的效果。在注重培训内容全面性的基础上，还要坚持循序渐进、突出重点、学贵专精、因人施教等原则，区分不同类型和层次，制订培训计划。做到干什么学什么、缺什么补什么，在相关专业上实现"理论上通、知识上懂、技能上精"的目标。

第三，增强培训的针对性，切实提高培训质量。如果培训形式单一，内容单调，针对性不强，年年培训年年老一套，那么培训人员素质就不可能明显提高，培训就失去了应有的作用。因此，各级培训要把培训内容作为重点来抓，培训前应先搞好调查摸底，什么薄弱就重点培训什么，哪里存在问题就从哪里入手，避免眉毛胡子一把抓，使培训有的放矢，增强培训的针对性。

第四，创新培训方式方法。要通过多样化的培训方式和培训方法增强培训吸引力，增强培训效果。有条件的可以组织培训人员外出参观学习，参加社会调查，增加培训人员的切身体会。

第五，完善培训考核的方式，最大限度地发挥培训的功能。

为了从整体上提高高校思想政治教育队伍的素质，除了加强对思政教育工作者的培养培训，思政教育工作者个人自学和实践锻炼也是切实可行的重要途径。只有加强学习，才能克服本领不足、本领恐慌、本领落后的问题，才能完成思政教育的任务。学习是基础，实践是进一步学习并检验学习的手段。学习与实践是相辅相成的，学习是成长进步的阶梯，实践是提高本领的途径。只有加强了实践，才能更好地树立群众观点，深刻理解国情，才能知道人民需要什么，才能在实践中不断积累各方面经验和专业知识，增强工作能力和才干。

引导和提倡思政教育工作者自学，以思政教育工作者素质的提高促进高校思政教育队伍整体素质的提高。教育者必先自己受教育，思政教育工作者应自觉提升理论素养。为此，思政教育工作者应当保持处处学习、时时学习和终身学习的心态，尽一切可能充实提高自我水平。由于思政教育工作者个体素质参差不齐，不同岗位的工作要求也不尽相同，要提倡根据自身的素质结构和工作的具体要求，有针对性地进行自学，就能较快地收到成效。特别是对于专业基础知识薄弱的人，更应抓紧时间学习，同时，在工作实践中积累新知识，总结新经验，增长新本领。由于自学的制约条件较少，思政教育工作者既可以在工作中学习，也可以在闲余时间学习。因此，通过自学来提高思政教育工作者各方面的素质和能力，是加强高校思政教育队伍建设的一个行之有效的办法。

要引导和督促思政教育工作者积极实践，在实践中锻炼自己、总结经验、增长本领。"实践出真知"，理论从实践中来，科学的理论知识又反过来指导实践。理论和实践从来都应该紧密结合，不可分割。思政教育工作者学习专业知识、提高理论水平，这自然很重要，但将这些知识理论运用于实践，并在实践中探索新知识、总结新经验、增强本领更为重要。加强思政教育工作者对理论知识的学习，其直接目的就是更好地工作实践。当前，高校思政教育面临许多新情况、新问题，许多问题的解决无经验可循，这就更需要思政教育工作者积极大胆投身实践，在实践中汲取新知识、总结新经验、提高工作能力。很多高校思政教育工作者都是通过"从家门到校门，从中学门到大学门"的途径成长起来的，基本上没有参加过社会实际工作，缺乏社会阅历和社会实践经验，缺乏对国情的了解，认识问题、思考问题、处理问题与大学生处于同一水平上，对各种西方思潮缺乏应有的辨别能力和剖析能力。由于缺乏社会实践的磨炼和严格的政治训练，有的不具备以身作则、严于律己、为人师表、爱岗敬业的优良作风，不能积极地引导和教育学生。因此，高校思政教育工作者要敢于实践、勇于实践、善于实践，从实践中总结经验、获取知识，提高自己的工作能力和工作效率。

总之，有计划、有组织、有步骤地开展思政教育队伍不间断的各种形式的培养培训，对于不断提高思政教育队伍的整体素质，落实党中央提出的"加强和改进大学生思想政治工作"，促进高校思想政治工作走向科学化和队伍建设走向专业化，具有重大意义。

四、强化创新意识，创新方式方法，提高队伍工作能力

创新是思政教育的活力所在。创新是一个民族进步的灵魂，是一个国家兴旺发达的不竭动力，也是一个政党永葆生机的源泉。中华民族是勤劳智慧的民族，

也是富于创新精神的民族，现在我们更要十分重视创新。在中国特色社会主义新时代和社会信息化网络化的背景下，思政教育工作者必须增强创新意识，紧密结合新形势下思政教育的新要求和教育对象的新特点，积极创新思政教育的方式方法。

随着中国特色社会主义进入新时代，思政教育的内容、目的和任务都相应发生了变化，对思政教育提出了新的更高要求。如果我们仍然运用过去那种比较单调的工作方法，不能掌握和运用适应新形势的工作方法，势必会形成思政教育与教育对象相脱离的被动局面，不能达到思政教育的预期效果。因此，做好新时代的思政教育工作，关键是与时俱进，坚持改革创新，不断探索新思路、新方法，实现自身的不断创新。

时代的发展日新月异，新科学、新技术、新知识不断涌现并逐渐支配着人类的生活。现在的大学生朝气蓬勃、充满活力、积极自信，他们对新知识和新技术非常敏感且乐于接受，但知识体系建构尚未完成，世界观、人生观、价值观尚未完全成形，社会阅历尚不丰富，情感心理尚不成熟。对于伴随互联网成长起来的这代大学生，如果高校思想政治教育沿用老一套，还是老办法、老方式，拒绝互联网等新技术手段，就会处处被动，难求实效。

随着时代的发展，高校思政教育的环境、条件与对象都发生了巨大变化，创新是必然要求。可以说，高校思政教育比以往任何时候都更加需要创新。创新新时代高校思政教育，首先是思政教育工作者要有创新的意识和理念。思想是行动的先导，理念决定努力的方向。因此，思政教育工作者面对信息化、全球化的新时代要有思想的敏锐性和开放度，要及时发现社会生活与学生思想的新变化，把握时代发展的脉络，要有世界的眼光与开阔的胸怀，努力增强创新意识，敢于摆脱传统观念、思维定式和习惯做法的束缚，实现思政教育的手段方法创新，使高校思政教育"活"起来。

注重引导式教育。互联网是新形势下铸魂育人的重要阵地，占领它就意味着抢占了思政教育新高地。要充分发挥校园网的管理优势、力量优势和话语权优势，依托制度机制、宣教策略和技术手段，构筑生动活泼、富有传播力的舆论场。要创设充满正能量的网络空间环境，在正面引导中使大学生做出正确的价值选择。要着力强化互联网信息的权威性和可信度，坚持丰富经典原著、创新理论等教育资源，构建思想政治教育资料库，抢占网络思政教育信息传播的先机和制高点。

实行融合式教育。运用网络工作机制的多变性和网络信息形式多样性特征，以多种方法手段，将不同形式、不同内容的信息进行有序衔接传播，将教育由平面引向立体，由静态引向动态。研发大学生思想调查分析系统，开展网上问卷调查、大数据分析，全面快捷地了解、掌握大学生思想状况，提高思政教育的针对性和实效性。

深化互动式教育。与时俱进发展互动平台，紧跟互联网发展潮流，依托校园网开设形式活泼的交互平台，建好论坛、留言板等载体，引导大学生随时随地、不拘形式地发表个人体会感悟，相互交流、相互影响、相互启发，共同进步。精心设置互动话题，从大学生的身边事、困难和疑惑入手，把思政教育的目标和大学生的实际需要统一起来，把大学生的现实关切和校园生活融合起来，充分调动大学生参与的积极性。开设心理健康指导网站，普及心理健康常识，为大学生提供在线交流、倾诉心声的渠道，安排心理专家开展网上咨询服务，搞好心理疏导，提供心理辅助，及时解决大学生的心理问题。

必须要强调的是，创新思政教育的方式方法，并不是要否定所有的传统方法。守正创新，坚持好办法、改进老办法、探索新办法，才是正确的态度。在长期的思想政治工作实践中，中国共产党通过不断探索和总结，形成了许多行之有效的思想政治工作方式方法。这些好的方式方法是我们的宝贵财富，是必须继承和发扬的，是新时代思政教育方式方法创新的基础和前提。

以理服人。思政教育的对象是人，做人的工作就要增强说服力，做到以理服人。理论一经掌握，群众也会变成物质力量。理论只要能说服人，就能掌握群众；而理论只要彻底，就能说服人。这就要求思政教育工作者在做工作的过程中，要耐心细致，做好说服教育工作，对问题的分析、解释要透彻，容易使人理解，从而使工作对象对问题认识比较清楚。

以情感人。思政教育是一种集塑造教育、改造教育和养成教育于一体的综合性工作，必须顺应人的思想形成发展规律。思政教育工作就是要动之以情、晓之以理、导之以行，才能"润物细无声"，起到春风化雨的作用。

言传身教。思政教育工作者是做好思政教育的一个活因素。思政教育工作者的思想、学识、行为、品德和人格魅力对思政教育对象具有极强的示范和榜样效应。要善于发现体现时代精神、紧扣时代脉搏、植根于人民群众、有深厚群众基础的先进典型，大力宣传典型。只有这样，才能提高思政教育工作者的威信，提高思政教育的效果。

实事求是，一切从实际出发。实事求是，是马克思主义的基本原则，是党的思想路线的核心内容，是一切工作的思想方法和工作态度。思政教育工作者必须有实事求是的工作态度，一切从实际出发，在工作中既要与社会生活、单位和教育对象的思想、生活实际及其关心的热点问题结合起来，避免空洞说教，又要善于分析对象的不同，采取不同的工作方法，切忌本本主义和教条主义。只有这样，思政教育才能做到大学生的心坎上，才能收到事半功倍的效果。

五、强化考核意识，完善激励机制，调动队伍积极性

思政教育队伍是高校思政教育的组织者、实施者，思政教育队伍状况直接决定着高校思政教育的兴衰成败，人们奋斗所争取的一切，都同他们的利益有关。利益是人们行动的基本动因，良好的利益激励机制是做好一切工作的助长剂。要增强高校思政教育的说服力和感染力，高校必须进一步建立健全科学的考核评价机制和配套的利益激励机制，对思政教育工作者的工作实行从过程到结果的全方位、定性与定量相结合的全面、及时、科学的考核，并将考核结果与思政教育工作者的利益挂钩，切实体现"干与不干不一样，干好干坏不一样"，充分调动思政教育工作者的工作积极性。

第一，建立科学的考核评价体系。增强思政教育的实效性，应建立相应的考核评价体系，将这种体系形成长效机制。

完善考核评价指标体系，提高考核评价的科学性。考核评价指标的确定关系着如何来判定高校思政教育工作者的工作表现。确定合理的考核标准，既可以让被评价者有一个努力的方向和标准，又是考核高校思政教育工作者的公开、公平的依据。对高校思政教育工作者考核，一般包括德、能、勤、绩、廉等几个指标。"德"主要是指思政教育工作者自身的政治素质、道德品质和工作作风；"能"主要是指思政教育工作者关于高校思政教育工作的业务知识和工作能力；"绩"主要是指对思政教育工作者的工作效能，如工作数量、质量、效益和贡献等；

"勤"主要是指思政教育工作者参加学校学院或年级的理论学习和业务学习的自觉性、主动性和出勤情况，以及基本理论、履行职责必备知识的掌握情况等；"廉"主要是指思政教育工作者是否廉洁，是否利用工作便利谋取不正当利益。

高校在确立思政教育队伍考核标准时，要考虑到思政教育工作的特殊性。以"绩"的考核为例，就不能采取单一的定量方法来考核。思政教育队伍的绩效内容与标准，明显区别于一般教学科研岗位、行政岗位的教师。一般教学科研岗位有很多绩效可以量化，如课时量可以量化并按量取酬，科研工作也可以按论文数量、等级和课题立项数量和等级等评价，一般行政岗位可以用出勤和工作有没有重大失误等来衡量。但对于高校思政教育工作来说，一般的工作态度，如考勤等只是一个标准，其绩效指的是大学生的政治素质和思想道德素质的变化和提高。这个绩效是隐性的而不是显性的，无法用数量来衡量；同时，思政教育是长线工作，短期内很难看出效果。因此，高校对思政教育队伍进行考核时，要结合大学生思政教育工作的特殊性质，坚持定量与定性相结合、以定性为主的原则。一方面，针对思政教育队伍日常工作过程的考核可采用一些可量化的数据以使评价更科学、易操作；另一方面，针对思政教育队伍工作结果的考核要侧重于设计定性标准来考核，以使评价更全面、深入和有效，能够真正有效地反映高校思政教育队伍的工作实效、工作态度、工作作风和工作能力。

改进完善考核方法，提高考核评价的准确性。考核方法是为获得对思政教育工作者的正确认识和评价，在考核活动中所采取的手段和工具。为了实现对思想政治教育工作者工作表现的准确客观评价，也为了公平对待队伍中每一位工作者，高校应该在遵循上级规定的基础上，根据自己学校的特点，确定和完善考核的具体方法。不论何种考核方法，都要坚持民主化、科学化、制度化原则，要拓宽参评主体范围，采用上级与下级相结合的方法，走群众路线，让更多的"知情人"参与评价，改变思想政治教育工作只对上负责不对下负责的弊端。

规范考核程序，提高考核评价的公正性。考核程序是指考核方进行考核时采取的步骤及具体的操作要求。要真实客观地反映出思政教育工作者各方面的表现，考核的程序是制度保障。考核程序主要包括考核准备、考核启动、考核结果确定与反馈等几个环节。考核准备环节应该包括成立考核机构，制定明确考核任务和考核内容，重点确定考核程序、考核步骤等事项；考核启动环节要完成考评对象个人述职和考核机构实地了解考核对象综合情况等事项。这是考核工作的核心环节，其工作的好坏直接影响考核结果，主要任务是准确地把握考核思想政治教育者的全面情况，形成初步的印象和概念，为综合评价鉴定做好准备；考核结果的确定与反馈环节主要是按照提前公布的标准，对考核对象的个人述职材料及考核机构实地了解的材料进行综合整理，做出分析判断，按照既定要求对考评对象做出考核结论，形成书面考核材料并交学校人事部门存档，同时，委托考评对象所在部门及时将考核结果告知考核对象个人。

第二，建立完善的激励机制。激励是以外部刺激的方式对人的行为起着加速或抑制作用的一种激发或鼓励，是激发人的行为动机的心理过程。激励分为正向激励（奖励）和负向激励（惩罚）。通过奖励机制，对在高校思政教育工作中业绩突出、认真负责的思政教育个人或集体给予精神或物质的嘉奖，既可以满足其成就感的心理需要，激发其继续努力，也可以对其他相关人员起到某种示范和引导作用；通过适当的惩罚机制，对因个人或单位的主观原因，在高校思政教育工作中存在严重懈怠或出现严重失误，造成不良后果的个人或集体进行必要的惩戒，可以阻止其继续犯错，激励其努力向上，对其他相关人员或集体也能够起到一定的警示作用。

建立完善的奖励机制。奖励具有鼓励和导向的功能，是高校思政教育队伍管理不可缺少的一个重要环节。对于高校思政教育工作者的奖励，要坚持如下几个原则。一是目标奖励与过程性奖励相结合的原则。所谓目标奖励，就是按照思政教育工作者的最终绩效考核结果与高校思政教育工作总体目标的契合程度实行不同等级的奖励；除了目标奖励外，高校还应关注思政教育个人的具体成长过程，对个人在工作中的工作态度、工作热情、工作责任等也要做出及时的评价，对于那些工作认真负责、工作热情高、责任心强的工作人员，要及时予以表扬或其他形式的肯定性评价，使思政教育工作者在成长过程中感到成长的快乐和成就感。二是物质奖励和精神奖励相配合的原则，既有薪酬奖励、职级奖励、物质奖励，又有名誉奖励、成就奖励和先进奖励。三是坚持集体奖励和个体奖励相联系的原则。优异的个体离不开先进的集体，先进的集体必定会产生优秀的个体。四是奖励要实事求是，量力而行，要有所区别，拉开合理档次，不能吃大锅饭。五是奖励要公平，奖励的条件、标准要统一，不能因人而异。六是奖励办法和程序要事先公开公布，除非重大性业绩，尽量避免事后临时因人因事设奖。

建立必要的惩罚机制。惩罚和奖励都是组织管理的常设性机制，对于高校思政教育队伍的管理也是这样。奖励和惩罚相辅相成，二者结合使用，才能管理好思政教育队伍。惩罚机制虽说短期内给犯错者带来一定的负面影响，甚至使其直接利益受损，但惩罚机制如果合理且运用得当，也可以起到督促其吸取教训、改正错误、提高工作积极性和责任心、认真履行工作职责的作用。因此，建立完善惩罚机制，对于增强高校思政教育队伍建设实效也是必要的。结合高校实际情况，高校在建立和执行惩罚机制时，要坚持以下几个原则。一是适度原则。一般来说，高校思政教育工作者在工作中出现的问题，属于人民内部矛盾，都是可教育、可团结的范围。当前，高校思政教育面临许多新挑战、新问题，思政教育工作难度加大；另外，在一些高校，思政教育还没有被摆到应有的位置。这两种情况客观上会影响思政教育工作者的工作态度和工作热情。因此，高校在确定惩戒制度时，一定要慎重，要综合考虑造成高校思政教育者出现过失或违纪的主客观原因，坚持适度原则，确定惩罚的等级。二是重在教育原则。高校建立惩罚机制的根本目的不是惩戒，而是"惩前毖后、治病救人"，是为了促使被惩戒者自我反思、自我检讨，主动吸取教训，改正错误。因此，高校在惩戒时要细致地做好被惩戒者的思想工作，关注其可能出现的情绪波动和反常行为，并及时予以开导教育，不要使他们背上过重的包袱。三是公平公正原则。惩罚行为可能会给被惩戒者带来身心的伤害，高校在建立惩罚机制时一定要坚持公平公正原则，在客观公正做出考核结果的基础上，严格按照学校相关规章制度，对违纪者做出惩戒的决定，要公平地对待每一位思政教育工作者，依法办事。

第三节　高校思政教育队伍建设的保障机制

一、坚持党对高校思政教育队伍建设的领导

（一）高校思政教育队伍建设必须坚持学校党委的领导

中国共产党是中国特色社会主义事业的领导核心，坚持党的领导是我国社会

主义建设的各项事业取得胜利的根本保障，各级组织和各条战线都必须坚持党的领导。

坚持党的领导，要求高校实行党委领导下的校长负责制，确保党在高校的核心领导地位，要坚持社会主义办学方向，加强对思想政治工作的领导与指导，加强思想政治教育队伍建设，选拔德才兼备的优秀人才充实思政教育队伍，不断开创高校思想政治教育工作新局面。高校党委对学校思想政治工作的领导，是法律法规赋予高校党组织的重要职责。中国共产党高等学校基层委员会按照中国共产党章程和有关规定，统一领导学校工作，支持校长独立负责地行使职权，其主要领导职责是：执行中国共产党的路线、方针、政策，坚持社会主义办学方向，领导学校的思想政治工作和德育工作，讨论决定学校内部组织机构的设置和内部组织机构负责人的人选，讨论决定学校的改革、发展和基本管理制度等重大事项，保证以培养人才为中心的各项任务的完成。

党的领导是高校思政教育队伍建设的有力保障和定海神针。高校党委要按照党中央要求，切实加强对思政教育队伍建设的领导，提供必要的人力、财力、物力保障和政策支持，要加强思政教育工作者的培养管理，提高思政教育队伍整体素质，要关心爱护思政教育工作者，为他们排忧解难。

（二）高校党委在高校思政教育队伍建设中的主要职责

高校要提高政治站位，充分认识加强思政教育队伍建设的重大意义，把思政教育队伍建设纳入学校总体工作部署，确定队伍建设目标，要主导思政教育队伍建设的重大决策，协调落实思政教育队伍建设的重要任务，主动帮助解决思政教育队伍建设遇到的困难和问题，调查研究思政教育队伍建设中的热点和难点问题，特别是要在思政教育队伍建设中发挥好规划、职责分工、组织协调、督促检查等作用。

1. 规划指导

思政教育队伍建设的规划指导，是高校思政教育队伍建设沿着正确的方向发展的重要保证。改革开放以来，党中央高度重视思政教育队伍建设的宏观指导，出台了一系列文件，就高校思政教育队伍建设的各个方面都提出了建设性意见，从队伍建设的重要性、紧迫性和总体要求、队伍的组织建设、队伍的选聘配备、队伍的培养培训、队伍的考核评价、队伍的激励机制、队伍建设的政策和保障制度等方面，对加强和改进高校思政教育队伍建设进行了明确的规定。

高校党委要高度重视思政教育队伍建设，把思政教育队伍建设纳入学校整体发展规划，把思政教育队伍建设融入学校党建和思想政治工作总体部署。同时，高校要科学制订思政教育队伍建设规划，对思政教育队伍的岗位设置、人员编制、队伍选拔配备、队伍培养培训、职务职称评聘、建设经费和队伍待遇等做出明确的规定。在制订规划时，要力求做到立足当前，着眼长远，统一思想，明确责任。通过制订规划，明确队伍建设的基本思路和工作原则，提出队伍建设的目标任务和总体要求，确定队伍建设的实施步骤、组织领导等。

2. 统筹协调

高校思政教育队伍建设是一项系统工程，涉及面广，工作冗杂，需要高校多个部门分工协作、通力配合才能完成。这就有一个职责划分和组织协同的问题。如果相关部门之间缺乏明确的职责分工和组织协调，必然造成工作中的推诿扯皮。因此，高校党委应该发挥在学校工作中的领导核心作用，对高校思政教育队伍建设涉及的所有部门的职责进行明确的划分，使之各司其职、各负其责，既分工又合作、相互配合，形成合力，共同做好思政教育队伍建设工作。

3. 督查考核

为把各部门的人力、物力、财力等资源有效地组织动员起来，需要根据高校思政教育队伍建设的既定目标，通过建立领导责任制和目标管理体制，一级抓一级，层层抓落实，促进高校思政教育队伍建设水平全面提升。在这个过程中，高校党委要抓好监督检查和责任考核工作，使思政教育队伍建设真正做到年初有计划，年内有落实，年终有考核，确保思政教育队伍建设整体推进，落到实处，见到实效。同时，高校党委要制定相关的奖惩制度，对思政教育队伍建设工作有创新、效果好的部门和个人给予奖励，对工作开展不力的部门和个人给予一定的处罚，做到奖惩分明，充分调动学校相关部门和个人的积极性，确保思政教育队伍建设工作的顺利推进。

二、健全高校思政教育队伍建设的领导体制和组织机制

高校思政教育队伍建设涉及面广、专业性强、任务繁重，需要建立相应的工

作机构，以加强协调和科学统筹。相应的工作机构和领导体制是高校思政教育队伍建设和管理工作稳定开展、顺畅运行的重要保证。

（一）健全领导体制，完善组织机构

高校要建立明确的领导责任制度，建立由党委书记主持、校长和党委副书记及各职能部门负责人参加的思想政治工作联席会议制度，定期研究思政教育工作和思想政治教育队伍建设，部署任务，落实措施，协调力量，形成党委统一领导、各部门分工配合、党政工团齐抓共管的领导体制和工作机制。高校党委要统一领导学校思政教育工作，制订思想政治教育队伍建设的总体规划，对思政教育队伍建设做出全面部署和安排，督促检查思政教育队伍建设情况。校长要对大学生德智体美劳全面发展负责，把思政教育与教学、科研、社会服务工作结合起来，把思政教育队伍纳入学校师资建设，同时部署、同时检查、同时评估。高校有关部门，尤其是组织和人事部门以及各院系要切实负起责任，积极支持、主动配合，把思政教育队伍建设作为干部人事制度改革与发展的重要内容，把中央和地方加强思政教育队伍建设的原则和措施全面纳入干部人事制度，共同做好思政教育队伍建设工作。

（二）健全组织机制，形成工作合力

从整体上来看，我国高校思政教育现行的组织机制是一种校院两级职责分明、条块结合的二级管理体制。这种组织机制有明确的层次区分：高校党委和行政属于战略层次；高校内设相关职能机构属于管理层次；基层院系和全体思想政治教育工作人员属于实施层次。高校党委作为战略层次的主要任务是宏观把握思政教育队伍建设的方向，根据中央和地方的要求，结合高校具体情况，确定思想政治教育队伍建设的总体目标，制订建设规划。高校行政系统要把思政教育工作和思政教育队伍建设与教学、科研、后勤服务等工作结合起来，在各项行政工作中贯穿思政教育和思政教育队伍建设的要求。组织、人事、财务、教学、后勤等属于管理层的部门则要负责贯彻落实，做好协调和检查考核工作，以保障高校思政教育队伍建设工作能够正常进行。此外，还要协调好学校和学院（系）在思政教育队伍建设中的权利、义务和责任，属于技术层次的基层院系和全体思政教育工作人员则负责具体实施。

高校思政教育和思政教育队伍建设要取得效果，关键是三个层次之间要形成工作合力，尤其是要理顺学校党委系统和行政系统以及学校机关和学院（系）的配合。例如，在学校层面，党委系统和行政系统在推进高校思政教育中协调一致，高校党委必须改变以党代政、事无巨细、包揽一切的现象，否则就会将精力放在具体事务性工作中，并最终造成学校党委在思政教育队伍建设领导上的涣散懒惰。反之，如果思想政治教育只由行政部门来做，就会停留在学生事务性工作服务的层面上，思政教育缺乏灵魂和高度，最终失去其应有的价值和意义。此外，如果缺乏统一的调配和领导，学生工作部门和组织人事部门就会经常出现配合上的问题。突出表现在涉及高校思政教育工作者级别、待遇、经费等具体问题上互相推诿，特别是思政教育工作干部在争取培训、转岗等机会时，经常会遇到协调难的问题。例如，仅仅强调加强高校思政教育队伍之间的交流，如果不相应地制定考核、薪酬待遇、晋升等配套政策，就很难取得期望的效果。在学院层面，大学生思想政治教育不能脱离教学，必须由党政齐抓共管，专业课教师与思政教育工作者协作才可以完成。如果学院党委班子和行政班子各敲各的锣，各唱各的调，思政教育及其队伍建设就很难保证效果。目前，我国高校思政教育所采取的学校机关与基层学院（系）的二级管理体制带来的直接问题就是人、财、物等行政权力高度集中在机关，而来自工作一线的压力却几乎完全由基层学院（系）来承担。长此以往，不仅容易造成学校机关与学院（系）在具体问题上的矛盾，还会打击学院（系）开展思想政治教育工作的积极性。而对于这一现状，在学院（系）层面往往会出现"上有政策，下有对策"的情况。从体制上看，在学院（系）从事思想政治教育工作的专职辅导员归学工部门、人事部门、学院（系）三方负责，但在实际工作中，学院（系）往往拥有辅导员的实际控制权，这就会出现"管事的不管人，管人的不管事"的情况。因为大部分基层学院（系）工作头绪多，但编制又偏少，相当多的学院（系）让辅导员兼任其他工作，长此以往，不仅思政教育工作的效果难以保证，而且辅导员队伍自身素质也难以得到提高。

学校党委系统和行政系统以及学校机关和学院（系）三个层次之间，只有做到既目标一致又各司其职，既职责明确又密切协作，才能形成合力。但是从目前情况来看，在形成合力推进思想政治教育方面，高校恰恰做得不够，存在各部门各自为战、力量分散、重复建设的问题。出现这个问题与高校自身的领导与组织体制有很大关系。高校思想政治工作应该是在高校党委统一领导下，党政干部、共青团干部、辅导员、班主任和其他专任老师相互分工合作的模式。但是从许多高校当前的组织与管理体制来看，却是上面千条线、下面一根针的局面。也就是说，具体的统一与协调基本只是在辅导员、思想政治理论课教师这一层级完成。上面依然是千条线，互不隶属，互不干涉。党委副书记（含二级单位党委或党总支）、辅导员、班主任、共青团负责学生的日常思想政治教育，校长、教务处、任课老师负责课程学习，招生就业部门负责招生和就业，其他部门及所属党政干部负责学校日常运转，基本不与学生发生直接联系。这样一来，队伍建设没有核心，无法实现统一协调。因此，高校应该进一步完善思政教育组织和管理体制，形成党委统一领导，党政齐抓共管，职能部门组织协调，基层院系具体实施，全体师生员工共同参与的组织机制。

三、完善高校思政教育队伍建设的保障制度

思政教育是党的优良传统和政治优势，在高校育人工作中发挥着无可替代的作用。在新时代，思政教育面临前所未有的机遇和挑战，其作用要得以继续发挥，有赖于建立科学高效的思想政治教育队伍建设保障机制。高校思政教育只有主动适应新形势、新环境，建立健全高校思政教育队伍建设的有效保障机制，为打造一支高水平的思政教育队伍创造良好条件，提供有力保障，才能不断增强高校思政教育的实效性。

（一）制订科学合理的建设规划

高校进行思政教育的组织基础乃是我国高校思政教育队伍建设规划的整体科学性。但是目前我国很多高校对思政教育队伍建设重视不足，尚未构建起高素质的富有战斗力的思想政治教育队伍。实践证明，如果缺乏整体性的科学规划，政治教育队伍建设就不可能取得良好的效果。

高校思政教育队伍建设作为一项系统工程，无论对其工作系统内部，还是其与外部的联系，必须进行整体性的统筹规划，才能使队伍建设处于一种良性的运

行状态，从而保证队伍建设目标的顺利实现。目前，一些高校思政教育队伍建设存在问题的一个重要原因，就是没有将思政教育队伍建设纳入高校师资队伍建设的计划，没有制订专门的、整体的、长远的建设规划。特别是在信息网络技术飞速发展的时代，高校思政教育队伍建设未能全面准确地把握网络技术发展的特点和规律，以及网络时代思政教育队伍建设的新特点，对思政教育工作队伍的选聘、培训、管理等没有做全面的、系统的科学规划，存在各部门各自为政的状况，致使高校思政教育队伍建设基本上处于自然成长的状态。

把思政教育队伍建设纳入学校师资队伍建设的总体布局中来谋划。高校思政教育的对象是广大青年学生，思政教育工作做得好、做得实，广大青年的热情和积极性就能更充分地发挥；思想政治教育工作做得不到位，大学生的积极性和主动性就不能被充分地调动，就不利于中国特色社会主义建设。因此，思政教育工作者肩负着人力资源开发，并保证人力资源发展方向的重任。要把思想政治教育工作者放在干部和人才工作的大局中来统筹规划，而不能此一时彼一时，平时工作中可有可无，有任务和考核时才抓一阵子，更不能只做表面文章，不顾实际效果。

（二）加大经费投入和政策支持力度

经费是高校思政教育队伍建设的物质基础。无论是高校思政教育队伍的硬件建设还是软件建设，都需要经费投入。如果没有一定的物质依托和保障，没有经费投入或经费投入严重不足，思政教育队伍建设就无法开展。一段时期以来，高校思政教育队伍建设存在经费投入不充足等问题，表现为"说得多、做得少"和"雷声大、雨点小"等现象。加强新时代高校思政教育队伍建设，最根本的在于保障思政教育在学校工作中的核心地位、思政教育队伍的主体地位和思政教育投入的优先地位。

高校要把思政教育投入置于优先地位，切实加大经费投入，为高校思政教育队伍建设的开展提供物质保障。一方面，高校把思政教育队伍建设纳入预算，每年拨出专款，专款专用，确保思政教育队伍建设的顺利开展。在目前高校教育经费紧张的情况下，必须进一步提高经费的使用效能。另一方面，政府要增加财政投入。我国绝大部分高校办学经费主要依靠国家财政投入。各级党组织和主管部门要按照中央要求，制订高校思政教育工作规划，设立高校思政教育队伍建设专项经费，并确保随着事业经费的增长逐年增加对高校思想政治教育工作的投入，提供必要的设施、设备和活动场所，支持和保障思政教育队伍建设的顺利开展。此外，高校依靠社会方方面面的力量，多渠道、多形式筹集社会资金，作为思政教育队伍建设的补充经费。

思政教育既是中国高校的特色，也是优势，事关办什么样的大学、怎样办大学的根本问题，事关党对高校的领导，事关中国特色社会主义事业后继有人，是一项重大政治任务和战略工程。政策是重要的战略资源。加强党对高校思想政治工作的领导，首先要从政策上保障思想政治工作重要地位的落实。高校党委要把思想政治工作与学校其他工作一同规划、一同安排，在项目设立、评优表彰、升职晋级等方面向思政教育教育工作者适当倾斜，加大马克思主义理论学科建设和思想政治理论课建设的政策扶持力度，提升马克思主义学科的建设水平，提高思想政治理论课教师的荣誉感和自豪感。

（三） 加强制度建设

高校思政教育队伍建设作为一种社会性活动，必然要在一定的社会历史条件和一定的社会关系中进行，必然要采取一定的制度来承担和执行管理职能。

在思政教育队伍建设中，制度建设是带有根本性、长远性的建设。从过去的教训来看，高校思政教育队伍建设的目标没有少提，具体工作也没有少做，但是效果不佳，重要的原因之一就在于没有解决好制度导向问题，往往是只有目标而缺乏制度手段或者制度导向与目标不配套，甚至存在制度导向同目标相背离的情况。因此，高校思政教育队伍建设必须要重视制度建设，为加强思政教育队伍建设提供体制和机制上的保障。

第一，思政教育队伍选拔制度。高校要充分考虑到思政教育的特点，严格把好入口关，坚持德才兼备的原则，按照提高素质、优化结构、专兼结合、功能互补、信仰坚定、业务精湛的要求，选拔政治素质优、思想作风好、学历层次高、组织管理能力强的人做思政教育工作，充实思政教育队伍，同时扩大队伍来源，面向社会选拔优秀毕业生，在人员选拔上注重学科交叉，优化队伍结构，增强队伍的战斗力，以适应不断变化的新形势。

第二，思政教育队伍培养培训制度。建立相对固定的机制培养后备力量。建立一支精干的高校思政教育队伍，不仅要做好选拔工作，而且要加强对思政教育工作者的培养。在思政教育队伍建设的内容中，对思政教育队伍开展不间断的教育、培训，是把握思政教育队伍建设沿着正确的方向前进的重要保证。通过在岗前培训、学习制度、选送培养、实践锻炼、理论研究等方面进行探索，并以相对固定的形式形成长效机制。

第三，思政教育队伍收入制度。要牢固树立思政教育工作者也是干部的思想，不论是专职还是兼职，都应得到较多的生活上的照顾，在工资、津贴等方面，要有意识地向思想政治教育工作人员倾斜，有条件的可以出台政策，使思想政治教育工作人员的生活待遇比同级干部或同级职称的专业课教师略高，至少不能低于同级干部或同级职称的专业课教师的待遇，这样才能使思政教育工作者安心工作、干好工作。

第四，思政教育队伍专业职务评聘制度。评定专业职务是加强思政教育工作采取的一项重要措施。党和国家从加强党的思政教育工作，加强思政教育队伍建设的高度，坚持进行思政教育工作专业职务的评定。通过对高校思政教育人员专业职务的评定，既可以推动思想政治教育工作向专业化、规范化、科学化的方向发展，又能够为思政教育队伍指明努力方向，更好地发挥思政教育工作者的积极性、主动性和创造性，促进他们在新的形势下积极研究思政教育工作面临的新情况、新问题，总结新经验，使思政教育工作更加充满活力。在具体的评定过程中要坚持公开、公平、公正的原则，严格遵守评定条件和程序，保证评定结果的客观、公正。

第五，思政教育队伍监督考核制度。一是要健全监督制度。监督可以自上而下，自下而上，以及从不同的层面和不同的职能部门归口监督，要充分发挥组织部、宣传部、纪委、机关党工委和各级党组织的监督作用。二是要完善考核奖惩制度。考核奖惩制度要实事求是地评价工作人员的业务水平、工作态度、工作能力等。定期评比思想政治工作的先进集体和先进个人，树立、宣传、推广一批先进典型，并且根据结果，给予奖惩。奖惩的标准就是考察其对岗位责任制的履行情况。对于工作成绩突出的人员应给予奖励和重用；对于工作态度懒散的人则应该撤换，甚至停止聘用。这样才能形成相互促进、互相竞争的良好氛围。

第六，思政教育队伍晋升制度。高校思政教育工作者普遍具有坚定的政治立场、较高的政治理论素养和政策水平，他们在高校立德树人和确保高校社会主义办学方向发挥了重要作用，应该在政治上充分信任他们，将他们纳入领导干部后备人才库，在提拔晋升等方面优先考虑，为他们开辟畅通的职业上升通道，既有利于充实领导干部队伍，又可以调动思政教育队伍工作的积极性。

第七，思政教育队伍建设保障机制。保障机制是否健全完备以及保障措施是否得力，在很大程度上决定了高校思政教育队伍建设的效果。与保障、协调高校思政教育队伍建设直接相关的诸多重要工作内容和环节，例如，思政教育队伍的建设规划、相关部门协调与配合、人员编制、经费投入、发展空间等，都必须通过制定科学合理的政策和制度才能够保证。

第三章 高校思政课教学模式的改革与创新

第一节 高校思政课教学中"四位一体"教学模式

高校思政课"四位一体"教学模式是新时代社会发展的需要，是新情况下满足教学需要的必然发展趋势。"四位一体"教学模式是有机融合线上网络教学、线下传统课堂和实践研究学习的混合式教学模式。面对复杂的教学环境，"四位一体"教学模式在适应了互联网时代的发展规律的基础上，应时而生。

一、"四位一体"实践教学模式的内容

"四位一体"实践教学模式是在坚守思政课课堂主阵地的基础上，遵循"理实结合"和"整体育人"的教学规律，而构建的理论与实践、线上与线下、课内与课外相融合的教学模式。

（一）"四位"

1. 课内实践教学

实践教学的本质是具有社会实践内涵的系统性教学。思政课的实践教学根据场所的不同可以分为课内实践教学与课外实践教学，课内实践教学强调发挥学生的主体作用。课外实践教学的灵活性和可控性更强，对于硬件的要求更低，现存的教育教学条件基本可以满足其需求。课内实践教学在教师的组织领导下，立足理论知识，以研究式学习、案例分析、无领导小组讨论等形式展开。

（1）分组教学形式

分组教学具有以下几点优势。

第一，锻炼学生的合作能力。小组以特定的合作目的为共同目标，这使学生的合作能力得到提高。

第二，提高学生的竞争意识。适当的竞争可以激发学生的学习自主性，促进学校教育与社会教育的衔接。

第三，使学生充分地表达自己的想法。在分组教学中，教师可以采用无领导小组讨论的形式。无领导小组讨论是采用情景模拟的方式进行评价的一种测评技术，评价者可以在测评中观察到应试者多方面的能力，分组讨论可以借鉴该形式。分组讨论要求教师积极对学生的讨论过程进行引导，使学生主体对课内实践教学产生愉悦和充实的体验，从而激发其对思政课的学习热情。

实施分组教学要遵循相关的流程：①思政课教师对相关理论进行讲授，通过理实结合帮助受教育者实现知行转化；②在教学目标指引下制定需要讨论的题目，进行分组讨论；③展示分组讨论的成果；④教师、学生、第三方参与者对每组的合作结果进行评价解析。分组教学对思政课教师的协调能力和教学素质有很高的要求，教师在教学主题设定、小组人员安排、教学节奏的把控方面都承担着重要的责任。

（2）翻转课堂形式

翻转课堂是对知识传授的顺序进行颠倒的课堂教学模式。翻转课堂起源于同侪互助教学方式，同侪互助教学方式以课下学生自学课程，课上教师提出问题、学生思考回答互动为主。与传统教学相比，学生在翻转课堂中成为教学的主动参与者，教师是实践教学的指引者。翻转课堂与混合式教学、探究式教学在方法上有一定的重合，是对传统教学的师生角色、课程传授与管理的一系列的变革。

（3）小班教学

学习共同体是所有人因共同体的使命，朝向共同的愿景一起学习的组织，共同体中的人共同分享学习的兴趣，共同寻找通向知识的道路、理解世界运作的方式，朝着教育的共同目标而相互作用。学习共同体的内部符合主体间性的要求，主体间性是指主体间关系的规定性，即主体与主体之间的相关性、统一性、调节性。要符合主体间性的要求，实践教学就要推行小班教学形式。思政课的小班教学是在目前思政课的大班授课的教育体制下提出的，大班授课具有诸多缺点，近些年，国家下发的思政课文件也严格规定了思政课堂的师生人数比。

小班教学是通过控制教学环境内的人数，来提高教学质量的授课制度。思政课的教学目标是培养人，在小班教学形式下，教育者可以更好地关注学生的发展，提高思政课的实效性，推动学习共同体的构建。

2. 专业实践教学

专业实践教学是指将思政课教学渗透到学生的实习与实训中，渗透到职业伦理、职业素养、职业能力的教育中。在思政课专业教学过程中，教师要树立"课程思政"与"思政课程"相统一的理念，"课程思政"就是在大学生专业课中纳入可以引导学生树立正确的价值观的思政课内容，使各类专业课与思政课同向同行，共同实现全员、全方位、全过程的协同效应，构建大思政的育人格局。

高校的根本任务是立德树人，大学生的职业素养的核心是立德，职业道德在社会道德体系中具有重要地位，会影响物质方面的诸多效果和整个社会的道德水平。教师要充分利用好思政课课堂这个主渠道，通过"课程思政"强化思政课实践价值的传递，将思政教育融入大学生专业素质教育的全过程。职业素养是大学生个人价值的重要表现，一个人所具有的价值取决于其对社会所做的贡献，其贡献的大小决定了其在学习和工作中所积累的品德水平、思想观念、知识水平和技能等内在价值在实践中的转化程度。要想实现思政课、实践课、专业课三类教育资源的协同，专业实践教学是重要的桥梁。

专业实践教学根据各专业的学科特点，深入挖掘各专业的思政内涵，在使学生的专业技能得到提高的同时，起到德育"润物细无声"的作用，在遵循教书育人规律的前提下，推动全员育人。不同的专业所蕴含的思政教育资源是不同的，教师要坚持"思政"与"专业"的协调，结合各专业特色，实现思政教育的自然切入，深化思政课教学重点。

3. 社会实践教学

我国的高校大学生社会实践已开展多年，取得了丰硕的成果。社会实践是指主体借助一定的中介和手段，有目的地改造客观世界的物质活动。大学生的思政课社会实践是根据各个高校自身的培养目标制定的，包括校外实践教学基地的建设、大学生理论宣讲会、大学生社会服务、大学生参与军民建设等活动。大学生思政课社会实践着重培养大学生的奉献精神、家国情怀，使其树立正确的立场，充分发挥其理论储备优势，增强其深入群众、面向基层、服务社会的意识。

校外实践基地建设是思政课实践教学的有效平台。根据其主题的差异，校外实践基地可划分为爱国主义实践教学基地、国防教育实践教学基地、艰苦奋斗品格培养实践教学基地等。

实践教学基地建设是培养全面发展人才的重要环节。高校要秉持具体问题具体分析的原则，加强与社会和政府的多方面联动，实现实践教学基地建设的统一化和制度化，充分利用互联网技术创新建设网络虚拟教学基地。

大学生社会实践活动的主题主要包括解读国情政策、服务社会、红色基因传承、专业志愿服务、基层调研、精准扶贫等方面。这些实践主题都体现着社会主义核心价值观，符合高校培养合格的社会主义接班人的重要使命。

4. 网络实践教学

人类社会的科技革命促进了互联网时代的到来。网络实践教学依赖网络技术和网络信息资源，为学生营造一个模拟的社会实践环境。互联网教育技术优化了教学内容和教学方法，为情景教学提供了现实的硬件条件，增加了受教育者隐形教育的接触面，使教育资源更容易实现共享，同时，也加快了现代化教育改革和新型教育模式构建的进程。网络技术为实践教学提供了丰富的教育资源。

第一，网络实践教学使教育资源的数量得到了极大的增加。教育信息呈现出快速更新的特点，信息资源由文本载体发展为图片、视频、音频、数据库、云盘、媒体库等数据载体。

第二，网络实践教学实现了实践教学基地从线下实地到线上端口的转变。在宣传红色文化和社会主义核心价值观念方面，依托互联网技术建设的网络展馆具有成本低、覆盖面广、实时更新、展示生动等优势。

第三，网络实践教学促进了大学生的自我教育。网络实践教学实现了思政课线上虚拟实践与线下实地实践的结合，大学生主体可以在虚拟与现实中自主选择，满足自己的求知需求。

第四，网络实践教学引入了多元的教学评价。传统的实践教学评价结果多以实践教学后的论文报告成绩为主，评价的主体是教师，评价的因素是成绩，评价结果的统计也耗费时间，评价结果呈现出主观单一性的特点。互联网平台评价具有即时反馈性，易统计储存，评价主体更加多元，评价结果更具有科学性。

网络实践教学在探索过程中出现了多种教学模式，如网络辅助教学模式、"慕课"模式、多元混合式教学模式等。网络辅助教学模式包括共享网络教学资源、运行网络平台和精品课建设三种主要方式。正确利用网络辅助教学模式才可以提高思政课教学的质量。

在"四位一体"实践教学模式中，网络实践教学主要依托教学平台，对社会的热点、难点问题和社会实践成果进行虚拟的呈现，实现实践教学由点到面的"全覆盖"。

（二）"一体"

"一体"是指以课堂讲授为主的理论教学。在教学过程中，教师紧贴教学主题，开展新闻回放、热点聚焦、历史评说、经典选读等教学活动，充分调动学生的参与积极性，增强思政课的说理逻辑。

思政课的主要任务是塑造大学生内在的思政结构，培育学生内在的思政精神，并使这种结构和精神作用于其行为习惯的养成。思政课是落实立德树人根本任务的关键课程。这同时表明了课堂理论教学的重要性，课堂是教师进行教学活动的场地，课堂教学要向学生灌输理论教学内容。教师要根据教室中的教学设备来设计课堂教学方案，鼓励学生集思广益，激发学生的积极性和创造性。

不同高校思政课教学的共同目标是提高教学的实效性，思政课教学的实效性体现在思政素质教育、知识传授、能力培养三大功能的实际效果上，包括教学要素的实效性、教学过程的实效性和教学结果的实效性。而提高教学实效性的基础就是扎实的理论知识。

以课堂讲授为主的理论教学是思政课教学的主体，它包含课内实践教学、专业实践教学、社会实践教学、网络实践教学四个方面，这些方面都要以理论课学习为起点。理论引导实践，实践服务于理论，各个部分之间相辅相成，相互影响，以期达到实践教学的育人目标，使思政课实践教学模式的运行体系化和规范化。

二、"四位一体"实践教学模式的原则

（一）主流意识原则

主流意识原则是思政课实践教学的总原则。意识形态工作关乎国家长治久

安，教师要引导学生牢固树立共产主义远大理想和中国特色社会主义共同理想，培育和践行社会主义核心价值观。

当前，复杂多变的国内外环境都对高校意识形态领域的教育造成了冲击，国内互联网信息技术的迅速发展、经济改革与社会改革的深入推进、受教育者主体素质的提高、文化竞争所带来的影响等都对高校思政课提出了更高的要求。因此，高校必须做好意识形态领域的教育工作。

（二）理实结合原则

高校思政课是理论性与实践性相统一的课程，理论性要求高校思政课要超越经验层面，其课程体系内容设计要呈现出理论化、专业化、学术化的特点，具有相应的理论广度和深度。实践性是思政课教学的内在要求。从内在层面而言，教育的目的是实现受教育者内在的转换和接受；从外在层面而言，教育的目的是实现受教育者对知识的感知和接收。理论的学习是对受教育者主观世界的改造，要提高教学的实效性就要做到理论与实践的结合，追求知行合一的目标，促进学生整体素质的全面提高。

（三）整体合力原则

整体合力原则是指整合教学过程中一切可以利用的资源，形成合力来实现实践教学的目标。思政教育合力是指思政教育的"四位一体"在实践和空间上的综合运动产生的教育力量。思政教育的合力可以分为空间上的横向合力与时间上的纵向合力。

思政教育的纵向合力与人的思想发展过程是相对应的，即连续性与阶段性的有机统一。在实践教学中，高校要形成思政课实践教学课程系统的整体合力、实践教学资源的整体合力、实践教学育人主体的整体合力。

（四）过程充足原则

教育的根本任务是立德树人，思政教育的本质是人的思想品德和心理的社会化。在思政教育的过程中，各要素要实现空间上的协调和时间上的有序，使思政教育的过程呈现出动态发展的趋势。思政教育过程中的四个要素包括认识、情感、意志、行为实践，各项教育措施必须充分重视知情意行方面的教育。

第一，注重理论教育。形成思政教育目标的理性基础是进行充分说理。

第二，注重情感教育。教育者要以事实教育和情感教育来打动受教育者，陶冶受教育者的情操。

第三，注重实践教育。信念是推动人产生行为的力量，指导着人的行为实践。

第四，坚持长期的思政教育过程。行为习惯的养成需要长期的过程，使个别行为定型为行为习惯需要持之以恒的毅力。

（五）个性化设计原则

高校要根据思政课的教学目标和学生的个性化发展规律来进行课程设计，既要优化"供给侧"，也要着眼于"需求侧"，以增强高校思政工作的吸引力。受教育者主观上对思政课内容的认可度，在很大程度上决定着思政教育的实效性。个性化设计能够提高受教育者对思政课内容的认可度

（六）多元协同原则

协同学主要研究不同事物的共同特征和协同机理。高校思政工作要用好课堂教学这个主渠道，思政课要坚持在改进中加强，提高思政教育的亲和力和针对性，满足学生成长发展的要求和期待。其他各门课程要与思政课形成协同效应。

要提高思政教育的实效性，教育过程中的各要素要在时间上保持连续性，在空间上要保持一致性。高校遵循多元协同原则构建思政教育的多层次、多渠道的动态系统。

三、"四位一体"实践教学模式的因素

（一）内部因素

1. 主体因素

思政教育的主体是指在教育过程中承担主动教育功能的主动行为者，既包括具有教育功能的个人也包括组织。教育者和受教育者都是思政教育的主体。思政

教育过程的复杂性决定了思政教育的双主体性。

（1）教育者主体

高校中的教育者主体主要指高校思政课教师，教师是理论教学与实践教学的组织引领者，直接决定教学的内容与形式，良好的师资条件是实践教学顺利开展的前提。教育者主体的影响因素可以细分为教师的教学认知、教师的理论水平、教师的实践能力三个部分。

教师的教学认知归属于教师的教学理念部分。

第一，教育者对思政课实践教学的认知。教育者要认识到高校思政教育的重要地位。

第二，教育者对教学方式的认知。教育者与受教育者之间是相容和相互依存的关系，教育者要以平等的态度采用合适的教学方式开展思政课实践教学。

第三，教育者对教学态度的认知。教师的教学态度对学生的学习态度具有潜移默化的影响，教师要关注学生的成长、成才，做到为人师表，认真负责，根据学生的心理成长规律进行思政教育。

教师的理论水平是指教师要有系统性的学科知识储备。这也是教学的基本要求。教师要根据当下发生的时事要点，结合专业的知识功底，进行完备、系统的备课，充分的课堂准备直接影响教师与学生之间的情感交流和价值观的传递。在教学过程中，教师要明确教学目标、基本理论、心理学的相关发展规律和管理学知识，深入了解学生的特点。

教师的实践能力是指教师在实践教学过程中所具备的组织能力、管理能力、解决应急情况的能力等，教师要对实践教学活动做出合理的安排，并能达到相应的教学目标。

（2）受教育者主体

受教育者主体主要指高校中的大学生。受教育者主体的影响因素包括学生的认知、学生的思想品德、学生的智力素质、学生的能力素质四个方面。

学生的认知是指学生对理论及实践教学的重要性的认识程度。学生的认可和接受程度对教学的实效性具有重要影响，学生认知的提高可以使其认识到自己的主体地位，进而正确认识思政课程，产生学习的积极性和主动性。

学生的思想品德是指学生价值观的树立和思想的发展状况。高校思政课实践教学追求的目标是实现理论知识的内化，实现对学生价值观的塑造，学生的思想品德可细分为学生的思想水平、道德品质、学习态度、作风纪律、社会反应等方面。

学生的智力素质是指学生对理论知识的学习程度。理论学习是实践教学的根基，学生对理论知识的掌握程度更容易评价和考核。

学生的能力素质主要是学生参与实践教学的能力表现。学生在实践教学过程中表现出的能力包括处理问题的能力、完成教学任务的能力、与教师或同学的沟通能力、参与实践教学的态度、创新精神等方面。

（3）高校主体

高校主体的影响因素可以从认知和管理两个方面进行阐述。

在认知方面，高校要把思政课教学工作摆在更加突出的位置，改进教学管理，关注教学质量，树立"四个意识（政治意识、大局意识、核心意识、看齐意识）"，坚定"四个自信（中国特色社会主义道路自信、理论自信、制度自信、文化自信）"。各个高校要在党中央加强实践教学的指引下积极探索，形成学校党政齐抓共管的格局。高校的认知和实践教学资金的投入决定着实践教学的开展。

在管理方面，"四位一体"实践教学模式的运作离不开高校的教学管理，教学管理涉及教学模式的组织、实施、管理、保障、反馈等环节，要想促进实践教学模式的有效运行，高校各部门需要做到分工明确、责任清晰、齐抓共管，制定相应的规章制度，教务管理部门也要做好相应评价体系的量化。

2. 客体因素

思政教育过程中的客体是教育主体的行为对象，包含教育过程中的所有要素。客体可以具体分为两部分：①在教育过程中作为行为对象的教育者和受教育者；②思政教育的其他要素，包括教育环境、目标、内容、手段、活动。客体之间也是具有支配关系的，在客体中居于行为者地位的客体与其他客体要素之间是制约支配关系。客体诸要素间经过合理的匹配形成合力，进而提高教育效果。客体因素可以从实践教学的决策、实践教学的实施、实践教学的调节保障、实践教学的评价反馈四个方面进行分析。

（1）实践教学的决策

实践教学的决策是在思政教育信息收集的基础上进行的最优化选择的过程。

决策可以分为集体决策和个人决策、战略性决策和一般性决策、确定性决策和非确定性决策、规范性决策和非规范性决策。决策是具有程序性的，一般按照"提出问题—解决问题"的思路进行，具体步骤为"提出问题—寻找主要矛盾—制定决策目标—制订可行方案—方案的评估和优化—方案的评价与反馈"。

（2）实践教学的实施

实践教学的实施是在决策的基础上进行的，是对实践教学内容的实施。"四位一体"实践教学模式的内容包括课内实践教学、社会实践教学、专业实践教学、网络实践教学的内容。

（3）实践教学的调节保障

实践教学活动中会出现实际效果与预计效果之间的偏差，这就需要有相应的调节保障机制，以建立实践教学效果的评价标准，保证质与量的统一。调节保障机制包括制度保障、物质保障、社会保障、人才保障方面的制度措施。

（4）实践教学的评价反馈

反馈就是指及时收集和加工实践教学的反馈信息，对信息进行分析整理，发现存在的问题后，寻找解决方案，再次将新决策投入实践教学循环体系。评价体系要完整、全面，这样才更有利于深入分析、找到规律，进而指引以后的实践教学，提高教学的实效性。

3. 安全因素

（1）文化安全因素

文化安全原则是指在现代思政教育载体建构过程中，要保护我国优秀的文化和弘扬优秀的价值观，维护本民族文化特性。互联网技术的发展带来的信息传播突破了传统的国家概念，潜移默化地影响了人们传统的语言交流和行为规则，文化自信是民族文化具有旺盛生命力的保证。

思政课是具有文化底蕴的系统工程，实践教学要紧紧围绕凝聚价值理念、增强文化自信开展。实践活动要紧紧围绕社会主义核心价值观和我国优秀的传统文化开展，着重增强高校思政课的文化力量，确保实践教学主题的安全性。

（2）人身安全保障因素

安全问题直接关系到思政课实践教学活动的开展，从以往发生的实践教学安全事故而言，学校、教师、实践教学场所都承担着不同程度的责任，大多数安全事故都是可以提早预防的。

完善实践活动安全保障机制是实践教学开展的保障，学校要事先准备好安全预案和应急处置方案，预案要具有可操作性和及时性。学校要建立实践教学安全的强制保险制度，强制保险制度是社会经济保障制度的重要组成部分，为实践教学的推行提供了安全保障。高校要建立长期稳定的社会合作实践教学基地，学校的保卫处和学工处要定期对实践基地进行检查，及时协调解决出现的安全问题，以减少实践教学过程中的不确定性。

4. 环境因素

（1）课堂环境

教师要塑造师生共同参与的和谐课堂环境。课堂教学环境中要奖励与惩罚并存，以帮助学生提高学习信心，加强学习的自律性。课堂环境是学生进行学习的主要环境，可以细分为课堂物理环境和课堂心理环境。

（2）校园环境

良好的校园环境能够潜移默化地影响大学生，校园的建筑设施、景观绿化、广播站、文化标语等都是承载着精神文化的物质载体。校园实践教学活动也是处于校园大环境之中的，学校要营造充满正能量的校园环境。

（二）外部因素

1. 经济环境

经济环境是指经济发展水平和宏观经济趋势。经济基础决定上层建筑，当今社会经济、文化方面的联系日益紧密，经济发展的供给侧改革也被逐渐应用到教育领域中，经济发展也要求教育实现供给侧和需求侧的平衡。高等教育是实现立德树人、增强文化自信的重要渠道，教育的发展不能与经济的发展脱节，二者相互促进、相互影响。

2. 社会环境

社会是人们交互活动的产物。人类的社会活动导致了社会文化的产生，社会文化可以分为物质财富文化和精神财富文化，社会文化具有渗透性的特点。

思政课实践教学的方向应与社会文化的大方向保持一致。社会环境是确定思政课实践教学内容和目标的主要依据，教学内容和目标必须与社会发展需求相符合。社会主义核心价值体系引领价值取向，多元化的社会思潮需要主流价值观的引领。高校要帮助学生提高辨别能力，建设立德树人的育人大环境。

3. 技术环境

技术环境包括教育技术的发展水平与网络环境。

（1）教育技术的发展水平

教育技术的宗旨是为教学服务，可分为教育技术和教师技巧，教育技术有微课、虚拟现实混合技术、在线教学、翻转课堂、立体化教材、移动学习、云计算、人工智能等。教育技术只有先得到了教师的认可才能发挥作用。

教育的发展的短期趋势为普及信息化驱动、更多运用混合式教学方式、加快建设开放式教育资源，中期的发展趋势是改革深度学习方法、重新建设学籍体系、积极推动跨学科教学，长期的趋势是改变学生的地位、推动文化的改革创新、建设院校的运作机制。这些教育发展趋势作为思政课教学发展的大背景，引导着思政课教学的走向。

（2）网络环境

网络虚拟教育环境的建设是"大数据"背景下的教育建设的趋势。高校要发挥新媒体的优势，解决创新与形式化和泛娱乐化之间的矛盾，正确引导舆论走向，为学生建设资源丰富、内容健康和谐的网络环境。

四、"四位一体"实践教学模式的优势

第一，"四位一体"实践教学模式在思政课的基础上开展，始终坚持理论为先、理论引导实践、实践教学辅助理论教学，能够保证思政课教学旗帜鲜明，防止出现厚此薄彼、偏离思政课主题的形式主义实践。

第二，"四位一体"实践教学模式在大数据时代的背景下，利用大数据时代带来的优势，在遵循教育部的课程设置计划的基础上，探索网络实践教学在思政课教学的应用。

第三，"四位一体"实践教学模式遵循"整体育人"的教学规律，运用各种可利用的思政课教学资源，拓展教学途径，顺应现代化教学的改革趋势，更具科学性。

第四，"四位一体"实践教学模式是混合式的教学激励形式，其注重对受教育者的过程性评价，其评价系统贯穿实践教学的全过程，重视实践教学在教学体系中的地位，由点到面地动员整个高校内各部门的参与，使实践教学模式呈体系化，可具体实施。

五、"四位一体"实践教学模式的重要意义

（一）有效促进教师之间的共同提高

1. 促进教师之间更好地进行知识共享

"四位一体"实践教学模式要求教研室成员集体备课，每个成员都分享自己的知识，发表自己的看法，然后融会贯通地形成新的知识见解。在此过程中，成员之间相互取长补短，不仅有利于教师的知识共享，更有助于形成帮助学生掌握知识的新模式。

2. 促进教师之间更好地进行技能互通

"四位一体"实践教学模式要求教师集体备课，并在学期开学前讨论确定每门课的讲授专题，通过分工合作，完成专题的教案、课件、案例、视频等内容的准备，然后实施课堂专题教学。教师在融入团队教学的过程中实现教学技能的互通、共享。

3. 促进教师之间更好地合作并提高教学质量

"四位一体"实践教学模式的应用实现了教材体系向教学体系的转化。集体合作备课能使教师的知识、技能实现互融、互通，极大地节省了教学前准备的时间，并能有效提高教学的质量。

（二）有效增强师生间的沟通

1. 有利于教师更好地了解学生需求

教师的指导贯穿整个"四位一体"实践教学模式，教师积极引导学生充分发挥主观能动性，引导学生积极动脑并根据自己的兴趣爱好选择相应的研究题目，然后全程指导学生的开题报告和论文的写作。全程指导使教师能够更好地了解学

生对时事热点关心的方向和学生自身对国家大事的看法，更加清楚学生需要哪些方面的帮助，进而有针对性地开展思政教育。

2. 有利于学生更好地反映自身诉求

在"四位一体"实践教学模式下，学生充分发挥主观能动性，自主选题，撰写开题报告，进行论文写作，教师在这个过程中只起指导作用。学生能更真实地反映自身对国家时政的关心，更好地反映自身的诉求，进而得到教师的更多帮助。这种教学模式更加有利于学生积极主动地开动脑筋，发散自己的思维，从而使得高校思政课更加活跃。

3. 有利于高校思政课更好地展开

"四位一体"实践教学模式是服务于时代发展要求的思政课改革尝试的成果。该模式可以使教师的知识和技能都得到共享、发展和进步，并且从思政课固有的书本教学模式中解放出来。学生则从注入式的被动学习转变为主动式的探究学习，这不仅是教学模式的变化，更是一种时代趋势的反映。由于顺应了时代发展的需要，做到了与时俱进，"四位一体"实践教学模式使思政课在新时代能够更好地开展与进行。

（三）有效培养学生间的团队合作意识

1. 有利于增强学生间的互助合作

"四位一体"实践教学模式要求学生分组进行合作学习，一个人的力量、知识、思维总会有局限性，一群人的智慧、思维碰撞才能产生更大的火花和更好、更多的灵感。在团队合作中学生会发现和认清自己身上的不足之处，从而取长补短，实现各自的进步。通过合作学习，学生会更真切地认识到和体会到团队合作的重要意义，最大限度地发挥自己的优势，这样的团队才会有竞争力。

2. 有利于促进学生之间的联系

"四位一体"实践教学模式让学生组队进行研究性实践学习，能够促进和加强学生之间的联系，进而培养学生良好的互助互利人格，提高学生的人际交往能力和社交水平。

（四）有效提高教学质量

1. 有利于提高思政教学的吸引力

高校思政课教师是大学生的思想引路人，肩负培养时代新人的重大责任。在"四位一体"实践教学模式下，教师的作用能得到更好的发挥。教师与学生一起研究课题，学生怀着对自己喜欢的课题的浓厚兴趣，会积极向教师提出问题，这样教师的价值就能够得到体现，由此，教师会对思政课教学更加重视，进而对学生的培养也更为上心，思政课的吸引力也就能同步上升。

2. 有利于帮助学生更好地树立思想政治意识

思政课"四位一体"实践教学模式增强了学生的参与感和获得感，学生拥有了自己发散思维的主动性。学生自主开展调研，实地体会思政课本上讲述的道理，会有更深刻的收获，能够树立牢固的思想政治意识。

第二节　高校思政课教学中慕课模式的创新运用

一、慕课的主要特点

慕课是 MOOC（massive open online course）的中文音译，是大规模的在线开放课程的意思。"M（massive）"是指课程资源规模大，注册人数多，学生数量没有上限，学习者的选择多；"O（open）"是指课程对所有人免费开放，学生以兴趣为导向，只要想学习就可以注册学习，一部手机、一根网线就能让学生成为慕课一员；"O（online）"是指线上的学习评价系统，学习者可以根据自己的时间和学习进度自主进行线上学习、测试、交流和互动；"C（course）"是指一系列发布在互联网上的开放课程，包括课程提纲、视频课程、学习资料、作业布置、测试等。

慕课是面向公众开放、供学习者免费学习、以网络平台为基础进行授课的课程。传入中国后，慕课被定义为主讲教师负责的，通过互联网开放支持大规模人群参与的，由讲课短视频、作业练习、论坛活动、通告邮件、测验考试等要素构成的教学过程。

（一）资源共享免费

慕课以将世界上最优质的教育资源传播到地球最偏远的角落为信念，试图让全球所有学生都能够免费体验优秀教师所讲授的优质课程，慕课具有鲜明的互联网基因，到目前为止，包括中国在内的世界范围内的慕课基本上都是免费的。慕课迎合了大众迫切要求降低学习成本的需求和共同分享优质教育资源的价值诉求。

（二）课程精品化

慕课多数是由世界著名高校或者是企业与名校联合开设的，一般是著名高校的优秀教师上得最好、最新的课程，走的是精品路线，学生有更多的机会接触最新、最权威的课程，这就保证了慕课的课程质量。

慕课突出的是学生的"学"，慕课资源的形式和内容都经过了精心的设计和优化，符合互联网时代学生的认知规律和"注意力模式"。慕课在开始前都会提供简短的课程简介，平台上都会有清晰的课程目录，方便学习者对课程进行选择和整体把握。

慕课将一节课的内容分解为若干个小知识点，每节课都由一般不超过 10 分钟的短视频组成，视频形式多样，有课堂实录、演示文稿、手写板书、专题采访等形式，视频的画质、播放速度、是否连播、是否显示字幕等都可以进行选择，而且平台还提供下载教师 PPT 或者讲课字幕的服务，每个微视频一般只会阐述一个独立的小知识点。但是不同微视频之间经过精心的设计，又存在紧密的逻辑关系，从整体上构成一个完整的知识体系。视频以周为时间单位，每周进行更新，以由易到难、循序渐进的方式相互衔接，更活泼、更直观、更具有表现力，且慕课平台包括了选课、听课、练习、讨论、互评、考试等一系列环节。

（三）学习方式灵活

慕课课程适用范围比较广，可实现跨地区学习，最大限度地突破了教学在空间及时间上的局限性。学习者在利用慕课学习时，可以自己独自完成学习过程，也可以在网上组成若干学习小组，每个学习者在小组中扮演不同的角色，互相交流以解决学习中遇到的问题。学习者也可互相监督，共同进步，在遇到学习上的问题或者有学习心得体会时，可以通过论坛和邮件的方式实现师生之间和生生之间的沟通交流，让自己在思想碰撞中得以成长。

在校生可以通过慕课学习适合自己的优质课程，这提高了学校的教学效果。不是在校生的适龄青年同样可以通过慕课享受思政课教育，长期下去，有利于学习型社会的形成。这将是一场学习的革命，对推动继续教育的发展，打造灵活开放的终身教育体系，构建人人皆学、处处可学、时时能学的学习型社会具有积极意义。慕课具备新时代的基因，使人们可以充分利用碎片化的时间为自己充电，帮助人们树立终身学习的理念，又与未来移动学习的需求相契合。

（四）学习主体个性化

慕课推行任何人在任何时间、任何地点都能够学到任何知识的理念，只要学习者感兴趣、愿意学习，就能学到他想学的任何知识。在慕课平台上，每个学习者都能根据自己的时间、兴趣爱好、学习水平、学习速度等来安排学习进程。学习者的学习真正有了选择，学习者真正成了个性化学习的主体。慕课平台还可以利用大数据技术，根据后台收集到的学习者学习的数据，自动推送适合学习者学习的慕课课程、习题资料、易错知识点等，实现慕课学习的"私人定制"。

（五）学分认证，颁发证书

慕课学习是一个完整的学习过程，学习结束后通常会有一个测试，测试时间有很宽的区间，在这个区间内测试开始时间可以由学习者自己选择，但是测试开始后测试时间是固定的，学习者应该在测试结束之前完成测试。每门慕课在进行期间也会有许多测试，基本上包括随堂测试、每节讨论、每周小测等，还设有讨论板块，包括视频观看讨论区、师生答疑区和课堂交流区。

对于测试中的选择题，当学习者做完提交以后，系统会自动弹出正确答案，学习者可以得到即时反馈。而简答题则利用同伴互评作业的形式，一般由五名学生评分，测试结果取平均值。而课程的最终成绩一般由每周测试、同伴互评、讨论情况、期末考试等各占一定的比例计算得到，一般总成绩达到 70 分者将获得合格证书，总成绩超过 90 分或者表现特别优异者将会获得优秀证书。

慕课所颁发的证书分为两种：①慕课机构单方面授予的合格证书，且一般是电子的免费证书；②慕课平台和合作机构联合授予的认证证书，学习者在获得该证书前需要实名认证且经过较严格的考试，这样能保证其成绩的真实性，该证书是权威性较强的收费认证证书。

慕课能够得到高校学生的喜爱还要得益于慕课的学分认证，慕课平台上能够完成课程学习并参加具体学校的网上监控考试的学生，可得到大学认可的学分。随着慕课的未来发展，规范和有效的学分认证是慕课发展的必然趋势。

二、高校思政课教学中慕课模式的积极作用

（一）调动学生的积极性

在线学习和课堂讨论相结合的方法，能够更好地体现以学生为中心的理念，学生学习高校思政慕课课程时不再受时间、地点的限制，学生提前在网络上看视频、做题，可以通过慕课与志同道合、趣味相同的人合作，向彼此学习，也可以成立学习小组。他们的做题情况、学习进度、学习时长、易错知识点、比较感兴趣的知识点等都会被计算机记录，任课教师在后台对班上学生的情况进行跟踪观察，通过分析学生的学习行为改进教学方式。

不同的学生可以有不同的学习节奏。在线下课堂讨论中，学生有了充分的发言权，可以与其他同学交流自己的看法或学习经验，也可以就有疑问的地方向教师提问，在教学过程中与教师平等探讨与互动。这凸显了学生的主体地位，也促进了良好的师生关系的形成。教师根据学生的学习情况对学生普遍存在的问题或者感兴趣的思政知识点进行重点讲解，也可以有针对性地进行个别辅导，实施因材施教的个性化教学。剩余的课堂时间可以用来举办辩论赛、演讲比赛、关于时政热点的知识小竞赛等，学生也有了更多的时间写文章。这发展了学生的洞察力、思辨力和表达力，培养了学生正确的情感态度及价值观。运用慕课的形式进行高校的思政课教学，真正实现了让学生在一个宽松自由的环境中学习，既增强了学生的主体感，又调动了高校学生学习思政课的积极性。

（二）创新教学方式，提高教学效果

慕课的发展潜力、表现力是传统的面对面课堂教学所无法比拟的。高校思政课亟须采用新的教学方式来增强对学生的吸引力。慕课革命推动高校思政课从传统的单纯课堂面授形式向课堂面授与网上授课相结合的混合模式发展，学生根据自身情况选择慕课思政课程，决定自己的学习进度。教师根据学生的学习情况来修改、完善自己的教学方式，不断帮助和指导学生。依托慕课平台，高校思政课使学生从被动学习变成主动学习。

教师由传授式讲课变成探究引导式授课，学生由个别学习变成小组学习，打破了教育僵化的局面，以更低的成本、更新的模式、更多的选择为更多的学习者创造出更好的教育环境。

（三）共享优质资源，促进教育公平

慕课的出现，刺激了被压抑了很久的教育需求，促使高等教育机构解禁了它们的知识储备库，打破了高等教育资源被高等教育机构垄断的局面，让宝贵的教育资源可以在全球范围内被平等分享，这种做法减少了教育成本，增加了受教育机会。

高校的思政慕课多由思政界权威专家或教师精心准备，具有观点权威、编排严谨、深入浅出和内容高端优质的特点，慕课平台可以适时分享优质师资带来的思政学科的最新研究成果和优质课程资源。

思政慕课有利于教育资源的合理配置，能够促进教育公平。教育公平指国家对教育资源进行合理的配置，使社会成员平等地享受公共教育资源，主要包括受教育机会、教育过程和教育质量的公平三个方面。

三、高校思政课教学中慕课模式的创新策略

（一）慕课模式的创新定位

慕课在高校思政课中的运用给传统思政课带来了创新。慕课具有强大的生命力，是互联网与教育相融合的产物，以"开放共享"作为发展理念，坚持以学生

为中心，以兴趣为导向，迎合了学习者学习时间碎片化的学习需求，有利于实现教育公平。它应用在思政课之中，将视频学习和课堂讨论答疑相结合，是一个有组织有计划的完整的学习过程。

思政课的发展要坚持与时俱进，顺应时代的变化和发展，要不断改革和创新教学模式，以适应社会的发展和学生的需求。无论是什么技术手段，运用的目的都是辅助教学，提高教学质量与效果。

总之，对于高校思政课来说，慕课是一种新型的网络教学模式，它是提高课程质量和提高教学效果的一种技术，是补充和完善传统教育的一种工具，是传统教育模式的辅助者与推进者。在慕课平台中，教育者、学习者和策划者是紧密联系在一起的。慕课平台是一个人与技术深度融合的平台，经过时间的积累，它将会演变成为一种成熟的教育技术工具。它与传统教学体系相互依存、融会贯通，共同创造一种人类学习与知识创造的新模式，更好地为高校思政课服务。只有在正确认识慕课，对慕课进行准确、理性的定位的基础上，高校才能更好地利用慕课这一工具。当然，在利用慕课这一技术手段的过程中，高校也会面临许多困难和问题，这都需要多方合力解决，共同推进思政课教育教学再上新台阶。

（二）慕课模式的创新思考

1. 积极探索慕课学分认证模式

高校慕课存在巨大的发展空间，高校的思政慕课是意识形态教育的重要载体，影响很大，应该引起国家的重视。因此，政府的引导和监督是必不可少的。

在高校的慕课领域，政府推动慕课发展的重点应该放在制定慕课学分认证政策上，政府要完善学分认证体系，建立高校之间的学分互认和学分认可兑换机制，为高校思政课的慕课建设提供政策保障。政府可以出台相关文件，为高校思政课的慕课建设指明方向，推进在线开放课程认定和学分管理制度创新，鼓励高校制定在线开放课程教学质量认定标准；鼓励高校开展在线学习与课程教学相结合等多种方式的学分认定、学分转换和学习过程认定。

高校在创新慕课学分认定模式时需要考虑以下内容。

第一，成立慕课认证管理中心，提供第三方学分认证服务。由政府权威机构制定思政慕课的学分认证标准，对是否授予学分进行统一资格认证，可以给予学分认可的高校思政慕课必须经由慕课审查委员会的考察认证，并有专门的监督小组监督慕课的质量、教学效果等，确保学分认证与证书发放的系统化和公平性。高校要配齐、加强思政课领导班子，建立完善的领导体制和工作体制。慕课管理机构可以在各个城市设立考试中心，对慕课课程进行统一考试，解决考试诚信问题，学生经过严格考试可以取得相应的得到认可的学分。

第二，加大对学生的诚信教育，研究防止学生抄袭和作弊的软件，整顿学生注册系统，进行身份验证。同时，教师作为我国慕课的主要组织者，需要以更加创新的目光、开放的胸怀配合高校和慕课平台积极做好学分认证工作。

目前，我国高校思政慕课平台主要采用两种学分认定模式：①慕课联盟的模式，联盟内的高校相互认可彼此开设的慕课，联盟内高校的学生只要选择相应的慕课课程并完成最终的考核就可以得到相应的学分；②慕课平台与大学相互合作取得学分的模式，慕课平台提供优质的思政慕课，与其合作的高校的学生只要选择这类慕课，并在一定时间内按照相关要求完成慕课课程，就能得到慕课平台颁发的慕课证书，学生得到慕课证书就能在学校申请一定的学分。

高校应积极探索多元慕课认证模式，引进慕课课程的大学可以成立慕课学分认定委员会，在慕课平台内筛选合适的思政慕课课程，安排教师实施慕课教学，并进行校级和院级的分层管理，实行线上考试和本校教师命题的线下考试相结合的考核方式，合格的同学可以申请相应的学分。高校可将学分认定标准授权给第三方，由第三方机构挑选出可以授予学分的思政慕课课程。对于选择该机构所认可的慕课课程并通过考核的学生，高校可以授予其学分。

2. 搭建优质慕课平台，打造精品慕课课程

目前，我国慕课平台的课程主要有高校自主研发和相关机构研发两种研发形式，无论哪种研发形式都离不开政府对平台运作的监管。在引进国外慕课课程时，政府必须对慕课课程内容进行严格审查，防止不良信息的传播，规范慕课发展平台，营造良好的学习氛围，给教师和学生带来良好的教学和学习体验。为了增强我国慕课的竞争力，政府必须着力搭建中国本土特色慕课教育平台。

在思政慕课平台建设中，高校要根据学习者的需要进行人性化的创新设计，满足学生多元化的学习需求，让更多的人选择优秀的高校思政课程，学习优质的思政资源，使高校思政工作更有"温度"，这样能够更好地发挥高校思政课的育

人功能。

课程内容是一个课程的核心部分，决定了课程能否得到学生的认可。高校应该积极打造精品思政慕课课程，不断深化思政慕课课程的内容建设，整合优质资源，优化师资配置，让教师之间通力合作，在内容和形式上进行高质量的设计，投入大量的人力、物力和财力开发出更多优质的、符合教学规律并满足学生发展需要的思政慕课课程，让学生有更多的选择，能够听到更多的思路和观点，这体现了教育的多样性。

第一，进行教材攻坚。教师要联系生活，关注时事，要把活的现实、活的理论融入思政课之中，及时将最新研究成果转化为教学内容，利用慕课这一平台，不断为高校思政课注入新鲜的血液，增加其对学生的吸引力。

第二，注意创新课程设计。教师要将慕课课程规律和学生认知发展规律相结合，在遵循思政课内在逻辑的基础上合理划分视频课程的知识点，科学设计线下课程，做到线上视频课程和线下课堂教学的有效衔接；要注意对打造特色慕课课程进行自主探索与实践，树立品牌和特色课程意识，将富有中国特色和优秀传统的内容融入思政慕课课程之中；也可依托地方优秀历史文化资源对思政慕课进行多样化探索。

高校的思政课是党的指导思想和执政理念在高校传播和贯彻的载体，是培养大学生科学的世界观、人生观和价值观的主渠道，理应受到高度重视。政府可以组织思政方面的专家，成立若干个慕课审查委员会，监督高校慕课课程的教学内容、教学质量等，对国内高校思政慕课课程进行筛选，把优质课程呈现在一个公共平台上，方便学校和学生选择，定期组织召开全国的高校思政课翻转课堂教学观摩研讨会，共同观摩、研讨和反思如何制作高质量的慕课课程和上好思政课的翻转课堂，形成一批有较高水平、令学生满意的课程，这将成为推进高校教学改革、改善教学质量、转变学习模式的重要契机。

3. 与传统教学模式相结合，创新慕课教学模式

思政课程的特殊性决定了慕课无法完全取代传统的思政课教学模式，教师应当在借鉴传统教学模式宝贵经验的基础上对慕课教学模式进行多元化、个性化的创新改革。高校掌握很多的资源，有能力来推动创新的试验。高校可以先制订出进行以慕课为基础的思政课翻转课堂改革的初步方案，按照方案稳步实施。师资

力量较强的高校可以挑选一部分本校比较优秀的思政课教师，将他们组织起来进行慕课培训。

高校可以根据教师的特点或偏好分派课程任务，让他们自己摸索或多人合作把课程制作成慕课上传到慕课平台，形成自己本校的慕课品牌；也可以与其他高校强强合作，集结多所高校的雄厚思政师资，形成慕课联盟，实现资源流动共享。需要引进慕课的高校要根据学校师资和学生的学习情况引进计划和制定标准，挑选合适的思政慕课课程。

在运用慕课模式的过程中，教师应该尽力去满足所有学生的需求。高校也可在慕课的基础上实行以下教学模式。

第一，"走班制"教学模式。"走班制"是指在学科教师和教室固定不变的情况下，学生根据自己的学习程度和兴趣意愿，在教师的指导和慕课学习系统的建议下，选择适合自身发展的班级上课的一种教学制度。

在大数据背景下，思政课教师可以根据慕课平台的教学分析和评价系统捕捉和记录学生线上学习的信息，根据这些信息对学生的学习情况进行判断。在此基础上，系统自动对学生第二天上课的地点做出决定，让有相同或相似学习基础、学习需要的学生走到同一个教室内，由相应的教师对其教学，解决其共同存在的问题，并由该教师组织小组讨论、提供相似的教学指导等，即时走班的教学模式使教学具有强烈的针对性，使学生获得了适合自己的发展环境，学生可以有的放矢地学习自己的课程，增强自己的信心，取得良好的学习效果。

第二，混合式教学模式。混合式教学模式是慕课引入我国后与我国高校实际情况结合产生的一种教学模式，它将慕课、翻转课堂、移动交互等所有要素和技术应用于思政课教学，形成了"MOOC+SPOC（small private online course，小规模限制性在线课程）+翻转课堂"的混合式教学模式，高校集结校内优质教学资源，进行课程讲授、资源建设等工作，并提供与慕课课程相对应的教学大纲和课程素材，使校内学生通过学校 SPOC 平台和线下课堂完成思政课的学习，而校外生可以以慕课的形式完成学习过程。

第三，"四网互通"教学模式。"四网互通"教学模式中的"四网"是指网络教学、网络作业、网络考试、网络选课。该模式促进了思政课传统教育与智慧教育、课堂教学与网络教学、线上学习与线下学习的有机融合，逐步构建起了特色鲜明、载体丰富、时空拓展、协同创新的思政课建设体系。课程由 36 个课时的网上在线学习及 12 个课时的线上互动课与实践课构成，通过直播互动、见面课、学生座谈、课程总结等环节保障网络教学的全面推进。

学校自主研发思政课网络作业平台，针对不同的学生设置不同的作业内容来全面推行网络作业；学校开发"思政课在线考试系统"，并建设思政课程网络题库，实现试卷自动生成的网络考试，并定期更新题库；全校学生通过慕课平台自主选择上课教师、专题、时间和地点，实现全面完善的网络选课。以上都是对慕课与思政课相结合的教学模式的创新，高校和教师应当继续努力，大胆实践，在理论和实践教学中不断探索创新教学模式。

高校可以通过课外社会实践平台将理论教学与实践教学结合起来，例如，在校内开展辩论赛、知识竞赛等活动，利用寒暑假组织学生参观红色基地、进行社区走访调研等活动。这有利于增强学生的实践能力，将所学理论知识与实践相结合，增强思政课的实效性。与此同时，高校思政课考核方式也要有相应的调整，要改变传统思政课"一考定终身"的考核方式，采用线上考试和线下考试相结合的多元化评价方法，将在线测试、课堂表现、闭卷考试和教学实践按照一定的比例纳入课程考核体系中来，将学生的环境适应能力、对新生事物的敏锐度、是否树立正确的价值观等纳入评价体系，建立科学完善的高校思政课考核体系。

4. 加强师资建设，打造高层次教师队伍

高校要优化专职教师队伍结构，积极引进高端人才，培养青年人才，做好动员工作；加大对慕课的宣传力度，让教师意识到数字技术必然会对高校思政课的教学改革起到促进作用，并影响到学生的学习方式；加强师资建设，鼓励思政课教师尝试运用慕课的授课方法，充分尊重教师的意愿，根据教师具体情况进行具体分工，并给予重点支持和鼓励；将教师组织起来进行慕课制作的培训，让教师理解慕课原理，掌握利用慕课开展教学的方法；成立慕课学习工作坊，进行模拟训练；让教师去其他学校进行交流学习，互相取长补短，提高自身的教学水平以适应慕课教学。

为了鼓励和激励教师更好地运用慕课，高校应该制定合理的管理与评价体制，将教师应用慕课的教学能力和教学实绩纳入教师考核体系，以建立健全教师队伍制度建设。

5. 加大资金支持，探索慕课可持续发展模式

加大经费投入是保障学科建设又好又快发展的必要保障。国家应该不断增加教育经费投入，适当增加在高等教育上的投入比例；在人才引进、财政分配等方面给予适当的政策倾斜，设置高校慕课课程建设专项资金。除了政府的资金投入、捐款、慈善基金的资助外，高校还要争取风险投资公司、营利性教育机构等的融资。与此同时，高校要不断发挥互联网思维，在保障慕课课程的免费共享以外，开展高校慕课与企业培训对接、精英式授课等试点工作，不断开拓慕课增值领域，完善慕课的营利模式，探索慕课的可持续发展道路。

慕课推行的理念之一就是免费，教育资源的免费共享是慕课的生命，为了慕课教学模式能更好、更快地发展，高校需要不断探索长久稳定的慕课收益模式。除了传统的依靠政府扶持、吸引投资、对结业证书进行收费等方式以外，高校还可以尝试其他运营模式。总之，思政慕课建设需要政府、社会和学校的共同合作与支持。

第三节　高校思政课教学中微课模式的创新运用

微课要求教师将教学目标和教学内容紧密联系，时长要控制在"一分钟左右"，能让学生产生一种"更加聚焦的学习体验"。微课就是教师在教学过程中针对某个具体的知识点以短小精悍的教学视频为主要载体而开展的教与学的活动。

高校思政课中的微课是高校思政课教师针对思政课教学内容，利用微视频教学开发的一种教学模式，是深化思政课理论知识学习的一种独特的教学手段。具体来说，它指的是思政课教师针对某一教学重难点或问题，利用微课视频向学生传授教学内容。高校思政课中的微课，在本质上就是指对复杂的思政课教学内容进行切片化处理，制作成既可以用于课堂教学，又可以延伸至网络平台上的微视频。在课前，思政课教师可以让学生采取预习的方式，学习微课视频；在课中，教师组织学生讨论微课视频中出现的疑难问题；在课后，学生利用微课教学平台进行复习巩固。

一、高校思政课教学中微课模式的理论借鉴

从思政教育网络载体理论的角度而言，思政教育本身是一种价值观念的传播，向大学生传播价值观念要通过一定的载体才能实现。网络载体是具有自己特点的一种虚拟大众传播媒介形式，它能够提高传播的有效性。因此，思政教育网络载体是指思政教育者通过网络技术手段，根据教学大纲自主选择、自行设计课程，向大学生传输符合社会期望的价值观念、道德规范，达到传播思政教育思想的一种教育教学手段。

随着社会生产力水平的提高、科学技术的进步、"互联网+"时代的到来，以新媒体技术为手段的教学方式，已经悄无声息地进入高校思政课堂，它多样化的学习方式给学生带来的视听体验远远胜于传统教学媒体。思政教育网络载体以其时效性、互动性的优点弥补了传统载体滞后性和单向性的缺点，提高了学生学习思政课的效率，增强了知识传播的广度和深度，促进了大学生思政教育的系统化和全面化。

微课的出现为高校思政课带来了新的网络载体。在运用微课的过程中，教师会让学生在课前预习微课视频，这种做法表明教师使用了线上教学方式；在课堂上教师让学生面对面交流、讨论疑难问题，这表明教师使用了线下教学方式；在课后教师往往会继续采用线上线下相结合的辅导方式。线上教学方式表现为教师让学生登录微课教学平台进行再次巩固练习，让学生以留言的形式提出依旧有疑惑的问题，以待解答；线下教学方式则表现为教师及时与学生就疑难问题进行面对面的交流。

微课运用于高校思政课的整个过程，不仅增添了学习的趣味性与主动性，更使教学课堂变得更加形象生动，使教学理论更加深入人心。由此可见，"微课"作为思政教育新的网络载体，使思政课教师和学生联系得更为密切。思政课教师通过线上线下相结合的教学方式，使自己能够更好地倾听学生内心深处最真实的声音，了解大学生多元化的思想，进而因材施教，进行多层次、差异化的教育，这将极大地增强思政课教学的实效性。

二、高校思政课教学中微课模式运用的必要性

（一）适应思政课教学的信息化发展

信息化是指现代信息技术的应用，它是思政课教学改革的必然趋势。而"微课"作为现代信息技术应用开发的重要一环，它的运用适应了思政教育教学改革的两个基本需要。

第一，适应思政课教学资源信息化的需要。高校思政课包含着丰富的知识点，其理论性也较强。微课视频可以使抽象的理论变得通俗易懂，传统的思政课教学也因微课的出现而表现出信息化的特点。微课有效推动了教学资源的整合和共享，优化了教学实践形式，使学生通过观看微课视频能够直接了解历史和现实，加深对知识的理解，这种做法提高了教学效果。

第二，适应创新思政课网络教学模式的需要。高校思政课网络教学可以通过"微课"技术实现优化创新，反过来说，微课教学为高校思政课网络教学提供了丰富的课程资源。

思政课微课的教学资源是教学平台逐渐发展的动力源泉。高质量的教学资源既应该坚持创新，又应该详略得当。因此，教师在对"微课"教学资源进行整理时，不但应该进行全面、具体的设计，还应该依据教育对象的差异性，注重对具体细节的设计。另外，教师在设计微课时，还要注意贴合青年大学生的思想实际，将他们所关注的社会热点、难点问题穿插进思政课的教学内容里。

（二）提高思政课教学的实效性

随着信息技术、数字技术和媒体技术的发展，智能终端与媒体设备的发展势不可当。以视频为主要载体的微课突破了时间、空间的限制，使学生的学习不再拘泥于课堂，真正实现了在线移动学习。教师可以随时随地上传自己精心制作的"微课"，供学生浏览、下载、观看，以便学生进行预习和课后巩固。

由于"微课"具有鲜明的针对性特点，学生在观看"微课"视频时，只是对一个知识点进行带有明确的目的性的学习，或是对某一具体问题进行详细的阐述，因此，可以避免教师重复讲授的弊端。另外，微课视频大多集中在 10～15

分钟，所以，教师在设计微课时，应该注意对思政课的教学内容做好规划，尽可能地将其精简化，在视频结束后在微课平台提出启发式的问题让学生思考，激发他们在课堂上探究的热情。

高校思政课的教学活动往往只强调教师的主导作用。而微课这种教学形式体现出师生之间的平等"对话"关系，提倡重视学生的主体地位。所以，在思政课中运用微课既发挥了教师的主导作用，也尊重了学生的主体地位。学生的学习积极性是其学好思政课的重要前提，教师要在具体的教学过程中激发学生学习思政课的热情，培养学生独立思考的能力，努力使学生会学、爱学，让学习成为一种兴趣，而不是一种枷锁。

微课作为一种新类型的教学资源，并没有颠覆传统的课堂，相反，它在依托传统课堂的基础上，推动了传统思政课的结构性变革。与此同时，由于新媒体技术的介入，思政课的教学方式和课程形态也随之发生了变革，传统的课上学习、课后知识内化的教与学的方式发生了翻转。从更深层次的意义上来看，这种新的教学范式改变的并不只是教师、学生、课程与教学等课堂要素，它进一步变革了传统教学的时间、空间、关系与情境等课程生态，有助于提高思政课教学的实效性。

（三）满足学生对思政课的学习需要

高校思政课是高校大学生的必修课，对大学生的健康和全面发展起着重要的作用。以微课为基础的教学新模式为学生创设了相对自由、宽松的学习环境，教师在其中扮演了引路人的角色，以问题为导向指引学生独立分析、思考并解决问题。

微课依托信息化平台，向学生推送学习资源，打破了传统教学的知识传授格局。如今，学生可以通过微课选择自己需要的学习资源，打破了事件、空间、环境的限制，实现了随时、随地、随需地学习，这为学生进行个性化和多样化的学习提供了可能。微课的内容以融汇文字、图形、图像、声音的微视频的形式呈现，具有较强的画面感和趣味性，能够调动学生的注意力，这样一种全新的数字化学习环境，有利于激发学生的求知欲与创造力。

微课支持多种不同类型的学习方式，在高校思政课的教学过程中，教师可以采取线上预习和线下点拨的方式，在课前，让学生预习观看微课视频，在课堂上，组织学生对知识点进行讨论，在课后，让学生通过练习进行巩固提升，利用微课教学平台帮助学生查漏补缺、巩固知识。

三、高校思政课教学中微课模式的运用效果

（一）拓展思政课教学的内容与空间

高校思政课的目的在于选择正确、丰富的信息影响大学生的思想观点和道德观念，培养拥有正确价值观的社会人才。随着人类进入信息时代，网络已经成为学生获取信息的主要来源，微课被运用在高校思政课教学中，不仅为教师提供了一种新的教学思路，更让学生在整个学习的过程中获取到了更多的知识，了解到了更多的信息。高校思政课启动的基础是信息的获取，而微课作为一种线上与线下相结合的信息体，极大地拓展了高校思政课的外延，丰富了思政课的教学资源。

微课教学平台及网络上微课视频资源的不断丰富，逐渐丰富了学生的知识体系，使学生的学习变得日益灵活。高校思政课教师可以利用互联网收集各式各样的微课教学资源，并将收集到的微课教学资源或者自己制作的微课视频提供给学生学习。同时，教师在选择教学资源时不可全盘接收，应该选择一些符合自己教学思路的教学资源以及高质量的学习内容来充实自己的微课。

在教学过程中，教师必须将微课视频提前上传好，这样就可以确保学生在预习任务被布置后可以随时随地对资源进行下载、观看。这样不仅有利于实现师生互动，而且会让网络上的思政教育资源实现共享。通过微课在高校思政课教学中的运用，思政教育可以覆盖学生学习和生活的各个方面，使得原本封闭的传统课堂教学空间变成了开放性的全方位教育空间。

（二）丰富思政课教学的方式与手段

微课的出现，给高校教师提供了新的思路。微课通常是 10 分钟以内的微型课程，它将传统的大型课堂 45 分钟左右的课时拆分成若干相对独立的单元，分别组织教学。在这场思政课教学方式的变革中，微课扮演了"温和的革新派"的

角色，教师不再是课堂上的"主演"，退居为知识教学的"导演"，学生跃升为知识学习的"主体"。改革后的教学方式使学生获得了满足，师生之间也开始慢慢有了信任与沟通的桥梁。

微课凭借短小的视频、贴合学生思想实际的内容、便捷的学习方式，一上线就受到了高校大学生的欢迎。微课这一教学形式不仅可以丰富思政教育的教学内容，而且可以增添学生学习的趣味性，它是以线上微课视频和线下面对面交流相结合的方式，来激发学生对思政课的热情的。

思政课教师将传统"强灌硬输"的教学方式转变为更加重视学生主体性发挥的教学方式。教师不再强调满堂灌，只在课堂讨论环节对学生的疑难问题进行引导启发。这样的教学方式能让学生在学习的过程中自主选择和使用正确的信息，增强学生的判断力。从长远而言，微课可以促使学生拥有正确处理信息的能力和明辨是非的能力，促进师生间的相互了解，实现双效互动。教师能够通过微课理解学生所需要的思政课知识，理解他们的所思所想，学生也可以通过微课理解实时热点，理解教师所要传达的价值观念。

(三) 增强思政课的生动性与吸引力

微课涵盖了内容的设定、视频的制作、课堂的答疑等，这些操作都是在教师精心琢磨下形成的教学过程，把"微课"应用于高校思政课教学当中，有助于增强思政教育的生动性和吸引力。微课新颖的教学方式，重视学生主体性的授课方式，满足了大学生对新生事物的好奇心，因此必然会受到大学生的喜爱。

微课教学是一种全新的学习体验，微课与诸如平板电脑和智能手机的移动智能终端联结，使得泛在学习真正成为可能，学生可以利用这些移动设备，获得灵活、自主、全新的学习体验。以这些方式实施教育教学能够较好地捕捉学生的学习兴趣和需要，消解因长时段的学习而产生的枯燥、厌倦情绪，增强了思政课的生动性和吸引力。

高校思政课教师利用微课教学平台，搭建了一座与学生便捷沟通的桥梁。在平台上发布的承载着热点时事和学生需要的思政课教学内容、向不同的学生推送的个性化的教学资源，有利于教师掌握学生的思想实际和现实需要，实行层次化教学，有利于激发学生的学习热情，有利于思政教育在潜移默化中发挥作用，有利于增强思政课教学的实效性。

学生在"微课"平台上浏览教师发布的微课视频时，可以在教学平台上写下自己的问题和疑惑。教师应及时浏览这些信息，记录学生普遍存在的问题和困惑，安排学生在课堂讲授环节进行分组讨论，在与学生双向互动的交流过程中，促进学生学习，帮助其成长。这种做法可以使教师及时、清楚地了解学生的疑难问题，掌握他们的所思、所想，不仅能够激发学生学习思政课的热情，还能够增强思政课的吸引力。

目前，微课成为思政课教学的新形式，学生在预习的过程中必然会有很多不同的想法，将各式各样的困惑带到课堂上进行激烈地讨论，学生在讨论的过程中掌握新知，进而达到对知识的建构。同时，教师在收集微课资源时能够接触到各种各样的教学题材，可以拓宽自己在制作微课时的思路，这种做法有利于打破思想的局限性，打破教育教学的单一化，有利于帮助学生开阔视野，培养学生的发散性思维。另外，微课借助图文声像技术，呈现出声音、视频、动画等结合的良好视觉效果，为教师积累了教学素材，丰富了教学内容，丰富了学生的学习体验。

四、高校思政课教学中微课模式的创新实践

（一）微课模式的资源建设创新发展

1. 资源建设的创新原则

（1）双主体性原则

双主体性指的是教育者和受教育者都是思政教育过程的主体，他们都是相对独立的教育行为者，因而都具有教育主体的属性。双主体性原则要求教师秉承"教为主导"的课程创新设计理念。

微课可以灵活地应用到思政课教学的任何环节，微课可以贯穿课前、课中、课后整个教学过程。在制作微课视频时，教师一定要合理划分教学重难点，坚持以问题为导向，创设启发式的教学问题，以此来引领学习进程。

双主体性原则的核心是秉持"学为中心"的课程设计理念。学生是学习的主体，学生可以根据知识的难易程度和自身基础，重复观看微课教学视频，按时、

按需进行学习，自主安排学习进度，自主学习思政课的教学内容，还可以选择在微课平台上提出自己的疑问，等待教师解答，以此来弄懂自己不清楚的问题。微课在高校思政课中的应用，使教师的教学活动不再受空间和时间的制约，满足了学生多样性的学习需要。

（2）实用性原则

实用性原则就是指在设计与开发微课的过程中要做到以实用为主、够用为度。只有实用才能使教学顺利进行。思政课微课教学是一种充分反映高校思政课建设目标，并紧跟思政课教学的实际需要而设计开发的针对性较强的教学形式，它能够突出学科的重难点，并与实际的教学活动相结合。

高校思政课微课的服务对象是大学生，不论采用何种教学思路与教学模式，都是为了更好地提升思政课的教学效率，都是为了实现思政教育价值的最大化。思政课教师要在思政课建设目标的指导下，以提高大学生的获得感为重点，有针对性地选取知识点并进行深入地剖析，并在实施教学的过程中保证实效，杜绝空泛，使思政课的微课能够在整体上与整个学科课程保持连贯，使教学内容恰到好处，从而更好地实现效益的最大化。

（3）适度性原则

任何事物都是质和量的统一体，只有真正认识事物的度，教师才能在教学实践中坚持适度性原则。所以，在制作微课视频时，教师应该秉承适度性原则，在选取思政课教学内容时应适量，将思政课的教学内容分割成适当的 10~15 分钟的小模块。

只有做到适当、适量、适度，教师才能最大化地发挥微课的教育作用。具体来说，教师在制作微课视频时要做到以下两点。第一，视频的长短要适度，这是根据分配好的教学内容来确定的，选取的内容适量才会让视频的长短适度；第二，讲解方式要适当，在制作思政课微课视频时，教师要对不同的重难点问题和小知识点采取不同的讲解方式。教师可以根据学生的不同需要，制作多个微课练习并上传至微课平台，多个练习也是根据学生的不同层次决定的。教师还应该有适宜的解说，适宜的解说可以对微课起到锦上添花和画龙点睛的作用。

思政课教师在录制微课视频时，应该提前构思好相应的解说词，对于不同的微课内容进行不同的创新教学。在课堂中的讨论环节，教师也要配以适当的解说，这里的解说起着点拨学生的作用。微课始终是传统课堂教学的辅助手段，在教学过程中起着配角和助手的作用，微课的使用越恰当越好。在高校思政课教学的过程中，教师选择适量的教学内容、适度的微课视频、适当的讲解方式、适宜的解说，适度地使用微课教学，可以提高教学实效性，增强教学效果。

（4）精微性原则

微课的精微性设计原则倡导简明扼要，致力于将复杂的知识理论进行拆解细分，对拆解后的具体知识点或者教学重难点进行精细化设计，将知识点通过精细化设计后制作成微课视频并上传至微课平台。教师还应该向平台上传对应的微练习，以帮助学生进行复习巩固。精微性原则要求教师一定要用最合理的方式，呈现最核心的知识内容。

精微性体现在教师应该精选小的知识点或者重难点，使学生对微课视频中微小的知识点进行逐一击破，同时，还要求教师制作的微课视频时间不宜过长，这样有利于学生凝聚注意力，推动教学的顺利开展。教师创作思政课微课的目标要精，教学目标精是深挖知识内容的重要前提。因此，微课设计要在传统思政课教学目标的基础上，将每一小节微课视频的教学目标分割好，并对其进行细致化的处理。微课的制作涵盖视频的剪辑、PPT 的演示、动画效果的设计等，微课视频不仅要在手机上播放，还要在电脑上播放，这些都需要教师有良好的计算机操控能力。思政课微课教学要求教师应该秉承精微性原则，用最恰当的方式来呈现最核心的内容，还要做到设计上的新、内容上的新。

2. 资源利用平台的创新建设

为了全面提高微课开发水平，建设优质的微课资源教学平台，相关教育部门可以对微课教学资源进行征集，联合计算机技术人员以及相关的微课教学专家对高校思政课教师进行培训，将技术与思政课教师的理论与实践经验相结合，共建一个区域性甚至全国性的教学平台。

如何更好地建设一个思政课微课教学平台，是高校应该重点关注的问题。以思政课微课 APP 为例，它是一个思政课在线学习平台的软件，通过笔记、问答、测评、考试等方式，实现思政课在线学习监督和学分管理。该平台在课堂教学互动环节为教师提供课堂自动点名统计、课堂测评与统计、课堂提问自动记录等功能。我们可以根据以上优秀平台的建设经验，在研发、设计思政课微课教学平台时获得一些思路，具体操作如下。

第一，强化思政课平台的交流和服务功能，互动交流区和学情反馈功能是思政课微课教学平台的突出特点。互动交流区能够满足师生间的互动交流，学情反馈功能利用微课视频结束后的打分，使得教师可以清楚地意识到学生对于课程的满意程度，有利于教师的课后反思，也有利于教师对课程内容加以改进。

思政课微课的教学平台应设计成单元、微课视频、互动交流区、微练习、微反馈等多个模块。在设计微课教学平台时，教师与学生应有两套不同的系统，相较于学生的系统，教师的系统要新增微课视频上传窗口和微课练习题上传窗口。

思政课微课教学平台应设计学情反馈功能。在微课视频播放后，微课打分系统跳出，以使教师根据学生的反馈来提升自己设计微课的水平，并促进教师更好地进行教学反思。

第二，坚持思政课微课平台的运用和共享，是思政课微课的创新体现。微课教学平台的运用，离不开计算机技术人员以及相关的微课教学专家对高校思政课教师进行有针对性地培训，只有将培训与宣传做到位，思政课教师才会在教学的过程中运用微课，有效调动自身积极性，把信息化的教学变成一种新常态。高校思政课微课教学平台，有利于打破传统思政课教学在时空上的限制，促进微课教学资源的共享，对于实现真正的高校思政课微课教学有着举足轻重的意义。

3. 资源开发技能的创新发展应用

高校思政课微课教学的顺利进行离不开教学资源的创新建设，微课资源的开发效果在很大程度上取决于思政课教师微课资源的开发技能。思政课教师微课资源开发技能的提高，可以使思政课教学形式更加多样、教学内容更加丰富。

"互联网+"时代不仅需要思政课教师具备终身学习的能力，而且要求教师具备良好的媒介素养能力。教师应主动参加微课的相关培训，提高应用计算机信息技术的能力，促进思政课与现代信息技术的有效融合。思政课教师运用微课教学完成教学任务需要借助一定的新媒体技术手段。

第一，运用微课教学要求教师不仅要具备较高的信息技术能力，还要有适当的数据处理能力，教师可以通过网络、书籍等途径搜集和筛选有用的教学素材并将其转化为教学内容。

第二，运用微课教学要求教师在掌握相关技能的基础上，创新设计优质的微课资源，建设以微课为抓手和契机的"思政课程创新团队"。

第三，运用微课教学要求教师必须加强团队意识，要以思政教育教研室为单位进行微课的选题与开发，针对本专业课程教学中的重难点进行全面系统地筛选、梳理，一方面，要关注思政课内容中单个知识点；另一方面，还要宏观把握思政课的完整性、系统性，不断研究和开发思政课微课教学的相关资源，提升微课制作技术，积累微课制作经验，开发出学生喜爱的思政课微课课程。

（二）微课模式的操作创新

1. 明确兼顾微课与思政课特点的教学设计理念

教学设计的效果在很大程度上取决于思政课微课教学设计是否合理。在思政课微课的教学设计上，教师要兼顾思政课课程特征和微课特性，强调教师与学生互为思政课的教学主体，教师要以教为主导，学生则要以学为中心，这样才能不断增强教学实效性。

（1）兼顾思政课课程特征和微课特性

在设计高校思政课微课的过程中，我们不仅要兼顾思政课的特征，还要兼顾微课的特征，将两者更好地融合起来，这样才能促进思政课微课的顺利开展。

第一，精选思政课微课教学内容。教师应该在分析教材和各个章节的基础上精选小的知识点或者重难点，使学生对微课视频中微小的知识点进行逐一掌握。

第二，控制微课时长。在前期的准备工作中，微课视频的教学内容就要依据思政课的教学重难点进行制作，视频要控制在 10~15 分钟。因为观看视频的任务是要学生在课前预习阶段完成的，视频过长则不易激起学生们的学习兴趣，不利于教学目标的实现。

第三，注意微课视频的多样性。在制作微课前，教师应通过众多的网络资源，选择适合自己的教学资源，利用自己掌握的信息技术，将理论性较强的知识点制作成有动画、PPT、歌曲等形式多样的微课视频，便于学生对复杂知识点的理解和掌握。

第四，微课的录制与制作应及时补充最新的思想理论成果、党和国家的方针路线，以及学生关注的热点问题，还应该补充教学内容中的易错点和难点。将这些内容录制成微课，学生就可以随时随地反复观看学习。教师在思政课微课教学中对不同学生进行的有针对性的进阶式练习，会让学生体验到教师个性化的教学和辅导，会极大地改善教学氛围、丰富教学内容、提高教学效率。

（2）遵循以学生为本的教学设计理念

微课在高校思政课教学中的运用，应该坚持以学生的自主学习为核心，强调学生的主体地位。在微课设计中教师还要兼顾学生的学习需求，针对不同的学生制定不同的培养目标。教师要注重营造有助于"探究与发现"的学习环境，在微课设计中要根据不同思政课的教学内容，有针对性地设计相应的微课内容，吸引学生积极参与课堂互动。教师要尊重学生、爱护学生，关注学生的成长，帮助学生在获取知识理论的同时，提高学生独立思考的能力。在思政课教学中，教师应该注意转变自己传统的教学理念，既要发挥自身的主导作用，又要尊重学生在学习过程中的主体性，营造民主、平等、和谐的学习氛围。

2. 优化思政课微课教学内容

第一，注意教学内容的质量，提高资源的权威性和实用性。

第二，利用平台的教学内容引导学生学习，使教学内容与学生的实际需求相贴合，吸引学生的注意力，之后教师再加以引导，这样必定会起到事半功倍的效果。微课在高校思政课教学中的运用符合时代的要求，也是思政课教学的辅助手段，所以，教师要充分运用微课这一载体来丰富思政课的教学内容，更好地提高教学效果。

在制作微课和实施教学时，教师不仅需要考虑如何制定有针对性的教学内容，还应该考虑对教学内容的补充。因为思政课教材内容相对稳定，教师应注意及时补充最新的思想理论成果、党和国家的方针路线及学生关注的热点问题。

3. 完善思政课微课教学流程

教师要从高校思政课的教学实际出发，贴合大学生的实际需求，从微课内容的准备与制作、学生预习、课堂交流、课后巩固几个步骤来完善微课教学流程。

（1）微课内容的准备与制作

教师应该从思政课的教学大纲出发，优化思政课教材内容，将教学内容分割成10~15分钟的模块，并针对每一模块设立对应的教学重难点，将教学重难点制作成微课视频上传到微课教学平台，同时，针对教学内容制作进阶式的微练习、微测试等，以满足不同学生的需要。

（2）学生预习

在思政课教学过程中，教师可自行决定是否在课堂上播放微课视频。但实际上，在上课前，教师就可以通过布置作业的方式让学生自行观看微课视频，学生则可以随时随地根据自己的时间利用手机、电脑等设备登录微课教学平台观看教学内容。对于观看视频过程中产生的困惑，学生可以利用发送弹幕或者在互动区留言的方式请教师解答。在观看微课视频后，学生可以选择初级练习题对自己的学习效果进行考查。

（3）课堂交流

教师可以根据互动区的留言来收集并整理学生提出的问题和困惑。在之后的课堂教学过程中，教师应该针对大家的预习情况，将疑难问题带到课堂中，组织学生分小组进行讨论，最后对学生讨论之后仍不理解的问题进行讲解。

（4）课后巩固

因为不同的学生理解能力不同，对知识点的掌握是参差不齐的，课后使用微课可以帮助他们查漏补缺，进行多次复习巩固。教师还应该针对微课教学平台上个别同学的疑难问题进行讲解，督促学生做好进阶式的练习题，以满足学生的多样化需求，真正做到因材施教、层次化教学。

（5）完善微课

思政课教师应该针对学生在课前的预习情况，总结出学生常见的问题和困惑，以此对照自己所设定的教学重难点，再次确定教学重难点并将其记录在册。教师还应不断优化教学内容，对微视频进行补充、删减及完善，去掉可有可无的举例、证明，案例尽量精且简，力求论据准确和有力，在短短几分钟的教学讲解中吸引学生的注意力。

（三）微课模式的制度保障策略

1. 建立分工协作制度

分工协作制度是指组织内部既要做到分工明确，又要做到互相沟通、协作，以达成共同的目标。高校可以在校内组建团队，利用团队分工的方式确保思政课更加顺利地进行，鼓励广大思政课教师，尤其是青年教师，在完成原有教学任务的基础上，不断探索微课教学创新模式。

（1）组建科研能力强的研发团队

各高校应该高度重视并统一建立微课研发团队，制定相应的研发目标；鼓励教授和骨干教师带领青年教师不断探索微课教学模式，并在思政课堂上进行反复地尝试，总结经验，不断创新。

现阶段各门课程要结合课程特点以及学生的身心发展情况进行微课的研发与运用。同时，每门课程必须确定一个负责人，让他们根据实际情况带领组内成员有组织、有计划地进行研发，在最大程度上保障科研时间和科研的整体实力。

（2）定期组织集体备课

微课教学模式需要思政课教师不断深入探讨与研究。教师要通过集体备课，形成课题组成员有效沟通、积极探究的局面，在反复商讨与研究中制订开发利用微课资源的方案，逐渐形成有效的制作标准，并将其用于之后的微课教学实践中。各课题组组长要在集体备课的内容和教学设计上进行指导，在研讨过程中要注意把传统的思政教育理论课的内容更好地同微课资源结合起来，以达到激发思政课活力的目的。课题组成员在集体备课中还要制作出精品课件、优秀教学视频，以此来充实高校微课教学资源库。

（3）处理好团队内部协作关系

课题组组长要有合理的内部工作安排，可以通过制定组内工作细则的方式，使小组成员明晰自己的工作任务，以便高效地完成资源开发整合工作，通过协调团队内部的协作关系，提高团队成员的合作意识，建立联系紧密的微课研究团队。

2. 建立运行保障制度

第一，国家要鼓励高校制订思政课微课发展规划。国家要为高校思政课微课的发展和建设提供一定的物质保障和经费支持，并为高校有组织地建设一批高校思政课在线课程库提供方针和政策保障。

第二，国家要提供设施搭建微课信息管理平台。微课信息管理平台是整合思政教育理论课教学资源和微课资源的重要平台，国家需要建立由微课技术专家、思政课骨干教师队伍、教学管理人员组成的专门团队，每个人分工协作，确保信息化管理平台的有效运行。微课信息管理平台通过学生自主的网上选课、网上答疑、网上考评等来实现微课和思政课的结合。使用信息化的手段搭建与思政教育相关的门户网站，使微课教学过程可以涵盖传统思政课教学的所有环节。

第三，学校要建立思政课与微课相结合的反馈机制，使其有益于实际教学过程中的评估。教学的评价与反馈是检验教学效果的一个重要环节，教师只有在教学过程中不断反思、总结经验才能进一步推动微课在思政课教学中的运用。所以，学校要不断探索并建立相应的反馈机制，在运用中根据学生的反馈和教师的反思来实时调整教学内容与形式，从而使微课教学在内容与形式上都更加完善，起到对传统思政课教学查缺补漏的作用。

3. 建立创新的外部激励制度

外部激励制度是在组织系统中激励主体系统运用多种激励手段使其规范化和相对固定化，而与激励客体相互影响、相互制约的结构、方式、关系及演变规律的总和。高校思政课微课教学的外部激励机制是指学校通过一系列的外在手段，比如，提供科研经费、增加技术投入等来激励广大思政课教师不断提高自己的理论素养，丰富自己的知识体系，在此基础上投入更多的时间和精力来研究微课教学，把传统思政课堂与新型微课教学有效融合起来，发挥思政课课题小组的团队效能。

在实际的微课运用过程中，师生之间互相肯定与激励，可以进一步激发思政课微课的教学活力，起到良好的教学效果。但是，高校的思政课教师本来就有着繁重的科研任务和教学任务，研究微课教学并把它与传统课堂相结合势必会耗费教师更多心力。所以说，学校还可以给予教师一些政策上的倾斜：对于积极应用微课教学的思政课教师，学校要尽量减轻他们的工作压力，使其有更多的精力和时间对思政课微课展开研究；学校要把对于微课的使用作为衡量教师工作量的一个重要指标，将微课制作的时间也计算到思政课教学的工作量上，这样就在一定程度上激发了思政课教师的参与热情，也能确保思政课微课教学长期顺利地进行。

为了激发教师在思政课中运用微课的活力，各高校可以定期举办微课教学比赛，通过对其内容、制作形式、影响力的综合考评，采取师生共同在线投票的方式进行排名，评选出优秀微课教学视频。学校还应增设各种奖品和一定数额的奖金，给制作优秀微课教学视频的教师颁发荣誉证书，通过这些方式来激励思政课教师积极投入微课的研究、制作中，切实提高教师研究微课教学视频的热情和运用微课开展教学的热情。

第四章　高校思政教育工作的内容创新

第一节　高校思政教育工作内容创新的目标、原则与理论依据

一、高校思想政治教育内容创新的目标

(一) 更好地继承和坚持马克思主义思想理论和政治立场

中国近现代史已经证明，马克思主义的指导地位和中国共产党的领导地位的确立都具有历史的必然性。作为社会主义国家，中国共产党代表无产阶级和中华民族成为中国特色社会主义事业的领导核心，中国共产党的指导思想马克思主义也必然成为当代中国社会意识形态的核心，并进而成为高校思政教育的指导思想。马克思主义指导思想决定了社会主义核心价值体系的性质与发展方向。继承和坚持马克思主义思想理论和政治立场，是社会主义核心价值体系教育的核心要求，也是维护社会主义文化建设的性质与方向的必然要求。我国高校的首要任务就在于培养"四有"的社会主义事业接班人。高校思政教育内容创新的首要目标就是要更好地继承和坚持马克思主义思想理论和政治立场，使马克思主义在社会主义意识形态领域居于指导地位。

(二) 更好地坚持和发展中国特色社会主义理论体系

中国特色社会主义理论体系是马克思主义中国化的理论成果。中国特色社会主义理论体系是高校思想政治教育的指导思想，同时也是高校思想政治教育的内容。在当代中国，坚持社会主义的建设方向，就必然要求坚持马克思主义思想的

指导。当前，我国经济社会发展已进入重要的调整时期，中国特色社会主义理论在实践中不断丰富和发展，既继承和发展了中华民族的优秀传统文化，也批判地吸收和借鉴了世界各国优秀文明成果；既体现了思想道德建设上的先进性要求，又体现了广泛性要求；既坚持了社会主义先进文化的前进方向，又符合不同层次群众的思想状况；既具有广泛的适用性和包容性，也是联结各民族各阶层的精神纽带。当代高校青年学生思想活动和心理活动既有明显的差异性，同时，思想意识独立性和选择性也非常强。所以，高校思政教育内容需要在继承和坚持马列主义经典理论的同时，创新和发展中国特色社会主义理论体系，并使中国特色社会主义理论体系进课堂、进教材、进入学生头脑，用这一理论体系教育和武装大学生，使他们坚定马克思主义的理想信念，真正理解、掌握和学会运用中国特色社会主义理论指导自己的实践和生活。高校思政教育内容的创新可以让高校思政教育更加贴近大学生实际，更易于为大学生所接受，也能够更好地坚持和发展中国特色社会主义理论体系。

（三）更好地弘扬和培育民族精神和时代精神

中华民族的民族精神是以爱国主义为核心，团结统一、勤劳勇敢、爱好和平以及自强不息的精神。它使得中华民族创造了灿烂的文明，生生不息、连绵不绝，表现出强大的生命力。民族精神是一个民族的脊梁，也是一个民族信心和力量的源泉。时代精神是每一个时代特有的普遍精神实质，是一种超脱个人的共同的集体意识。时代精神集中表现在社会主体意识形态之中，但是在社会发展过程中，并不是所有的意识形态中的各种现象都能够表现时代精神，只有某些体现时代发展潮流的意识形态，才能够标志这个时代的精神文明，能够对社会生产发展产生积极影响，以及符合时代精神的具体要求。时代精神是一个时代的人们在文明创建过程中所体现出来的优良品格和精神风貌，是激励一个国家和民族奋发图强、振兴祖国的强大精神动力，更是新时期精神文明建设的重要内容。时代精神反映一个时代人类社会发展变化的基本趋势，并且已经成为世界绝大多数国家和人民共同的意志、心愿和精神追求。培育和弘扬中华民族的民族精神，能够有效抵制西方的腐朽思想对当代大学生的渗透，能够在最大限度内凝聚和动员当代大学生的力量，为建设中国特色社会主义提供精神动力和智力支持。所以，当前的高校思想政治教育内容创新必须更好地弘扬和培育民族精神和时代精神。

（四）更好地提高大学生的道德素质和促进大学生的全面发展

大学生作为祖国未来的建设者，提高大学生道德素质，促进大学生全面发展，是提高民族素质的基础。大学阶段是道德素质教育的重要时期，重视倡导爱国守法、团结友善、明礼诚信、敬业奉献、勤俭自强等全社会倡导的基本道德规范教育尤为重要。针对大学生加强道德教育，结合社会实际，将与社会体制相适应的公民道德素质教育融入高校思政教育中，能够为大学生的全面发展打下坚实的基础。只有在大学阶段坚持不懈地进行素质教育，将道德教育逐步渗透，才能切实提升大学生的道德素质，才能为社会输出具有坚实道德素质基础的公民，才能为全面建设社会主义现代化国家提供强大精神动力和道德支撑。同时，人的素质是全面而综合的，素质的范畴包括身体、心理和思想道德素质，以及科学文化素质。人的自由发展意味着人的主体性增强和独特性增强。马克思主义认为，教育是实现人的全面发展的根本途径。人们对于不熟悉的社会内容多数可以通过教育来完成。比如，人们可以通过教育来了解和熟悉社会的生产流程，可以通过教育来发现自己的兴趣爱好，可以通过教育来选择自己的职业发展方向，可以通过教育来了解更多的社会动态，避免传统社会分工的片面性。马克思关于人的全面发展理论，为我们指明了促进大学生全面发展的方向，奠定了高校思政教育的理论基础。高校思政教育的最终目标就是促进大学生的全面发展，培养大学生成为中国特色社会主义事业的合格建设者和可靠接班人。要实现当代大学生的全面发展，在高校必须进行行之有效的高校思政教育，而且在高校思政教育的内容创新过程中，要坚持以促进当代大学生的全面发展为目标，努力发掘并且有效提高高校思政教育的实效性，以增强高校思政教育内容的吸引力和感染力。

二、大学生思政教育内容创新的原则

大学生思政教育内容的创新只有坚持必要的原则才能有所依循，才能保障思政教育内容的创新，符合培养社会主义"四有"接班人的需要，也才能使高校思政教育内容的创新工作健康有序地顺利进行。

（一）坚持马克思主义理论的指导地位

马克思主义理论是社会主义核心价值体系的灵魂，是我们立党立国的根本指导思想。高校学生思政教育的内容也必须以马克思主义理论为指导。马克思主义理论的指导地位在高校思政理论教育内容方面丝毫动摇不得。随着改革开放的深入，我国社会经济成分、组织形式、利益关系和分配关系日益多样化，人们的价值选择、社会意识和生活方式也日趋多样化。面对诸多变化，我们既要尊重差异和包容多样，更要强调和坚持指导思想和主导价值的地位，重视和巩固社会主义的理想信念，用共同理想凝聚力量，并坚持马克思主义的指导地位不动摇。唯有如此，才能最大限度地形成思想共识，充分挖掘和鼓励不同阶层、不同群体所蕴含的积极向上的思想力量，齐心协力建设中国特色社会主义。

（二）坚持以中国特色社会主义理论为主体

中国特色社会主义理论是马克思主义基本原理与中国具体实际相结合的理论结晶。自中国共产党成立以来，始终坚持以马克思主义的世界观和方法论作为指导，在领导中国人民进行革命与建设的过程中，始终将马克思主义的基本原理同中国的具体实际相结合，创立了马克思主义中国化的社会主义理论体系，包括毛泽东思想、邓小平理论、"三个代表"重要思想、科学发展观和习近平新时代中国特色社会主义思想等理论。中国特色社会主义理论是中国共产党在马克思主义的指导下，立足于当代中国社会实际，整合发展中华民族优秀文化，在中国特色社会主义革命和建设的伟大实践中，不断创新发展、解决现实问题和推进社会主义理论创新的结晶。当前，我国在经济社会各方面所取得的巨大成绩，都得益于我们在社会主义现代化建设中开辟了中国特色社会主义道路，形成了具有中国特色的社会主义理论体系。马克思主义中国化是马克思主义在中国传承与发展的重要成果，是中国特色社会主义现代化事业的理论指南，同时，更是中华民族的宝贵精神财富。在大学生思政教育内容创新过程中，要始终坚持以中国特色社会主义理论体系为主体，同时，用这些理论来指导和创新高校思政教育内容。

（三）坚持以学生为本，从学生实际出发

大学生思政教育内容的创新要坚持以大学生为本，突出大学生的主体地位。

历史唯物主义认为，人民群众不仅创造了物质财富，也创造了社会精神财富，是社会变革与发展的决定性力量。人民群众是历史前进的推动力量，是历史的真正创造者。社会发展的目标是实现人的全面而自由的发展，所以，促进大学生的全面发展是高校思政教育内容创新的原则目标。高校思政教育内容的创新就是要进一步做好大学生的思想工作，就是要真正以大学生为本，尊重和满足大学生的物质和精神发展需要，发挥大学生的能动性和创造性，促进大学生全面发展。高校思政教育内容创新是在实践中的创新，现实的创新性实践活动必将推动高校思政教育内容的不断完善，增强其实效性。因此，大学生思政教育内容创新，必须贴近当代大学生的实际，坚持以学生为本，在实践中发展和创新高校思政教育的适应性内容。

（四）坚持借鉴继承与开拓创新相结合

继承是发展和创新的前提和基础。历史上，任何时期的高校思政教育内容，都是在总结前一个时期的成功经验和现实基础上建立起来的。如果离开前一个时期的高校思政教育内容，就相当于失去了其继续发展和理论创新的条件，如果抛弃了以前的社会发展历史，高校思政教育内容的发展和创新就丧失了基础和前提。同时，借鉴和吸收西方相关教育内容发展的有益经验为我所用，可以更好地充实和丰富高校思想政治教育内容。借鉴继承的内在目的和必然要求是发展创新，而发展创新则以继承借鉴为前提与基础。所以，高校思政教育的内容创新，就必然是在继承借鉴基础上的开拓创新。高校思政教育内容创新不仅要继承和借鉴其他相关学科的理论知识，更要在其他学科的理论知识所提供的全新理论视野下，与时俱进、开拓创新，以及不懈地建构符合时代要求的高校思政教育新体系。

三、大学生思政教育内容创新的理论依据

理论依据主要是与思政教育密切相关的历史唯物主义的基本原理和中国化马克思主义理论体系的重要原理等。其中，马克思主义关于社会存在与社会意识的辩证关系原理，以及上层建筑与经济基础的辩证关系原理是最基本的理论依据；而马克思主义的人学理论，以及社会主义精神文明建设的原理则是直接的理论

依据。

第一，社会存在与社会意识辩证关系原理要求高校思政教育内容不断创新。每一个历史时代的经济生产以及必然由此产生的社会结构，是该时代政治的和精神的历史的基础。历史唯物主义认为，社会存在与社会意识二者是辩证统一的。社会存在决定社会意识，社会意识又反映着社会存在，社会意识是对社会存在的主观反映，产生于现实的社会存在。唯物史观向我们揭示了社会存在与社会意识之间的辩证关系。社会存在是社会生活的物质方面，主要包括人们在生产方式、人口因素和地理环境等方面；社会意识主要是指在社会生活的精神方面，包括政治、法律、哲学、道德、科学，以及社会心理和风俗习惯等方面。社会存在与社会意识辩证关系原理为高校学生思想状况原因的分析，以及基于此的高校思政教育内容的制定提供了科学的理论基础。

马克思主义历史唯物主义基本原理告诉我们，社会意识的发展具有不可忽视的历史继承性。同时，社会意识与社会存在的发展、社会发展水平又是不平衡的，具有很强的相对独立性。社会意识并不完全依赖于社会生产力发展水平，即便是在落后的社会物质条件下也可能产生先进的社会意识和社会文化。而且各种社会意识形态一经存在，彼此之间就会产生相互作用和影响。而在这些思维形式中，社会意识处于主导和支配地位，而且只能是统治阶级的思想意识形态。同时，社会意识对社会存在的发生发展起反作用时，可能会促进社会进步，也可能阻碍社会的进步发展。顺应历史发展趋势的社会意识一旦被人民群众所掌握，就能够成为人们改造现实世界的巨大物质力量，具有推动社会发展的巨大动力。发挥社会意识的能动性，必须通过具有目的和意识的人的社会实践活动，才能够得以实现，统治阶级要想维护和巩固本阶级的统治地位，就需要用本阶级的意识形态教育年青一代，形成统一的思想意识，培育本阶级统治所需要的青年接班人。正是基于这一原理，我国高校思政教育内容的发展和创新过程中，要始终坚持不懈地用马克思主义理论和中国特色社会主义理论教育广大高校青年学生，使他们树立共产主义的远大理想，坚定他们走中国特色社会主义道路的信念。

第二，上层建筑与经济基础关系原理要求高校思政教育内容不断创新。在马克思主义哲学理论体系中，经济基础主要是指在社会发展到一定阶段后形成的社会经济制度，即社会生产关系的总和。马克思主义认为，经济基础是上层建筑的基础，一定的经济基础和一定的上层建筑共同构成一定的社会意识形态。上层建筑是指建立在一定经济基础上的社会意识形态以及与之相适应的政治法律制度和设施等的总和。在阶级社会中，政治法律制度和设施是上层建筑的重要组成部分，通常简称为政治上层建筑。马克思主义认为，经济基础和上层建筑具有辩证关系，即经济基础和上层建筑是辩证统一的。一方面，经济基础决定上层建筑。经济基础是上层建筑赖以产生、发展和存在的物质基础；经济基础的性质决定上层建筑的性质；经济基础的变革必然能够引起上层建筑的变革，并因此决定着其变革的发展方向。另一方面，上层建筑对经济基础同时具有反作用。上层建筑会为自己的经济基础的形成和巩固服务。上层建筑能够通过多种多样的形式反作用于经济基础，而思政教育就是其中极为重要的形式。如前所述，我国高校学生思政教育的内容必然是中国共产党和社会主义国家通过高等院校教育教学实践，对高校学生进行有规划、有组织的教学活动中所蕴含的思想政治、道德法纪和心理健康等方面的实质性内容。实践已经反复证明，在中国特色社会主义建设中，中国共产党的思想政治教育工作发挥了巨大的能动作用，不仅保障了经济发展工作以及其他一切工作沿着社会主义建设道路的发展方向前进，而且提高了社会主义建设者的思想政治觉悟，使他们焕发出蓬勃的劳动生产积极性。同时，党的思政教育内容在高等教育中的推行，也为社会主义现代化建设事业培养了大批合格的中国特色社会主义事业的建设者和可靠接班人。高校思政教育内容是高校思政教育的基础，要发挥高校思政教育的重要作用，就必须重视高校思政教育的内容，要与时俱进地创新，使教育内容始终符合历史进步的趋势，符合我国社会经济的发展要求。

第三，马克思主义的人学理论指出了高校思政教育内容创新发展的方向。人的本质不是单个人所固有的抽象物，在其现实性上，它是一切社会关系的总和。人的本质不是一成不变的，而是随着社会关系的发展而不断发展变化的，在不同的生产力发展阶段，由于生产关系不同，因此，人的本质上也不尽相同，社会关系对人的本质形成具有决定性的影响作用。对当前大学生思想特点的认识是我们思考问题的前提，要想把高校思政教育内容传输到大学生的脑海里、心坎上，就必须从当代大学生的实际情况出发。马克思主义的人学理论以人为研究对象，揭示了人的生存、发展的规律。大学生思政教育内容发展和创新的目的是促进大学生全面发展，培养社会主义建设的"四有"新人，因此，两者在本质上是一致的。马克思主义的人学理论指出了大学生思政教育内容创新发展的方向，运用马克思主义人学理论可以指导和引导大学生思政教育内容创新和发展。在大学生思政教育内容发展和创新中运用人的本质的理论，从大学生的社会属性出发，准确判断当代大学生的思想观念，在大学生现实的社会关系基础上设置思政教育内容，结合各种社会关系的处理引导广大大学生，把个人价值和社会价值结合起来，在为社会做贡献中实现个人价值。

第四，社会主义精神文明建设的原理要求高校思政教育内容不断创新。改革开放以来，中国共产党将精神文明与物质文明共同作为我国社会现代化建设的目标，逐步提出并且不断完善了中国特色社会主义精神文明建设的理论体系以及一系列理论内容。社会主义物质文明与社会主义精神文明之间具有紧密联系，社会主义精神文明建设需要以社会主义物质文明建设作为基础，同样，社会主义物质文明建设需要社会主义精神文明为其提供精神动力和智力支持。思想道德建设属于社会主义精神文明建设的理论范畴，思想道德建设决定着精神文明建设的社会主义性质和发展方向；社会主义精神文明建设同时还包含教育科学文化建设，教育科学文化建设则是提高人民群众道德水平和思想觉悟的重要保障。思想道德建设与教育科学文化建设相互影响和渗透，其关系处理得当就可以互相促进、共同发展。这些社会主义精神文明建设理论内容，不仅创造性地发展了马克思主义经典理论，而且成为中国化马克思主义理论体系的有机组成部分。

第二节　高校思政教育工作内容创新的任务要求

一、思政教育内容创新的价值取向

从教育功能角度来讲，创新思政教育内容的基本价值取向是为持续的创新教育奠定基础：一是打好创新精神的基础，二是为培养创新能力奠定基础。

创新精神是创新人格特征，是主体创新的内部态度与心向，它包括创新意识、创新情感和创新意志三大方面。创新意识是个体追求新知的内部心理倾向，这种倾向一旦稳定化，就成为个体的精神与文化。创新情感是个体追求新知的内部心理体验，这种体验的不断强化，就会转化为个体的动机与理想。经验研究表明，有创新情感的人常常情感细腻丰富，外界微小的变化都能引起强烈的内心体验；人生态度乐观、豁达和宽容，能比较长时间保持平和、松弛的心态；学习和工作态度认真、严肃，一丝不苟，有强烈的成就感，工作的条理性强；对世间的所有生命都有同情心和责任感，愿意为改善他们的生存状态而尽心尽力等。创新意志是个体追求新知的自觉能动状态，这种状态的持久保持，就会成为个体的习惯与性格。研究表明，有创新意志的人常常能排除外界的各种干扰，长时间地专注于自己的活动；工作勤奋，行为果断，对自我要求较高，对工作要求较严；善于沟通与协调，组织能力强，有较强的灵活性，为达到目的愿意变换工作的途径和方法；有较强的独立性和自制力，在没有充分的证据和理由之前，不轻易放弃自己的主张，能容忍别人的观点甚至错误等。

创新能力是创新的智慧特征，是主体创新的活动水平与技巧，它包括创新思维和创新活动两大方面。创新思维是个体在观念层面新颖、独特和灵活的问题解决方式。创新思维是创新实践的前提与基础，如果想不到是不可能做得到的。具有创新思维的人常常感觉较为敏锐，思维灵活，能发现常人视而不见的问题，并能够多角度地考虑解决办法；理解深刻，认识新颖，能洞察事物本质并能进行开创性的思考；思维辩证，实事求是，能合理运用逻辑与直觉、正向与逆向等思维方式，不走极端，能把握事物的中间状态等。

二、大学生思政教育内容创新的基本要求

任何一个国家的高等教育特别是思政教育，都会对这个国家未来的面貌产生直接的、重要的和深远的影响，将决定着未来高级专门人才的思想、政治和品德素质。

大学生思政教育内容具有针对性、相对稳定性、一定灵活性、相应层次性和递进连续性的特点。实现大学生思政教育内容创新的基本要求有以下几点：一要根据大学生思想品德形成的规律和社会发展的要求确定高校思政教育创新的内容；二要根据高等教育整体规划安排高校思政教育创新的内容；三要根据高校思政教育总体目标设置高校思政教育创新的内容；四要根据高校思政教育内容是中

学思政教育内容的深化和延伸，组织高校思政教育的新内容。现阶段，创新思政教育内容就是要坚持以马克思列宁主义、毛泽东思想、邓小平理论、"三个代表"重要思想、科学发展观和习近平新时代中国特色社会主义思想为指导，解放思想、实事求是、与时俱进，立足于帮助大学生树立正确的世界观、人生观和价值观，深入开展马克思主义基本理论教育，开展中国化的马克思主义理论教育，开展人生观、价值观、道德观、健康观和法治观教育，开展中国革命和建设，特别是改革开放的历史教育，开展基本国情和形势与政策教育，开展社会主义核心价值观教育，开展实现中华民族伟大复兴中国梦的教育。

改革开放以来，在全国高校中普遍开展了坚持四项基本原则、爱国主义的教育。对大学生进行以坚持四项基本原则教育为中心的形势政策和道德品质教育，积极引导学生坚定党的信念，把爱国主义的情感和觉悟变成奋发图强建设祖国、保卫祖国的实际行动，走德智体美劳全面发展的成才道路。

当前，面对青年学生现实生活中的热点、难点，从解决实际问题着手，提高思想政治教育的实效性，不断创新思想政治教育内容，既是时代发展的需要，也是高校思想政治教育工作者的历史使命。因此，要抓好以下几个方面的工作。

（一）世界观教育

对于任何社会历史条件下的思政教育来说，世界观教育都是最根本的内容，是其他教育内容的奠基石。全球化大趋势的背景下更是如此。这无疑凸显了世界观教育的重要性。

大学生世界观教育是引导大学生健康成长和顺利成才的根本保障，是加强和改进大学生思政教育的主要内容。大学生世界观教育的效果直接关系到高等教育的人才培养质量，关系到社会主义人才培养目标的实现。因此，高校必须努力构建一个科学的、有实效的大学生世界观教育长效机制。高校思政教育工作部门应创新理念，为构建大学生世界观教育长效机制提供思想保障；加强队伍建设，为构建大学生世界观教育长效机制予以组织保障；通过科学管理，为构建大学生世界观教育长效机制提供制度保障；加大经费投入，为构建大学生世界观教育长效机制创造条件保障。

（二）政治观教育

政治观教育是思政教育的核心内容，政治素质是个人全面发展的首要素质。学生的生活离不开政治，大学生的政治观如何，不仅关系到大学生个体的健康成长，而且事关社会主义的前途和命运。因此，加强对大学生的政治观教育，是一件艰巨而意义重大的事。高校历来是各种不同的理论学术观点、思想观点交汇、融合和斗争的阵地。在世界风云变幻的形势下，高校能否坚持社会主义方向，能否塑造政治素质合格的人才，关系到中国社会未来的命运。人创造环境，同样，环境也创造人。政治观教育总是在一定的社会环境中进行的，既受环境的影响，也对环境产生一定作用，我们在看到环境对人们政治思想作用强化的同时，也要看到人们改造环境的作用也在强化。因此，大学生政治观教育必须以马克思主义德育环境论为指导，探索优化政治观教育社会环境的新思路。

在新的历史条件下，政治观教育环境正经历巨大的变化和发展。大学生政治观教育必须与不断变化的时代主题相适应，与变化着的社会环境相适应，与鲜活生动的教育对象——当代大学生的思想实际相适应。主导性的政治观念只有在社会生活实践中为各种环境因素所强化，才能被大学生真正接受并内化为个体的政治品德，成为他们政治行为的指南。

（三）人生观教育

青年大学生，朝气蓬勃，思维敏捷，勇于创新，积极进取，身心发展都处在"活跃—动荡—变化—成型—基本定型"这样一个过程之中。处于人生关键时期的大学生，建立什么样的人生观，对其个人和社会都是至关重要的。针对当前大学生的思想状况及存在的问题，加强和改进大学生思政教育工作应把人生观教育作为重点和突破口，并在深化大学生人生观教育的工作实践中拓展有效途径。

高校思政教育一直都非常注重培养学生健康的、科学的人生观。面对当前大学生中存在的突出问题，人生观教育应该着重于加强"以人为本、关爱生命"的内容，着力于引导大学生认识生命的价值，尊重自己和他人的生命，努力提升自身生命的内涵和价值。加强对大学生人生观的教育，首先，思政教育工作者应努力树立"以人为本、关爱生命"的新型学生观。应该树立从生命的角度和高度来理解学生的本质、将学生视为不断走向个体完善的独特生命存在的学生本质观；树立立足学生发展的终身性，为学生的发展奠基，增强学生发展的自主性，激发学生的创造潜能，实现学生发展的个性化，促进每一名学生发展的学生发展观；强调学生生命主体的能动性，将学生视为社会活动的实践者、平等交流的对话者的学生角色观。其次，要改进人生观教育的形式和内容，使人生观教育充满时代内容和强大的生命力。通过开设相关课程，并在其他课程中加强渗透与开展课外活动，增强实践体验相结合的人生观教育方法，使大学生学会珍惜生命、丰富生命和升华生命。

（四）法治观教育

大学生法治观问题一直是学校和社会关注的焦点。研究大学生的法治观，有针对性地对大学生进行法治观教育，是思政教育的重要内容。

针对大学生对法律知识的掌握还不够全面和深入、对法治的理解也存在偏差、对司法现状表示担忧和不满、对法治的价值判断和现实选择存在矛盾等问题，高校应强化法律基础课教育，增加学习时间，使学生能够有足够时间系统学习我国现有的重要法律，同时，把民主教育作为专项教育内容，培养大学生的宪法观、公民观和民主观。通过增加社会实践活动，引导大学生正确认识我国的司法现状。实行依法治校，营造良好的校园法治环境。优化校园环境，发挥环境育人的作用，可以提高法治教育的实效。校园环境对学生的教育影响方式与其他教育影响方式不同，主要表现在三个方面：一是直接现实性，二是长期性，三是潜移默化性。校园环境还拥有一种巨大的精神力量，良好的校园环境能控制和限制不良风气和行为的滋长，规范学生的言行。

（五）道德观教育

思政教育对大学生道德观教育影响重大。加强大学生道德观教育，并结合思政教育方法进行教育和引导，让其树立马克思主义的科学道德观，是摆在当前高校教育者和全社会面前的一个重大课题。

大学生优良道德品质的形成是长期的过程，是在一定的社会生活实践经验的积累以及个人自觉锻炼和修养中逐步形成的。面对当代大学生道德观的变化和发展，我们既要进行客观分析，也要以历史的眼光正确对待，从中发现问题，并找出对策，改进和加强思政教育工作。在思政教育过程中，道德教育作为思政教育的基础性内容，是思政教育工作的目标和任务之一，加强大学生道德观教育离不开思政教育工作。针对当代大学生的道德现状和新的特点，一方面，思政教育工作应加强大学生道德践行能力的培养，这是解决愿望与行动的矛盾，实现道德理想最有效的途径。作为大学生，在道德修养上不仅应知道做什么，更重要的在于知道如何做；另一方面，要加强大学生道德修养，帮助大学生树立马克思主义的科学道德观，培养他们高尚的道德品质和强烈的社会责任感。

（六）创造观教育

一个人是否具有创造力，关键是看其能否进行思维创新。所以，思政教育不仅要进行世界观、人生观和价值观教育，而且要开展创新思维教育。传统的思政教育思维往往把思政教育等同于理想教育，思想政治教育内容通常具有高度的政治理想性。在大众文化繁荣发展的当下，大众文化已经成为当代人思想观念、价值准则、审美倾向、行为方式和思维模式构造的重要文化参数。因此，"思政教育在突出政治性内容的同时，要注意把政治性内容的教育纳入社会发展和人的发展的轨道上来，使政治性内容与生活性内容相耦合，把整体性、全局性的宏观教育内容与个别的、具体的微观教育内容结合起来，增强教育内容的现实性、针对性和实效性"。同时，不能忽视对科学思维的培养教育，因为它是追求真理与真知的认识图式，有利于学生正确运用辩证思维的方法，把握事物的本质和发展规律，综合运用各种科学思维方法面对新情况、解决新问题。最后应该注意的是社会主义核心价值体系与思政教育思维教育的关系，要始终用社会主义核心价值观引导、鼓舞和塑造青年。

（七）健康心理教育

健康的心理是一个人全面发展必须具备的条件和基础。大学生是未来社会的主要领导者和建设者，他们将在很大程度上决定着未来社会的走向和发展状况，他们的心理健康与否，不仅影响着他们的学习和健康成才，而且对整个社会都至关重要。人类社会的快速发展，世界格局的动荡，地球环境的变化，使每个人的理解能力和承受能力都将经受更为严峻的考验。在当今大学生心理问题比较严峻的状况下，加强心理健康素质的培养，丰富不同学生心理教育的形式，改善培养、教育的条件和环境，是高校思想政治工作的当务之急。加强大学生心理健康教育可促进人格健康发展，提高学生综合素质，也可以发挥学生的潜能。为此，要不断加强对大学生的适应性、承受力、调控力、意志力、思维力、创造力，以及自信心等心理素质的教育与培养，使其形成健康的心理和成熟的性格。

三、大学生思政教育内容创新的主要任务

（一）加强思政教育学科研究

从需要思政教育学科支持的实际出发，一些理论工作者侧重于学科理论体系研究，这是十分必要的。当学科理论体系初步形成并得到多数人认同之后，学科体系仍需要进一步研究深化与完善。但思政教育学科研究，应着重于当前重大理论与现实问题，特别是大学生在成长过程中所遇到的实际难题的研究，这既是实现思政教育学科价值的需要，也是深化与完善学科体系的根本途径。中共中央、国务院颁发的《关于加强和改进大学生思想政治教育的意见》，分析了大学生思想政治教育所面临的国际、国内新形势与新问题，提出了加强和改进大学生思想政治教育的指导思想和基本原则，强调加强和改进大学生思想政治教育是一项重大而紧迫的战略任务，明确要求以理想信念教育为核心，深入进行树立正确的世界观、人生观和价值观教育；以爱国主义教育为重点，深入进行弘扬和培育民族精神教育。教育"核心"与"重点"的确立，既由理想信念、爱国主义在大学生成长过程中的作用所决定，更是大学生自身发展的迫切需要。在开放、多样、多变和复杂的社会背景下，在市场体制所形成的竞争压力与科技发展所形成的信息压力下，许多大学生由于缺乏社会生活经验，世界观、人生观和价值观尚未完全形成与稳定，因而容易产生迷惘与困惑，即迷途不知所向，疑惑不知所解，茫然不知所选。也就是面对开放、多样、多变和复杂的社会因素，发生了适应、取向、选择上的困难。迷惘与困惑是大学生思想领域的矛盾，而不是物质领域、知识领域的问题，其实质是精神需要、价值诉求和目标诉求。因此，帮助大学生认识迷惘与困惑的实质及产生原因，引导大学生确立正确的理想信念，培养大学生

的爱国主义精神，则是促进大学生适应现代社会要求，不断健康成长和全面发展的关键。

同时，《关于加强和改进大学生思想政治教育的意见》还强调，在新的历史条件下，大学生的健康成长和全面发展，是在课堂教育、学校环境和社会条件的综合作用、影响下进行的，因而需要研究这些因素，特别是一些新的因素对学生的影响，开辟多样的、新的教育途径。而影响学生成长和发展的因素，都与学生的实际生活相关。大学生思政教育，再也不是过去单一的理论内容、现实途径与课堂方式，而是理论与实践、现实与虚拟、社会与学校、课堂与课外等各个生活层面高度综合化、社会化的体系。为此，思政教育应以满足学生的实际需要为基本出发点，即在坚持以育人为本的前提下，要贴近实际、贴近生活、贴近学生的要求，研究大学生实际生活中的思政教育。

研究理想信念教育、爱国主义教育与实际生活中的思政教育，是当前思政教育学科的研究重点。前者侧重面向社会、面向未来，以引导学生形成社会理想为追求，后者侧重面向实际、面向生活，以帮助学生提高生活质量为目标。前者为后者提供导向与动力，后者为前者提供前提与基础。两者相互联系、相互依存和相互促进。缺乏前者，实际生活将陷于实用、功利的自发状态，而缺少后者，理想信念则抽象、空洞而难以真正形成。

（二）突出思政教育的重点

市场体制和经济全球化的推进，对外开放和多元文化的激荡，科技发展和社会信息化的环境，社会民主化和个性特色化的发展，广泛渗透在社会和个体生活的各个领域与环节，成为当今高校思政教育的环境内容。马克思主义理论、中国化马克思主义、相关学科（哲学、政治学、社会学、伦理学、心理学、教育学）理论等，都在教育者（包括任课教师和辅导员）和教育对象（学生）的可选择、可运用之列，成为思政教育的理论内容和知识视野。环境内容与理论内容的不同结合，形成了当代社会与个体以及思政教育两个层面的发展态势。

1. 社会层面的主导性与多样性并存与矛盾状态

所谓社会层面的主导性与多样性，主要是指：多元文化交汇背景下的中华民族文化主导，多种意识形态并存条件下的马克思主义社会主义意识形态主导，多样化价值取向过程中的社会主义核心价值观主导，多样化知识、信息影响下的人本主导。主导性与多样性的并存与矛盾，在现实生活中，在大学生思政教育过程中已经不同程度、不同形式地存在，并正在影响大学生的成长与发展，也在影响思政教育的过程与效果。应当看到以上四大客观因素，作为社会的基础与客观条件，由于其发展快、变化大，而且相互交织形成综合效应，极大地赋予了社会与个体多样化发展机制。诸如市场体制的竞争机制、信息社会的选择机制、民主发展进程中的参与机制等，都极大地调动了人们，特别是青年学生发展的积极性、主动性与创造性，从而为广大青年学生的个性化、多样化发展提供了极其有利的条件。同时，也应当看到，社会的客观因素与竞争机制、选择机制的形成，虽然为社会的多样化发展提供了条件、奠定了基础，但这些客观因素与机制本身发挥作用、发展完善，则需要一定的条件。这个条件就是上层建筑的职能，其中包括思想上层建筑职能，即通过思想（价值取向）、政治（包括政治目标、原则与法治）、道德（规范）的作用来保证多样化大体都能遵循一致的方向、规范发展，以维护社会的安定与秩序，推动社会与个体全面、协调和可持续发展。主体的多样化发展如果脱离了思想、政治、道德的方向主导与规范，主体相互之间必然产生矛盾、发生冲突，甚至导致社会混乱，主体的多样化发展也丧失了条件。相反，思想、政治和道德的主导，离开了主体多样化发展，就会成为教条、流于形式，甚至成为主体发展的障碍。

在当代中国，高校思政教育在本质上就是运用中国特色社会主义的思想、政治、道德理论对大学生进行规范和引导。而当下的引导是在多种客观因素、多样化理论影响和多种机制作用下进行的，是对多样化的导向与规范。不研究客观因素影响的性质与方式，或不正确地选择和运用理论，思政教育不是陷于空谈就是背离主导，这两种倾向十分突出地影响着大学生思政教育的效果。为此，思政教育学科要综合运用发展的中国化马克思主义理论与相关学科理论，既要分别研究社会客观因素对学生思想和行为的具体影响，更要研究这些因素对学生思想和行为的综合影响。重点要研究市场体制和经济全球化推进过程中的国家政治主导，对外开放和多元文化激荡中的民族文化主导，科技发展和社会信息化条件下的人本主导，社会民主化和个体特色化发展中的核心价值主导，这就是新的历史条件下所要研究的主导性思政教育形态。主导性思政教育，在对象上是对社会多样化以及多样性思政教育的概括和超越，没有对多样性的抽象就没有主导性；在功能上就是形成共同理想、核心价值观，没有对多样性取向的规范就不可能有共同目标；在性质上就是维护社会主义意识形态的安全，没有对多样化文化的合理选择、吸纳、鉴别和批判，就不能发挥社会主义意识形态的主导作用。

2. 个体层面的个性化与社会化的矛盾状态

所谓个体的个性化与社会化，是指大学生在市场体制条件下拥有自主权和民主发展条件下拥有自由性，能够独立、自主和创造性地发展自己主体性与个性特点；与此同时，还必须融入社会的政治、经济、文化与道德生活，接受社会政治、法治与道德规范。应当看到，社会的客观条件，既赋予了个体个性化发展机制，同时，也提出了社会化发展的新要求。市场体制、社会民主和信息条件赋予学生自主权、自由性，但有些学生往往只局限于自身范围，珍惜自身的自主权、自由性，难以兼顾全局而忽视制约自主权与自由性的政治、法治与道德规范。也就是说，拥有自主权、自由性的学生往往难以自发社会化，需要学校通过教育与管理推进学生个体社会化。社会化的实质是促进学生认可、接受和融入社会的发展目标与规范，而思政教育在本质上就是运用思想、政治和道德的目标、规范来推进学生的社会化。当下大学生的社会化，是在其拥有并追求主体性，而不是在过去依赖性条件下进行的。大学生的主体性表现为独立性、自主性与创造性三个层次。一些大学生在学习、生活、交往、择业等实际活动中，主体性显示比较充分，而对思想、政治和道德的价值性认识不充分，即对社会化的发展取向有所忽视，因而在思想、政治和道德观念、规范形成与掌握上主体性欠缺。

大学生的生活，包括物质生活、学习生活、精神生活等，都是实在的和必不可少的，这些生活本身就是社会的一部分，需要社会加以规范。要使大学生在各项生活中真正富有主体性，必须以实际生活为基础，形成生活的正确目标，遵循生活的规范，自主地在生活过程中育德，通过生活实现与社会的交流与融合。离开大学生的实际生活而空谈社会化道理，会造成实际生活与社会化规范的脱节。为此，思政教育学科，要研究当代社会背景下大学生的生活内容、目标与方式，把社会的政治、法治和道德目标、规范融入大学生的实际生活之中，实现个性化与社会化的有机结合，这就是"三贴近"所要求的生活化思政教育形态。人的"生活"是一种有意识和有目的的对象性活动，是创造"生存"意义的生命活动。生活化思政教育的目的，就是研究和赋予大学生生命活动的意义，就是对大学生的生活进行科学性与价值性引导，以提高大学生的生活质量与生命价值。

主导性思政教育与生活化思政教育，是基于研究与教育的一种划分。前者主要是面向社会与所有个体的理论教育，后者重点是面向不同类型个体的咨询教育。前者要根据个体实际与特点进行内化、铸塑教育，后者要运用社会理论进行社会化教育。光有前者而没有后者，将难以实现理论向大学生实际生活的转化，容易导致空泛；相反，光有后者而没有前者，则难以实现大学生在实践基础上的超越，容易导致局限。

（三）实施大学生思政教育专业化或专门化

大学生思政教育，主要包括思想政治理论课教育，日常思政教育，以及教书育人、管理育人和服务育人活动。思想政治理论课教育是系统的马克思主义理论教育，纳入了高校的课程体系与教学计划；教书育人、管理育人、服务育人活动主要依托业务教学、管理与服务工作进行日常思想政治教育，这主要依靠高校教师、辅导员队伍担当。

这里所说的大学生思政教育专业化或专门化，主要是指从事大学生日常思政教育的高校教师、辅导员的职业化。如何运用思政教育学科与相关学科的理论，对大学生进行科学性与价值性相统一的指导、咨询与管理，实现大学生的日常生活由自发向自觉、由经验向科学的转变，就成为实施高校思政教育内容创新的迫切任务。应当清醒地看到，大学生日常生活的范围是广泛的，内容是丰富多彩的，方式是多种多样的。正是因为这一领域具有日常性与综合性的特点，所以，学科研究或因平常而忽视，或因综合而放弃，致使这一领域长期处于自发状态。学生的日常生活，主要靠自己摸索，难以得到科学性与价值性相统一的指导。高校不少教师、辅导员往往忙于琐碎事务而疏忽教育，陷于经验化管理而缺乏专业化咨询。正是这一原因，导致大学生思政教育的影响力不大，思政教师和辅导员在高校的地位不高，德育首位难以得到保证。

在传统教育观念影响下，重智育轻德育、重科技轻人文的倾向，使一些高校的领导者和教育工作者，忽视了对大学生思政教育的研究与开发，致使思想政治教育滞后于科学技术和智育的发展，使一些大学生在发展选择和取向上出现偏差，从而导致大学生对思政教育的需要和教育者满足大学生需要的方式与社会发展、人才培养的要求出现差距。也就是说，大学生的专业学习，依托着专业与学科的系统知识，实现了学科化与专业化，而大学生的非专业活动或日常活动，在很大程度上还处于自发的、经验的状态。在社会与自然一切领域都学科化与专业化的历史条件下，在追求高深学问的高等学校，在培养人才这一重要内容上仍然处于自发的经验状态，这显然是滞后的。因而亟须对大学生日常生活领域进行探索、研究和开发。这种探索、研究和开发，在很大程度上就是人才资源开发，就是实现大学生思政教育的专业化。

思政教育学科要从整体上、性质上和特色上把握大学生思政教育的专业化研究。这体现了以下几个方面的要求。

第一，大学生的生活特点决定大学生思政教育专业化特点。大学生处在迅速成长成才的人生关键时期。这一时期是充满希望与矛盾的特殊阶段，具有特殊的生理特点、心理特点、思想特点，以及特殊需要、特殊地位和特殊作用。他们要在矛盾中选择，在曲折中发展，在比较中塑造。因而，在专业化研究中，一定要充分体现大学生的特点，而不仅仅是一般性思政教育研究。

第二，时代特征决定大学生思政教育专业化特点。时代特征集中体现在前面所讲的几大客观因素上，这些因素既改变着大学生的生活内容与方式，又开辟了大学生新的生活领域。因此，思政教育学科要对新的生活内容、方式和领域进行概括、提炼和升华，引导学生自觉进入现代生活。同时，要分别研究客观因素对学生影响的性质、方式与程度，分析、解决学生所共同面临的新情况和新问题，要对大学生在竞争压力、信息压力下的迷惘、困惑、失衡、失态等状态的表现、危害、根源进行深入分析。

第三，民族特性决定大学生思政教育的专业化特点。高校辅导员专业化在发达国家高校已基本实现。我国的民族特性集中表现为民族文化性质与社会主义性质。这一特性主要体现为五个方面：一是重德治德教的伦理文化传统，二是重整体主义、集体主义的价值取向，三是重世俗的社会理想、民族信念，四是重和平和谐的发展追求，五是重以民为本和以人为本。以上这些特性由中国传统文化与中国化马克思主义理论来体现。因此，对于思想政治教育学科的研究，既要明确提出大学生生活的指导理论，又要渗透这些重要的民族特性。

第四，应用性决定大学生思想政治教育专业化特点。大学生的生活是现实的、具体的，我们只能面向现实的、具体的生活问题进行研究，而不能脱离现实、具体的生活实际空讲道理。在选择理论、知识研究和解决问题时要有针对性，要根据实际需要选择和运用理论，而不是反其道而行之。应用性首先要求研究要有问题意识，要发现问题并围绕问题展开，而不是满足于理论体系的主观建构。同时，要有对问题表象的归纳、对问题本质的分析、对问题价值的阐述、对问题根源的探究，并要有解决问题的途径、方式、手段和技术。

（四）抓好德育工作

高校德育的根本任务在于帮助大学生完成其对人生意义的求索和生存质量的提高。构建与大学生生活紧密结合的、生活化的德育格局是高校人本性德育的真谛。人的生活和动物的生存的很大不同在于，人不仅需要生活在一个物理世界中，还需要生活在一个意义世界里。人通过自主的活动来构建自己，不断完善自我的内心生活，完善与外界的联系，完成作为"人"的意义。因而意义世界的建构对维持个体与社会的生命存在具有至关重要的价值。生活，究其根本就是追求人生意义的活动。一方面，意义内在于生活之中，是生活的有机构成。生活世界既是事实世界又是意义世界，是两者相互联结的世界。生活的意义负载于生活的事实中，离开了生活的事实和实际的生活过程，生活的意义就会成为虚妄，这样的"意义"也是无意义的。另一方面，任何生活事实都被打上了意义的烙印。生活的事实总是在生活意义的展开中实现为事实的，人也总是按照他自己对生活意义的理解和设定来营造现实的生活活动与生活关系的。人的生活包括物质生活和精神生活两部分。人不仅需要活着，而且需要活得有意义。由此产生了人类社会生活领域一系列的关系准则：政治的、经济的、文化的、道德的、法律的，等等，其中包括协调人与人的关系、人与社会的关系和人与自然的关系的规范，这可称为"道德准则"。道德教育的终极目标就是使人们追求幸福生活。

道德的价值与存在取决于生活，道德教育的存在自然也是为了人的生活，为了人的精神生活，为了提高人的生活质量。在当今的学校中，人文学科的萎缩，德育和美育的被放逐，或者它们也变质为纯知识、纯技能学习的领地，这些都表明意义世界在教育阵地的塌陷，教育成为"无意义"的教育。远离了意义世界的教育，也就从根本上远离了生活，因为人的生活是有意义的生活，没有意义的生活也就只能是动物式的存活了。大学生作为道德的存在，其最鲜明、最生动的意义，就在于他们有属于自己的现实的道德生活。高校德育只有致力于让大学生生活在一个意义世界里，使其圆满生长时，才能尽自己的职责于万一。道德与生活原本是一体的，道德源于生活。过什么样的生活，就受什么样的教育。大学生每时每刻都在生活的浸染之中，大学生德性的发展和他们的生活一脉相承，过什么样的生活，就受什么样的德育，就会有什么样的德性。生活世界是创设充满情感和智慧的教学情境、激活学生自主建构学习的保证。所以，只有根植于生活世界，德育才能具有深厚的基础和强大的生命力。离开了生活，道德就成了空虚的原则；离开生活谈德育，无异于"岸上教游泳"。

在生活化情境中渗透德育。一个完整的德育过程，应该是体验者的认知活动、体验活动与践行活动的结合，人对道德价值的学习，以情感的体验型为重要的学习方式。高校德育区别于其他社会意识形态的根本特征就在于它的实践性。因为道德是以实践精神的方式来把握世界的，具有意识与行为、理论与实践相统一的特点。所以，高校德育也就有了它自身的特点和规律，即强调潜移默化、个体觉悟和生活践履，强调情感体验和知行统一。评价一个人道德品质好坏的客观标准，衡量道德教育成败的根本尺度，就在于道德实践。只有知行合一，注重道德实践，紧密结合学生的生活、学习的现实境况，在生活化情境中教育影响他们，道德教育才能成功。因此，高校德育必须把理论讲授与生活实践活动结合起来，注重在生活实践情境中，引导学生面对生活世界的种种现实问题，综合运用所学的道德理论知识，主动去探索、发现、体验、交往与亲力亲为，获得解决问题的真实经验，促使他们实现从理解规范到践履规范的转变，最终帮助大学生达到对自己的合理的内在控制。

在充满生活气息的校园文化中渗透德育，作为一种特殊的意识形态和群体意识，充满生活气息的校园文化通过特定的人文环境的熏陶、渗透和升华，将其长期培育和积淀的传统作风和学术气息等，转化为环境中人们共同的观念追求、价值标准和行为规范，从而不断作用于校园文化主体，实现育人的目标。充满生活气息的校园文化活动的类型和形式主要有：感受体验活动、游戏娱乐活动、行为操练活动、模拟操作活动、表演竞赛活动、信息交流活动、竞赛参与活动、自我展示活动、选择辨析活动、讲演辩论活动、运筹对策活动等。高校要通过组织多元化的活动，让学生在活动中学习，在主动中发展，在合作中增知，在探究中创新，使德育焕发出生机勃勃的活力。

高校应设法使校园文化的教育作用自然化和情境化。这要求教育信息的输出应融于一切动态和静态的"看似无意实为有心"的校园文化之中，尽可能以自然的方式，从物质环境到精神环境体现教育的内涵，减少刻意的人为的痕迹，注重创设情境和氛围，以促使个体产生内在的需要和情感上的共鸣，让学生感受到从事这项任务的必要性，达到深有感触、不悱不发的境界，自己主动地、积极地去完成。这样，就能促进德育与校园文化建设的和谐相长。随着社会的多元文化与价值的冲击，高校德育所面临的一个重要任务，就是正确选择和吸收与之相适应的认知行为模式、道德标准、文化和价值取向，本着参与、交流、服务的原则，给学生更多的生活维度、更多的德性发生的语境。开放的校园是时代的呼唤，是德育回归生活的必然。开放的校园应充分体现社区性，应拆除隔离德育与生活社区的围墙，以高校为核心向周边社区辐射，以其人文与科学的优势向生活社区蔓延、向社会蔓延，将社区纳入学校的视野，拓展学生生活空间，开阔高校德育新视角。社区与校园的良性互动，将使高校德育落在生活的真义中，这也是高校人本性德育的应有之义。

第三节　高校思政教育工作内容创新的方法路径

一、借鉴他山之石

他山之石，可以攻玉。综观当代发达国家的高校教育，尽管没有使用"思政教育"的名称，但在其课程设置和内容设计方面，都包含着丰富的思政教育内容。例如，在美国，网络教育内容非常发达，其中就包括公民教育、历史教育、法治教育与信息素养教育等内容，并呈现出隐蔽的政治性、较强的拓展性与明显的针对性三个主要特点。

在日本，高校教育中思政教育的内容多种多样，主要通过以下几种途径来实施。一是专门课程教学。虽然日本各高校开设的专门思想政治教育课的名称及具体设置有所不同，但通过专门的思政教育课程来加强思政教育的目的是共同的。二是小组讨论。小组研究和讨论的授课形式是日本高校普遍采用的思政教育方式，对深入思政教育的内容教学有着独特的作用。三是主题讲座。开设主题讲座，是日本高校思政教育实施的重要一环。四是实践活动。在日本，实习、考察、调研等实践活动不是简单的课外活动，而是与课程相关联的一部分。此外，日本高校还通过专业课程教育和课外活动等形式补充和完善思政教育的内容。

韩国的思政教育更具特色："孝道"教育从娃娃抓起，并渗透在韩国经济、社会生活的各个角落；以个人为圆心，逐渐扩展到家庭、学校、社会、国家的思政教育内容结构模式；具有韩国特色"身土不二"的爱国主义教育；采用古为今用、洋为韩用的方法；思政教育评价坚持多样化原则，多方面、多角度地考察教育效果，强调对学生思想道德品质进行客观、全面和准确的评价。我们需要科学借鉴韩国的"孝子"产业、韩国特色"身土不二"的爱国主义精神和强调知与行统一的观念。

北欧一向以经济发达、社会自由、福利优厚、清正廉洁和人民幸福指数高而闻名于世，具有北欧特色的思想政治教育对此功不可没。北欧各国的思政教育目标主要包含两个内容：反映个人要求的心理品质的目标和反映国家要求的公民品质的目标。北欧国家思政教育特色鲜明：一是思政教育的宗教色彩浓厚；二是重视对社会主义核心价值观的宣传与教育；三是思政教育的形式灵活多样；四是注重隐性的思政教育。这对我国思政教育具有重要的启示：首先，夯实思政教育的信仰基础，增强对中国特色社会主义的认同感和适应性；其次，努力拓展思政教育的空间，注重实践性和开放性；最后，大力改进思政教育的形式，注重柔性灌输与渗透性。发达国家思政教育内容和方式启示我们，创新思政教育内容可以多途径、多角度入手。

二、营造良好的学科环境

一所大学的学科布局、规模和水平，构成一所大学的知识平台，也决定着创新教育的学科环境。学科环境是思政教育环境的重要组成部分，适宜的学科环境在一定程度上也是通过教育目标实现的重要因素。所谓学科环境，就是指大学校园内部能影响受教育主体的各种学科条件的综合，有四个构成要素，分别是学科设置、人（即教师和学生）、物（即图书资料、仪器设备等）和观念。科学的学科设置和良好的学科氛围在大学生的成长过程中是不可或缺的，它构成了高等教育的一种生态。

然而，从当下中国高校的学科布局来看，思政教育作为一个专门学科，起步于20世纪80年代，建设时间较短，学科体系构建尚不完善，不仅学术界对该学科体系内容的构成观点不一，而且在实际运行过程中也没有引起应有的重视，甚至在一些高校还存在被边缘化的倾向。从事思政教育学科的教师往往遭受冷遇，仅有的学科研究在很大程度上处于自娱自乐状态。有的"陶醉于自我思辨，从概念中来又回到概念中去，论题越来越玄、论证越来越烦琐，越来越小众化"；有的则"满足于注释、汇编与组合，而将思政教育学实质上演化为'寻章摘句'之学"，致使思政教育研究成为"无根性"研究。与其他学科相比，思政教育不同程度、不同范围地存在"杂、散、疑、平、虚"等问题。要实现思政教育内容的创新，首要问题就是要完善和强化思政教育学科建设，凸显其科学性和规范性，实现其意识形态性和政治性特有属性的价值，既不能简单地用"思想教育""道德教育"和"政治教育"代替"思政教育"，也不能与一般的"公民教育"相混同，而是要作为一门独立学科来建设，并且还要下大力气克服思想政治教育事实上存在的知意行不一的现象。有下面几种现象：一是目前高校中，部分思政教育研究人员只管理论探讨，单纯地进行所谓体系的架构，对于现实生活中人们的"困惑"与"不解"视而不见；二是部分思政理论课教师，只对课本上、文件中的内容进行机械传输，对于传播内容的价值与意义则不予以揭示；三是部分思政教育工作者，只是沉迷于日常管理，对大学生新出现的诸多思想问题，不能科学认识与分析。高校思政教育"知意行不一"的现象普遍存在，不仅制约了思政教育实效性的提升，而且也损害了思政教育学科环境的营造，更影响着思政教育内容的创新。对此，需要进一步提高思政教育者的理论素质，要站在学科及学术的前沿，开阔创新视野，重视理论研究及国际的学术交流；积极营造科学、理性的学科环境，为思政教育内容创新提供广阔的空间。

三、转变思政教育观念

转变思政教育观念是开展思政教育内容创新的先导。传统的思政教育往往是灌输和说教，对其内容的科学性、严谨性和吸引力很少顾及。革除传统教育的弊端，必须从转变教育思想观念开始。

就中国的高等教育来说，要树立全新的教育观和人才观，就需要把以传授知识为主的传统教育观转变成人文精神、科学素养和创造能力协同培养的新型教育观；把培养精英人才的教育观转变成培养"专通结合"人才的教育观；把片面的智力教育观转变成培养综合素质的教育观；把继承性和传播性教育观转变成内在价值观与外在价值观协同作用的教育观；把唯物质的教育观转变为可持续发展的教育观；将单纯的经济、政治的教育观变成以经济、科技和人力资源为基础的综合国力的教育观；把以学科为中心的教学模式转变为以学生为中心的教学模式。学生只有成为知识的主人而不是容器，才能创造性地应用知识，进而对知识进行创新。

思政教育观念的创新是思政教育内容创新的前提。只有思政教育观念创新了，思政教育的内容方法、机制等才能真正创新。因此，我们强调创新思政教育内容，就必须做到：第一，始终站在理论和实践的前沿，更新思政教育观念，进一步强化服务学生的意识，这是实现思政教育观念创新的最重要、最核心和最根本的观念；第二，确立符合时代要求的新观念，这是实现思想政治工作观念创新的现实需要；第三，坚持以人为本，促进人的全面发展，这充分体现了新时期思政教育的价值定位和角色定位的新变化。

四、优化课程内容体系

优化课程体系是实施创新教育的根本。课程设置是培养具有创新能力人才的核心环节。只有构建起面向 21 世纪、面向知识经济的课程体系，才能孕育出知识经济时代高素质的人才。当今知识经济时代，我们面对的是瞬息万变的知识创新的局面，传统的以学科为中心的课程模式，其所形成的学生的知识结构和智能结构，已不能适应知识经济时代对人才的需要。

创新课程内容体系是思想政治教育工作改革的重点所在，也是转变观念的主要落实之处。在谈到内容的改革时，人们往往很自然，也很直接地想到，应该根据目前形势和国际潮流的变化，补充一些新颖的东西，或者调整一下布局。实际上，在进行思想政治教育的内容设计与选择时，首先必须澄清这样一个问题：这种教育的内容体系应该如何确立？只有理顺了思路，才能真正有针对性地确定教育的内容。

在设计教育内容时，不是从最基本的公民素质培养开始，逐步上升到崇高理想的引导，而是从一开始就为学生确定了一个可望而不可即的目标，忽略了如何让学生一步一步实现它，结果导致学生学习时目标不明确，对未来茫然不知所措。教育的过程应该是感性认识—感悟—知识。知识是学习的最高阶段，只有经历前面两个阶段才能获得知识。教育的过程是一个获得智慧的过程，从中使受教育者获得创新的能力。以往教育中，学生从小就能很容易获得知识，但缺乏探究，没有感悟，最终只是学得了知识，但没有得到智慧。改变这种状况，不仅要改变传统的教育观念，而且必须从优化课程内容体系入手。可以说，现代社会我国高校在思政教育课程设计的理论与实践方面取得了一些进展，但在建设社会主义市场经济体制和高等教育大众化背景下，高校思政教育内容设置仍不够切合学生思想的实际。从形式上来看，有点单一，缺乏多样性，具有统一模式化、非个性化特点。这导致学生关于马克思主义理论与实践的知识结构单一狭窄。此外，还有一个问题就是课程内容设计学术性过强，缺乏灵活性与趣味性，与市场经济中创新型、应用型人才的思想政治素质要求不吻合，与未来人才培养规格不适应。

分析我国高等思政教育课程设计的情况，以学科为中心的课程设计观念没有考虑到大学生是受教育的主体，忽视了作为主体的大学生；以活动为中心的课程设计主要目标指向学生的实际操作技能，解决实际问题时没有考虑到知识的思想教育价值。思政教育课程设计应该考虑大学生的思想需求与兴趣，把科学的知识结构和理论体系结合起来，从而构成思想政治课程的内容。思想政治课程设计应该把理论与实践有机地结合起来，使大学生有新奇感，启发大学生的思路，鼓励大学生大胆探索、大胆设想，放手让大学生在实践中自我锻炼，依靠自己的力量，使大学生产生自豪感，增强其自信心，强化思想发展意识。

五、抓好社会主义核心价值观教育

社会主义核心价值观是社会主义核心价值体系的内核，体现社会主义核心价值体系的根本性质和基本特征，反映社会主义核心价值体系的丰富内涵和实践要求，是社会主义核心价值体系的高度凝练和集中表达。

社会主义核心价值观与社会主义核心价值体系是两个既有内在联系，又彼此区别的命题。从根本上来说，社会主义核心价值观与社会主义核心价值体系在本质上是一致的、统一的，它们都体现了社会主义的核心价值追求，是建设中国特色社会主义不可或缺的重要组成部分。但从严格的意义上来说，它们又是相互区别的。社会主义核心价值体系指的是社会主义意识形态中那些反映社会主义经济、政治和文化制度要求，体现社会主义发展趋势的核心思想意识、价值观念的总和；而社会主义核心价值观则是对社会主义核心价值体系核心内容和精神实质的高度凝练及抽象概括。确立社会主义核心价值观与构建社会主义核心价值体系，是一个相辅相成、有机统一的过程。对高校思政教育来说，加强社会主义核心价值观教育，就要做到以下几点。

第一，坚守高校社会主义核心价值观教育主阵地，清醒认识"普世价值"的西方意识形态的渗透本质。以马克思主义为指导的社会主义核心价值观，是我们把握新时期主流意识形态建设主动权的基础。高校大学生处于社会化的敏感阶段，其价值观极易受到社会多元文化的影响，特别是披上"普世"外衣的价值观更容易受到青年学生的推崇。当代青年学生担负着建设社会主义和谐社会的重任，加强大学生社会主义核心价值观教育，占领高校核心价值观教育阵地，是加强与巩固当代青年学生对社会主义、马克思主义认同感的迫切要求。同时，要用马克思主义引导大学生深刻认识资本主义本质，培养学生形成良好的价值判断力和价值分析能力，提高他们的思想品德素质和综合能力。

第二，培育和弘扬社会主义核心价值观必须立足中华优秀传统文化。牢固的社会主义核心价值观，都有其固有的根本。抛弃传统、丢掉根本，就等于割断了自己的精神命脉。中华文化源远流长，积淀着中华民族最深层的精神追求，代表着中华民族独特的精神标志，为中华民族生生不息、发展壮大提供了丰厚滋养。中华传统美德是中华文化的精髓，蕴含着丰富的思想道德资源。吸取传统文化精髓，立足我国发展现实，注重培养核心价值观教育中的时代精神。我国社会主义核心价值观的建立离不开对传统文化精华的广泛吸收，也离不开时代要求和发展现实，所以，在高校核心价值观教育中要立足中华民族传统美德，合理吸收传统文化精髓，注重中华文明的传承。同时，在新的时期，还要树立时代榜样，用勤俭节约、诚信、友善等社会美德塑造新一代大学生。世界各国都非常重视对本民族整个历史发展过程的宣传，以增强青年学生的民族自豪感和自尊心，培养他们的民族意识和爱国精神。我国对大学生的爱国主义价值观教育也只有根植于本国历史传统，才能有效地实现中国特色社会主义核心价值观教育的目标。

第三，加强在隐性教学活动中对大学生进行核心价值观教育。社会主义核心价值观融入高等教育的过程离不开思想政治理论课的建设。思想政治理论课在高校社会主义核心价值观教育过程中发挥着主导性作用。应充分认识思想政治理论课的主导地位，充分发挥思想政治理论课的引领作用，充分提高思想政治理论课的课堂控制力，充分发挥思想政治理论课教师的主导作用，全面提高思想政治理论课在高校社会主义核心价值观教育中的主导性。除了思想政治理论课，其他专业课程、选修课程、实践课程乃至学生社团活动、校园文化等，都对培育学生的社会主义核心价值观起着重要作用，而且正是这些隐性课程实现了潜移默化、润物细无声的教育目的。目前，我国高校思想政治理论课教学存在学生排斥大于喜爱的情况，因而将核心价值观教育真正渗透到学校教学、管理、服务、活动等各个环节所发挥的作用不可小觑。所以，应把社会主义核心价值观渗透到文学、历史、艺术、政治等课程中，渗透到校园文化、社会实践活动、学生社团活动及学校管理各环节中，从而增强核心价值观教育的实效性。

第四，拓宽核心价值观教育的实施途径，多样化开展核心价值观教育活动。在对大学生进行核心价值观教育时，要采取多种方式。思想政治理论课是大学生核心价值观教育的主渠道，但不是唯一途径，要充分开发和利用多种价值观教育途径，调动学校一切有利于价值观教育的资源，以此来开展核心价值观教育。教育规律显示，社会实践在推进大学生社会主义核心价值体系教育中的作用。首先，社会实践对大学生认知社会主义核心价值观具有转化作用，使大学生能够化抽象理论为具体行为，化被动接受为主动学习；其次，社会实践对大学生认同社会主义核心价值观具有强化作用，能够增强实践体验、澄清理论是非、提高社会主义核心价值观教育说服力；再次，社会实践对大学生践行社会主义核心价值观具有承载作用，能够提升社会主义核心价值观的个体化和整合力；最后，社会实践对大学生弘扬社会主义核心价值观具有辐射作用，是大学生模范践行社会主义核心价值观、增强其影响力的重要平台。微博作为一种新型的传播媒体，其传播速度快、传播范围广、内容互动多等特点，与大学生群体所具有的高素质、性格活跃等特点相契合，已经成为向大学生传播社会主义核心价值观的重要媒介。这就需要转变社会主义核心价值观的传播理念，重视微博在传播社会主义核心价值观中的重要作用，把大学生关注的现实问题与社会主义核心价值观教育联系起来，运用社会主义核心价值观说明和解释现实问题，充分发挥微博"意见领袖"的作用，扩大社会主义核心价值观传播的影响。

第五，坚持以人为本的价值观教育过程，加强学生价值判断能力的培育。实践证明，成功的价值观教育不仅是满足社会的需求，更是个人发展的要求。价值观的主体是个体的人，解决学生实际需求和贴近现实生活的教育形式才更有意义。因此，要把社会主义核心价值观的教育过程与学生的成长和发展结合在一起，把核心价值观教育变为学生自身发展的需求。学生在不同的年龄阶段，身心发展都具有一定的规律性，并且有着不同的需求，因此，在核心价值观教育的过程中，要遵循他们的身心发展规律，适时提供比如职业生涯规划教育、心理咨询服务、就业指导服务等，帮助他们解决成长过程中可能遇到的情感、学业、人际交往、就业择业等各方面存在的困惑，真正做到以人为本，增强他们对学校的归属感和对社会主义核心价值体系的认同感和亲近感。同时，要重视对大学生价值的引导教育，重视加强价值理性的培养，增强学生的价值思考和判断能力，激发大学生自身的道德意识，提高他们的道德判断能力。

第五章 高校思政教育工作的方法创新

第一节 高校思政教育工作的方法概述

一、思政教育方法概述

思政教育方法就是教育者对受教育者在思想政治教育过程中所采用的思想方法和工作方法，或者说，是教育者为了实现教育目标、传授教育内容对受教育者所采用的手段和方式。为了正确地理解思政教育方法，就必须科学把握以下三个方面。

第一，思政教育方法是客观的。思政教育方法不是随意制定的，不是人们主观想象的产物，它必须与一定的教育内容、教育客体和教育环境相适应。思想政治教育方法，从形式上看是主观的，因为它是教育主体为了实现自己的主观目的而制定或采用的。但是，教育方法从内容上看又是客观的。因为教育主体的主观目的不是凭空产生的，而是由教育主体所处的客观条件和一定历史时期的特点决定的，因而教育方法要受教育主体所处客观环境的制约。同时，教育方法一定要与认识和改造的教育客体相适应，与一定的教育内容相一致。

第二，思政教育方法是辩证的。虽然不同的教育内容、教育客体、教育环境，要求不同的教育方法，但根据唯物辩证法关于事物普遍联系的原理，教育内容、教育客体、教育环境既具有不同的特点和各自的个性，又是相互依存和相互联系在一起的，因而它们所决定的方法也应该相互联结，而不应该彼此割裂。割裂不同思想政治教育方法之间的联系，同不按照一定的教育内容、教育客体、教育环境的要求采取一定的方法一样，都是不符合唯物辩证法的。同时，思想政治教育的过程是个复杂的动态过程，既包括认识环节，也包括工作环节，还包括反馈、评估等环节。这些环节前后相连、紧密相扣，构成了思政教育的完整过程。

不同的环节，有不同的特殊矛盾，要运用不同的方法，而这些不同的方法，其中包括借鉴、引进其他学科的方法，都是为完成一定的教育任务服务的，都是教育过程不可缺少的组成部分。

第三，思政教育方法是有规律的。思政教育方法的形成、变化和发展不是无缘无故的，而是要遵循一定的规律。任何一个教育方法的产生、发展，总是为了适应一定社会发展的客观需要，总是要有一定的客观条件。不符合社会发展客观需要，不具备一定的客观条件，也就是说，不符合和不反映社会发展的客观规律，教育方法是不可能产生和发展的。同时，一定的教育方法适应和推动社会发展，主要是通过促进人们思想观念形成和发展来实现的。而人的思想的形成和发展也是有规律可循的，教育方法只有符合和反映思想形成和发展的规律，才能在实际需要和实际运用中形成和发展。因此，研究思政教育方法形成、变化和发展，必须符合社会发展规律和人的思想形成发展规律。

思政教育方法，既具有一般方法的特点，也具有思政教育的特点，概括起来主要有以下几点。

第一，科学性和革命性的统一。思政教育方法之所以具有科学性和革命性统一的特点，主要在于它是以马克思主义哲学为理论基础，以人们思想形成发展规律和思政教育规律为依据的，是为完成党的思政教育任务服务的。思政教育的一系列方法，都是以马克思主义哲学原理为指导的，是马克思主义哲学方法在思政教育领域的具体运用。在马克思主义指导下，思政教育方法吸收、借鉴了自然科学、社会科学和思维科学中的许多知识和方法，如系统论、信息论、控制论的方法，数学方法，心理学、伦理学、教育学、社会学等学科的知识与方法。这些学科知识和方法的借鉴和吸收，丰富了思政教育方法的内容，进一步增强了思政教育方法的科学性。

第二，实用性与规范性的统一。实用性和规范性是一般方法的共同特点，思政教育的一系列方法，不是来自纯粹的逻辑构思和理论推导，而是来自思想政治工作的实践，是广大思想政治工作者和人民群众在实践中总结、提炼出来的，经过实践检验证明是正确的，因而具有实用性和规范性。

第三，渗透性和交叉性的统一。思政教育方法的渗透性和交叉性特点，是与人们思想、观念、意识的特点紧密相连的。人们各种各样的认识、思想观念，是受客观条件影响形成的，并且不是以纯粹的观念形态孤立地表现出来的，而是通过实际行为，通过一定的事件、职业、生活方式、环境条件等客观因素表现出来的。也就是说，主观的思想要通过客观的形式来表现，主观因素与客观因素总是相互联系、相互交错在一起的，思想具有渗透性。要分析和解决人们的主观认识、思想观念问题，不能就思想论思想，只讲主观不讲客观，一定要联系客观条件，结合人们的学习、工作、生活实际，运用一定的载体来做，思政教育方法就要同其他方法，如管理方法、业务学习与业务工作方法、生活方式等结合起来运用。同时，人们思想的形成、变化、发展不是直线式的，影响思想形成、变化、发展的因素不是单一的，而是多样的。这就决定了我们在进行思想政治教育的过程中，要根据不同的思想问题，针对不同的对象，因时因地、因人而异地综合采取各种不同的教育手段，交替使用多种不同的教育方法。

二、大学生思政教育方法创新概述

（一）思政教育方法创新是新时期面临的新课题

在新的时代，思政教育的对象和环境更为复杂，思政教育的方法创新就显得尤为迫切和重要。

第一，科学技术的高度发展，将使大学生置身于更加复杂的国际环境之中。以广播卫星电视和计算机网络为主的信息化手段以其覆盖面广、传播容量大、传输效率高将大学生置于传统文化与现代文明、东方文化与西方文化、个体意识与国家意识、本国利益与他国利益的矛盾与冲突、判断与选择、吸收与排斥等复杂关系之中。各种社会思潮纷然杂陈，冲击着大学生的思想，改变着大学生的观念，使得大学生的政治态度、思想观念、价值观念变得更加复杂。这些都要求我们立足现实、面向未来、审时度势，创造性地选择和运用科学的思想政治教育方法，引导大学生正确对待西方各种文化思潮，剔其糟粕、取其精华，牢固树立正确的世界观、人生观和价值观。

第二，我国当前新旧观念的碰撞、文化的冲突都深深地震撼着大学生的心灵，他们的心态正经历着变化与调整。这些变化与调整，从总体上来说，使得大学生的主体意识、法律意识、竞争意识和利益观念增强。同时，一部分大学生的心态也出现了冷漠化的趋势，享乐主义等不良思想对大学生产生了不同程度的影响，使得一部分大学生丧失了对人生理想的追求。要解决这些新情况、新问题、新矛盾，原有的传统的有效方法固然可以继承，但毕竟不能十分奏效，我们必须准确把握当代大学生的思想脉搏，创造性地选择和运用更为行之有效的方法，充分发挥思想政治教育鼓舞人、教育人、引导人的作用，使思政教育服从和服务于学校改革、发展的大局。

第三，在市场经济条件下，大学生的文化知识水平提高，竞争意识、民主和科技意识普遍增强，思想观念、行为方式、价值取向多元化，不少大学生的思想处于不稳定的状态，存在思想、道德上的困惑和矛盾。一方面，大学生通过接受正面教育，感到天下兴亡，匹夫有责；另一方面，大学生对社会上出现的拜金主义、个人主义又产生疑虑，对某些消极腐败现象感到无所适从，感到道德认识与道德实践、理想与现实的反差很大。

第四，严峻的竞争和就业形势使大学生心理障碍日渐严重。大学是一个精英聚集、人才辈出的地方，许多学生刚从高中升入大学，原有的优越感一下子消失殆尽。于是，许多人产生自卑心理，逐渐走向自我封闭，产生心理障碍。同时，随着高校的扩招，大学生毕业面向市场，双向选择，自主择业，不包分配，就业矛盾和困难逐步彰显。许多大学生在求职就业时陷入无法选择的困惑之中。一些大学生不善于接纳变化，只局限于所学专业，没有开放的心态。一些大学生自我认知不准确，缺乏对困难的自我处理能力，不明确自己要干什么。此外，他们对生活和爱情的困惑、对环境的不适应、人际关系的不协调，还有社会上一些不合理现象的影响，使很多在校大学生感到前途渺茫，学习积极性受挫，政治热情下降，甚至走向极端的事件也时有发生。

（二）思政教育方法创新必须坚持"四个结合"

思政教育没有固定的模式，对任何一种方法都不能简单地予以肯定或否定，关键是看其是否从实际出发，能否达到预期的教育效果。思政教育方法的有效与否还取决于思政教育者在整个教育过程中能否灵活地、多形式地、创造性地探索出好的方法。当前，思政教育方法的创新必须坚持以下"四个结合"。

1. 坚持政治教育与成才教育相结合

在大学生思政教育过程中，政治教育是成才教育的核心，是大学生健康成才的有力保证；成才教育又是政治教育的出发点和立足点。大学生要成就事业，必须首先确立崇高的理想志向，树立正确的世界观、人生观和价值观，必须确立成才须先成人的思想。因此，把思政教育建立在大学生成才教育的基础之上，这是思想政治教育的方法论基础。同时，政治教育与成才教育的结合，能够促使大学生把崇高的理想与勇于探索的求实精神结合起来，在注重自身修养、道德理想与人格素质不断提高并日趋完美的同时，激发自己为迎接未来挑战而发奋学习的自觉性、主动性和积极性。

2. 坚持理性教育与感性教育相结合

思想政治理论课是高校对大学生进行思想政治教育的主渠道和主阵地，是每一个大学生的必修课，它对于提高大学生的政治觉悟和理论水平、提高大学生的政治鉴别力和政治敏锐感、推进大学生素质教育、培养大学生的创新精神和实践能力有着不可替代的作用。在对大学生的全面教育过程中，仅有理性教育往往是不够的，还必须充分认识到情感因素在大学生思想教育过程中的重要作用。假若我们在教育过程中一味强调"高标准、严要求"的教育方法，而不跟大学生进行感情上的联络与沟通，大学生就很难积极配合参与，甚至会产生抵触情绪，这样就会使思想政治教育陷入困境，难以达到预期的效果。因此，我们对大学生进行思想教育时，应该充分发扬民主作风，尊重大学生的独立人格，理解大学生的思想感情，关心大学生的生活需求，注重理论疏导，在教育者与被教育者之间建立起信任、理解和真诚的感情，使情与理有机结合。情、理结合能使大学生从教育者的关怀与温暖中自觉地接受教育。

3. 坚持主导教育与自我教育相结合

大学生是高校思政教育的主要对象，也是高校精神文明建设的主体力量。过去我们常常注重思政教育者在思想教育过程中的主导地位，一味强调教育者的主导作用而忽视了大学生在思想教育中的主体作用和主观能动性的发挥。实践证明，这种教育方法已不能适应时代发展的要求。市场经济要求活动的主体具有独立平等的人格，只有主体的人格保持独立平等，整个社会才能真正做到自由公正。在市场经济大潮的冲击下，大学生自尊、自立、自强的意识不断提高，他们渴望能在民主平等的气氛下自由发表自己的意见。因此，我们在对大学生的思想教育过程中，必须充分发挥大学生的自我教育作用，在充分尊重、信任大学生的前提下，平等对待学生，充分相信、依靠学生，采取民主协商、平等对话、双向交流的方式，启发学生进行自我教育，帮助和引导大学生学会自我约束、自我监督、自我管理，充分发挥大学生的主观能动性，使主导教育内化为大学生的自觉行动，实现由"他律"走向"自律"。

4. 坚持解决思想问题与解决实际问题相结合

思政教育本质上是群众工作，是宣传群众、教育群众、引导群众、提高群众的工作。大学生思政教育必须代表大学生的利益、维护大学生的利益，在方法上既要解决好大学生的思想问题，更要解决好大学生的实际问题，做到既务虚又务实，才会收到真实的、持久的效果。如果只注重解决大学生的思想问题，不注重解决大学生的实际问题，思政教育就会变成空洞的说教或许愿，就不会受到大学生的欢迎。随着教育体制改革的不断深化，交费上学、自主择业使得部分大学生思想压力加大、思想疑虑增多。如果思政教育者能从大学生的根本利益出发，积极创造条件，努力解决大学生的各种实际问题，坚持解决思想问题与实际问题相结合，就能用事实教育大学生，让大学生在明理时受益，在受益中明理。

高校学生思政教育方法的创新，只有结合新形势下出现的新情况、新问题，才能具有很强的针对性和现实意义，只有在科学发展观的指导下，结合思政教育工作中的具体情况和学生实际，才能具有实效性、吸引力和感染力。

第二节　思政教育工作方法的继承与借鉴

思政教育方法是在不断适应历史条件的变化中发展的，是在继承与借鉴和创新的辩证统一中发展的。只有继承和借鉴我国古代的教育方法，继承党的思想政治教育的优良传统，批判地吸收国外教育中一切有益的东西，并根据时代需要，及时改革和创新，思政教育方法才能成为促进思政教育发展的强有力的手段，才能充分发挥对社会主义现代化建设服务的保证作用。

一、我国古代的德育方法

我国古代德育方法，或称思政教育方法，经历了几千年的历史发展，特别是儒家的伦理方法，在中国封建社会一直居于主导地位，所以，中国古代思政教育方法相应地比较系统和完善。下面就我国古代主要的德育方法概述如下。

（一）因材施教

所谓因材施教，就是有的放矢，要有针对性、有层次、有重点。在思政教育的教学过程中，教育者应该尊重和承认学生的个性差异。教师要从学生的实际情况、个别差异出发，有的放矢地进行有差别的教学，使每个学生都能扬长避短，获得最佳的发展。因材施教不但是我国古代教学经验的结晶，还是现代教学必须坚持的一条重要原则，它具有非常丰富的现代价值。实行因材施教，对培养适应时代需要的创新型人才，具有非常重要的现实意义。

因材施教原则的内涵有以下几点：第一，教师对学生的一般知识水平、接受能力、学习风气、学习态度和每个学生的兴趣、爱好、知识储备、智力水平及思想、身体等方面的特点都要充分了解，以便从实际出发，有针对性地教学；第二，教学中既要把主要精力放在面向集体教学上，又要善于兼顾个别学生，使每个学生都得到相应的发展；第三，针对学生的个性特点，提出不同的要求，分别设计不同个性特点和学生成才的最优方案。为此，推行人性化教学至关重要。因材施教让教学形式更灵活多样、教学内容更加自由，它要求教师在教学过程中要积极增强辅导理念，改变学生行为，提高学生学习信心，维护学生尊严和价值感。

（二）启发诱导

最早提出启发诱导教育思想的是孔子。孔子指出，教导学生，不到他想弄明白而又弄不明白的时候，不去启发他的思路；不到他想说而又说不出来的时候，不去开导他的表达。举出一个方面的事理启发他，而他却不能自动推知领悟其他与此相联系的多个方面的事理，就不再告诉他。这是我国也是世界上最早对启发式教学的经典性阐释。

启发诱导教学有鲜明特征，可以概括为以下几个方面。第一，适切性。所谓适切性，是指启发式教学的设计和实施应适合于学生的需求、水平、特点等。第二，主体性。所谓主体性，是指在教学活动中，学生学习的自觉性、积极性、创造性得到了较好的发挥。它体现在学生对学习的意义有明确的认识，采取主动进取的态度，有克服困难的毅力，有较浓厚的学习兴趣，掌握科学的学习方法。启发式教学的目的就是引导和促进学生的思维发展，离开学生的积极主动，这一目的是很难实现的。第三，互动性。所谓互动性，是指教学过程中师生之间的相互配合和相互作用。它是同主体性密切相联系而又相对独立的一个特征。启发式的互动，不是机械的互动和肤浅的双向信息交流。第四，发展性。所谓发展性，是指在教学过程中，教师能够有效地促进学生的全面发展，使教学活动富有成效。促进学生全面发展是教育教学的目标，实现这一目标需要一定的条件和机制，不是自然而然就能实现的。启发式教学能使这种转化富有成效，并具有"发展性"这种质的规定。需要注意的是，启发式教学各特点之间各有侧重，适切性是出发点，发展性是归宿，主体性和互动性是反映过程的特点，它们之间是互相依存和互相促进的。

（三）环境熏陶

古代思想家十分注意环境对人的思想影响所起的作用，所谓"性相近，习相远""近朱者赤，近墨者黑""与善人居，如入芝兰之室，久而自芳也；与恶人居，如入鲍鱼之肆，久而自臭也"，就是讲的环境对人的影响。如果想改造人们的思想意识，使之成为善良的人，就必须改造环境。这些思想都是很有积极意义的，实实在在道出了周围的环境对一个人的成长成才有着不可低估的作用。

大千世界，纷繁复杂，而社会却又如一个大染缸，它时时"沾染"着每一个踏入社会的人，而人们整日置身其中。由于所处的方位角度各自不同，所以造就了性格不同的人，有的人善辩、有的人多思，有的人如老牛耕地、有的人若麻雀筑巢，有的人乐观向上、有的人消极颓废，有的人一身正气、有的人却被时代之河的湍水淹没。

教育是要讲环境的，好的环境对学生的成长确实有着不可低估的熏陶作用。"孟母三迁"的故事很早就给我们证明了环境可以塑造人，也可以改变人这一观点。大学生正处于正确树立高尚的世界观和人生观的最佳时期，也是求知欲最旺盛的阶段，但此时对社会、对别人的辨别能力却很低。这就需要创造一个健康向上的社会和学校环境，以此来引导他们的健康成长。这正如雪白的墙壁的一角堆一堆煤，时间久了，墙壁也不自觉地被染成黑色，虽然墙壁原本是洁白无瑕的。

（四）率先垂范

率先垂范就是我们平常所说的以身作则，是我国教育者的优良传统。我国古代学者孔子说过："其身正，不令而行，其身不正，虽令不从。"孟子提出"教者必以正"，重视"以身作则"的原则。这些都深刻地说明了以身作则的重要性。儒家要求统治者要树立"圣人"的理想人格，具有全德、全智、全功的特征，"出乎其类，拔乎其萃"，是突出的优秀人才，是伦常的完满体现者，是道德之表率。只有这样，统治者才能教化万民、开启民智。儒家对教师则要求更高，认为教师要为人师表，做学生的楷模，对自己要"学而不厌"，对学生要"诲人不倦"，要以自己的负责精神、谦恭态度和博学多知来教育和感化学生。

率先垂范的方法要求教师充分认识到以身作则的重要性，凡是要求学生做到的，自己首先做到，而且努力做好；凡是不允许学生做的，自己坚决不做。教师能否做到以身作则，直接关系到教育的成败。学生是有思想的人，他们对教师不但听其言，而且要观其行，教师只有以身作则，才能赢得学生的信任和爱戴。反之，如果教师只是说得好听，而在行动上却是另外一种样子，学生就会不听教师的话，有的学生还可能口是心非、言行不一，成为"语言的巨人，行动的矮子"。

（五）教学相长

教学相长是《礼记·学记》中所提出的著名教学原则之一："学然后知不足，教然后知困。知不足然后能自反也，知困然后能自强也。故曰：教学相长也。"意思是说，学生经过学习实践，才会发现自己知识经验的不足；教师经过教学实践，才会发现自己教学中的困惑之处。知道知识不足，便能发奋"自反"，加紧学习；感到教学的困难，便能"自强"不息，努力进取。所以说，教与学是相互促进的。

在思想政治教育工作中，教学相长要求教育者与教育对象在民主、平等、和谐和合作中相互作用、相互促进、共同提高，要求教育者要尊重人、理解人、关心人。尊重人就是要尊重人的需求、兴趣、创造和自由，要平等待人，在平等的基础上双向互动，进行思想沟通，求同存异。理解人就是要充分考虑人的内在心理需要。思想政治教育的内容只有满足人的心理需要，并经由各种教育渠道实现人的内在需求，才能真正促使个体通过各种途径去接受和践履。关心人主要是要关心人们的生活，关注人们的现实需求。但思想工作必须讲求春风化雨，润物无声，耐心细致，潜移默化，通过感受、体验、感染，使人们在情感共鸣和潜移默化中转变思想观念，提高思想认识。思想政治教育只有以人的现实存在为出发点，关注人的现实生活、关注人的发展需要和精神需求，才能从根本上调动教育对象的积极性、主动性和创造性，教育并引导他们为实现自己的利益而奋斗。

（六）身体力行

强调身体力行是中国古代教育中的又一重要方法和基本要求。所谓"行"既包括与"言"相对的"行"，也包含道德规范、道德观念的实行和体现。孔子说："不能正其身，如正人何？""其身正，不令而行；其身不正，虽令不从。"这些话虽然是就从政而言，但由于思政教育也是"正人"的工作，故也适用于思政教育。事实上，孔子正是以其"自正"而获得"正人"的效果。

孔子除自己身体力行，以身作则之外，还要求学生言行一致，在行动中落实道德规范的要求。孔子十分重视"听其言而观其行"，主张"言必信，行必果"。如果仅学会夸夸其谈，而不能够身体力行，那么，就不能算真正学到了道德。王阳明以"知行合一"的命题，进一步发展了身体力行的思想政治教育方法，他强调在道德教育中，知而不行就不能算作真正的"知"，只有身体力行，才可能真正达到德育的目的。

二、中国共产党思政教育方法的优良传统

重视对党员、干部和非党群众的思想政治教育，勤于和善于做思想政治工作，是中国共产党的一大特色，在任何时候都必须坚持，在现阶段更不能松懈。在建立社会主义市场经济的新时期，我们必须牢牢掌握思政教育这个传家宝，继承和发扬党的思想政治教育的优良传统，以便把党的思想政治工作做得更为出

色，保证我国的社会主义事业从胜利走向新的胜利。思想政治工作的优良传统是在革命实践过程中逐渐形成的，是革命优良传统的重要组成部分。具体来说，思想政治工作的优良传统，主要包括紧紧围绕党的中心任务的传统、实事求是的传统、群众路线的传统、平等待人的民主传统、干部以身作则的传统、全党做思想政治工作的传统。

（一）坚持以中国特色社会主义理论体系武装人们的头脑的传统

在中华人民共和国成立初期，中国共产党通过思想教育和宣传鼓动工作，使亿万人民认识到过渡时期的总路线是反映和代表他们利益的，所以，广大工人、农民和其他革命群众，真心实意地拥护党的这条总路线，很快取得了社会主义改造的基本胜利。在新的历史条件下，中国共产党更加重视开展习近平新时代中国特色社会主义思想的教育，从而使党的"一个中心、两个基本点"的基本路线深入人心，我们的改革开放和社会主义现代化建设取得了一个又一个伟大胜利。

中国共产党正在从事伟大的、开创性的事业，只有用中国特色社会主义理论体系武装起来，才能不断取得成功。多年来，我们改革和建设的伟大成就，就是在党的基本理论、基本路线、基本方略指引下取得的。应该看到，我们的现代化建设是在一种复杂的国际环境中进行的。我们既面临着良好的历史机遇，也面临着严峻的挑战。我们又处在一个继往开来的关键时期，在前进中面临许多复杂的新矛盾、新问题，需要正确处理。我们要继续开拓前进，取得新的胜利，必须进一步提高全党坚持党的基本理论、基本路线、基本方略的自觉性、坚定性。中国共产党的领导干部特别是高级干部，只有具备较高的马克思主义理论水平，才能够驾驭全局，掌握改革和建设的主动权，抓住机遇加快发展；才能够在变幻的国际形势中保持清醒的头脑，在任何风浪中站稳脚跟。

（二）实事求是的传统

实事求是是马列主义、毛泽东思想的精髓，也是邓小平理论的精髓。回顾中国共产党领导革命与建设的伟大实践，可以清晰地看到，我们每前进一步，都离不开实事求是的思想路线。这是中国共产党在领导中国革命和建设中逐渐形成和发展起来的优良传统和作风。

中国共产党实行实事求是的思想路线，在各个方面使它得到坚持和发展。无论是否定过去应该否定的东西，肯定过去应该肯定的东西，还是提出新的正确的东西，都是坚持解放思想、实事求是的思想路线的结果。各项重大成就的取得，无一不是坚持和发展了实事求是这一优良传统的结果。正是坚持和发扬了实事求是这一优良传统和优良学风，我们才创造了令世人瞩目的大好局面。

(三) 平等待人的民主传统

贯彻平等待人的民主原则，采取说服教育的方法，是中国共产党思想政治工作的一贯作风。民主的实质是平等，即全体社会成员都同样享有政治上的平等权利，任何人都不得搞特殊，既不允许有特权，也不允许应有的权利受到侵犯。社会主义社会在政治上的根本标志就是社会主义民主。

(四) 围绕党的中心任务进行思想政治教育的传统

思想政治工作是党的整个工作的一个重要组成部分。从总体上来说，它必须围绕党的中心任务去进行，同时又必须同各条战线的具体任务相结合。政治工作的任务，只能根据我党基本任务与当前具体任务去规定，不能在我党基本任务与当前具体任务以外再有什么政治工作的独立任务。因为党在一定时期的中心任务，是全党全国的大局，作为党的工作一部分的思想政治工作，如同党的其他工作一样，都应服从与服务于这个大局。这是正确处理局部和全局关系的重要原则。在过去的时间里，中国共产党的思想政治工作取得很大成功，在全国人民中有着很高的威信，就是因为它把自己的全部工作、全部精力，都用在为实现中国共产党的总路线、总任务上，用在宣传和组织人民群众、获取胜利、建立人民的中华人民共和国这个伟大事业上。

在不同的历史时期和历史阶段，中国共产党的建设的具体目标、方针，具体的工作内容是不同的。这是因为，中国共产党在不同的历史时期和历史阶段的中心任务是不相同的，总是实现和完成了一个中心任务，又提出一个新的中心任务。实现党的总目标、最高纲领是一个漫长的过程，一个又一个中心任务包含在这个不断发展变化的过程中。党的思政教育不应该脱离党的中心任务来进行。中国共产党要求各级党组织和广大共产党员，认识把实践作为检验真理标准的理论意义和实践意义，认识坚持实事求是的思想路线的重要性，认识坚持以经济建设为中心、坚持四项基本原则、坚持改革开放的迫切性。在这个既定的政治路线指引下，进行党的思想建设、组织建设和作风建设，以保证党的中心任务的顺利推进。党的思想建设、组织建设和作风建设都必须围绕坚持稳中求进工作总基调，坚持新发展理念，坚定不移推进改革开放目标来进行。在思想上，全体党员和各级党组织都必须贯彻习近平新时代中国特色社会主义思想，不断开拓马列主义理论发展的新境界，把发展作为党执政兴国的第一要务，最广泛、最充分地调动一切积极因素，等等。总之，党的思想政治教育要围绕党的中心任务展开，而离开党的中心任务来讲党的建设，必然是空洞的、不切实际的。

（五）以身作则的传统

要求党员干部以身作则，带领群众前进，是中国共产党思想政治工作的一个优良传统。思想政治工作要做得有针对性、细致深入和为群众所乐于接受。最重要的条件，就是凡是需要动员群众做的，每个党员，特别是担负领导职务的党员，必须首先从自己做起。

实践证明，"两学一做"学习教育是推进思想建党、组织建党、制度治党的有力抓手，是全面从严治党的基础性工程，要坚持不懈抓下去。要把思想政治建设摆在首位，坚持用党章党规规范党员、干部言行，用党的创新理论武装全党，引导全体党员做合格党员。要抓住"关键少数"，抓实基层支部，坚持问题导向，发挥先进典型示范作用。要落实各级党委（党组）主体责任，落实好"两学一做"学习教育常态化制度化各项举措，保证党的组织履行职能、发挥核心作用，保证领导干部忠诚干净担当、发挥表率作用，保证广大党员以身作则、发挥先锋模范作用，为统筹推进"五位一体"总体布局和协调推进"四个全面"战略布局提供坚强组织保证。

总之，思想政治工作的干部以身作则优良传统，在各个历史时期都是紧紧围绕当时党的中心任务而展开的。随着中国共产党的发展成熟，其理论日趋完善。这一优良传统植根于中国共产党的实践活动，同时，这一优良传统的日益成熟亦对中国共产党各级各层的党员干部的活动提出要求并给予指导。坚持干部以身作则的优良传统有利于巩固中国共产党的党群关系，扩大党的群众基础，从而带领人民一起为全面建设社会主义现代化国家而努力奋斗。

（六）群众路线的传统

中国共产党明确指出，党的任务是为中国广大人民的利益而斗争，进行活动要联系群众、发动群众、开展群众运动。

党历来把群众路线视为党的生命线。坚持群众路线是中国共产党践行宗旨的具体体现，密切联系群众是中国共产党的最大政治优势。

加强与改进思想政治工作要坚持走群众路线，是由中国共产党的根本宗旨决定的。党的群众观点是人民群众是历史创造者观点的自然升华。党的群众路线是一切为了群众、一切依靠群众，从群众中来，到群众中去，人民群众的利益高于一切。建设中国特色的社会主义理论，归根到底是根据最广大人民群众的利益和愿望。

（七）全党动手做好思想政治工作，齐抓共管的传统

思想政治工作，各个部门都要负责任。共产党应该管，青年团应该管，政府部门应该管，学校的校长教师更应该管。在中国共产党的历史上，思想政治工作从来都是全党的事情。在党委统一领导下，齐抓共管，各部门密切协作，专业队伍与群众队伍紧密配合，构建了一个纵横交错的思想政治工作网络，群策群力，把群众的思想政治工作做得有声有色，从而形成了中国共产党做好思想政治工作的优良传统。

齐抓共管是中国共产党在思想政治工作中经常强调的一个问题。齐抓共管不仅是开展思想政治工作的一种方式，在新的形势要求下，它已经成为高校德育体制中思想政治工作管理体系中的一项目标保证系统。

第一，齐抓共管体现了唯物辩证法关于系统和过程的原理。唯物辩证法认为，在普遍联系的物质世界中，每一具体事物都是作为系统而存在的，具有相对独立性；作为永恒发展的物质世界，则是无数个有限的具体过程的集合体。在高校这样一个集体中，就德育体制中思想政治工作体系而言，每个部门、每个人都是相对独立的，它们都存在于互相联系和互相影响的思想政治工作的体系中，其意识与行为贯穿于思想政治工作的全过程。思想政治工作这个体系的运行，要靠

贯穿于德育全过程的每个相对独立的小系统，即每个部门、每个人来发挥作用、提供保证。因此，齐抓共管成为思想政治工作体系中一项不可缺少的必要的目标保证系统。在思想政治工作的总要求下，既要肯定思想政治工作主管部门或个人具有不可推卸的责任，又要充分看到其他行政部门、业务部门和这些部门的个人都承担着义不容辞的任务。只有从唯物辩证法角度，用系统的、联系的观点来准确地把握齐抓共管，才能克服认识方法上的片面性。

第二，齐抓共管体现了历史唯物主义的群众观点。相信群众、依靠群众、走群众路线是马克思历史唯物主义的基本要求。在思想政治工作中，同样需要坚持群众路线。一是做工作，要从群众的要求出发；二是在工作中必须依靠群众。齐抓共管正是以这两点为基础，鲜明地体现了思想政治工作的群众观点。从方法上看，是变几个主管部门为多个部门，党、政、工、团共同做；从要求看，是变依赖少数专职人员为依靠全体人员，建立起一支专兼结合的德育队伍。在实践上，经过各级党组织的努力工作，在思想政治工作齐抓共管中，已经形成比较健全的组织机构，建立起一支专兼职思想政治工作的队伍，制定一整套规章制度。实践表明，真正做到了齐抓共管，思想政治工作就得到了加强与发展，忽视齐抓共管，思想政治工作就处于消极、被动局面。因此，中共中央在《关于进一步加强和改进学校德育工作的若干意见》中明确指出：在党委（总支、支部）的统一部署下，学校都要建立和完善校长及行政系统为主的德育管理体制。这也就是要改变过去书记抓思想、校长抓业务的错误倾向，把思想政治工作纳入学校行政系统，做到齐抓共管，建成党、政、工、团各司其职、功能互补、齐抓共管的德育管理体制。只有这样，才会有力地推动学校思想政治工作的开展。

三、国外大学生思政教育的方法及对我国开展思想政治工作的启示

当今世界，随着科技迅猛发展和现代化程度的扩大和深化，人们的思维方式、价值观念和道德行为发生了深刻的变化。许多国家为了使国民适应现代社会，尤其是未来社会发展的要求，都非常重视思想政治教育。不同国家从本国的社会历史条件和国情出发，采取了不同的思想政治教育方法，呈现出丰富多彩的面貌。研究资本主义国家在市场经济条件下进行思想政治教育的经验和教训，借

鉴其成功经验，对做好我国社会主义市场经济条件下的思想政治教育工作是完全必要的。

（一）地位显著，内容丰富

1. 政府高度重视

思想政治教育的社会功能和经济效益越来越明显，因而在国外日益受到重视。从国外思政教育的发展历史看，大都经历了一个经济发展—道德滑坡—道德回归—经济再发展的过程。由于不重视思政教育而影响国家政治、经济发展目标的实现。例如，新加坡在建国初期实行了"英才政策"，即重视培养职业技术人员，强调物质利益和经济进步，而对道德标准只做了软性规定，结果培养出来的学生让政府大失所望。当国家经济一度遇到困难时，大批人才外流。这不能不促使政府重新制订教育规划，并认为应该从效忠国家、社会责任和个人品德三方面对青少年进行全面的德育教育。数年的实践收效明显，大量的社会精英在爱国主义的旗帜下，共同致力于新加坡的经济建设。可见，无论是西方还是东方的资本主义国家，都不敢藐视思政教育的作用，都把思政教育提高到战略地位上，并且看到了它所拥有的巨大潜能及大好前景。

2. 突出政治功能

思政教育的政治功能，简单地说，就是凝聚人心、巩固政权、化解矛盾、稳定社会。这个功能，在当代世界各国的思政教育中正在被有意识地加强，其主要的实现方式就是加强爱国主义教育。西方国家充分认识到，只有爱国主义才能团结凝聚人民，才能在各种利益冲突中寻找到最佳结合点。所以，加强爱国主义教育就不约而同地成为当代世界各国的思想教育的主旋律。各个学校的思政教育，虽然没有统一的大纲，但都没有放松爱国主义教育。

（二）途径广阔，方法灵活

1. 学校德育

英国、法国、新加坡、日本等国都专门设置了德育课。英国的德育教材是《生命线》，很有特点。如教材上有这样一些问题：有人纵火会发生什么？一个男孩请他喜欢的女孩看电影，该由谁付款？为什么？让学生讨论，学会作判断。目标是让学生学会关心和发展深思熟虑的生活方式。日本的道德课教学方法也是多样化的，如讲解、讨论、看录像、演剧、唱歌、辩论等，不拘一格、活泼有趣。道德课的评估不打分，而是对学生的有关认知特点和行为倾向进行分析。在美国，虽没有专设道德课，但包含了许多德育课程的科目。而且，美国很注意在专业教学中渗透德育，学生学习任何一门专业课都要回答三个问题：这个领域的历史和传统是什么？它所涉及的社会和经济问题是什么？要面对哪些伦理和道德问题？这种方式可以激发学生去思考与专业有关的社会伦理问题，有利于德育目标的实现。以上这些做法都值得我国学习。

2. 社会性思想政治教育

（1）政党与政治活动

政党是美国思想政治教育的主要角色之一。两党竞选往往被看成一场政治事件，但从普及和宣传资产阶级的政治、经济、社会主张和价值观念等方面来看，又是很有实效的。这种政治活动给美国公民上了一堂关于美国价值观念的政治课。

（2）家庭教育

新加坡视家庭价值为社会生存发展的核心观念，所以，对于家庭教育格外关注。政府通过立法、政策导向来维护家庭的完整，取得的效果非常明显，是对学校教育很好的补充和深化。日本的家庭教育占有很重要的地位，日本通过建立家长教师协会等组织来促进学校和家长的沟通和配合。

（3）大众传播媒介

大众传媒在美国、英国、日本等发达国家都是思想政治教育的有力工具和重要途径。政府通过电视、报纸、电影、书籍等媒介宣传官方的政治道德信息，去影响公民的政治倾向、价值取向和生活方式等。目前，电影、广播、电脑网络、高保真唱片等技术已被国外学校广泛运用于各类教学，包括德育教学。教学手段的现代化提高了教学效果，也有益于提高学生的道德知识水平。

（三）对我国开展思政教育工作的启示

1. 借鉴别国经验，重视思政教育效益

重视思政教育的国际化趋势提醒我们，务必要把思政教育提高到战略地位上来。西方发达国家曾因片面追求高科技而忽视青年人的人格教育，造成公民道德败坏、家庭崩溃等社会问题，现在各国已采用不同的方式和途径来提高思想政治教育的效益。我国须借鉴别国成功的经验，汲取其教训，加强对社会成员特别是对年青一代的思想政治教育，并注重对教育效益的研究。这方面我们可以学习发达国家的做法，由政府拨专款资助研究工作的进行。

2. 将学校德育重点转移到发展道德思维和培养道德能力上来

学校德育的任务是向学生灌输社会的主导思想意识和规范学生的道德行为。以往，我国的学校德育特别注重观念的灌输，在方法手段上缺乏灵活性，学生的道德思维得不到培养和发展。我们应该借鉴国外学校德育的方法，把教育对象置于一定的认识情境，帮助他们掌握认识问题的方法，提高处理问题和矛盾的能力，要引导他们形成正确的立场、观点、方法，固定其思想的基本思维模式，达到使他们独立自主地判断问题和解决问题的目的。道德观念的建立到道德行为的形成是一个长期、反复的过程，只有重视发展受教育者的道德思维、培养道德实践能力，才能保证受教育者真正具备较高的道德素质。

3. 加强社会大环境和其他方式的配合

国外非常重视社会性的思想政治教育，因为思想教育对象生活在现实之中，每时每刻无不受周围环境的影响。我们也必须搞"大政工"的观念，调动一切因素、手段，包括家庭、学校、社会团体和大众传媒，注重营造思想政治工作的氛围，保持思想政治教育强烈的渗透性和持久性，使人们在良好的大小氛围中经受精神的洗礼，提高思想境界。而良好的社会大环境的形成又要靠公民的自觉性、社会良好的控制手段、专业人员的良好素质，以及全社会成员的共同努力来实现。

4. 必须始终不渝地坚持灌输原则

灌输理论是马克思主义思政教育理论的重要组成部分，灌输是思想政治工作的基本原则和本质所在。灌输理论实质上是一种关于无产阶级革命理论与革命实践关系的理性认识，是一种政治教育的理念与原则。它是指无产阶级政党必须运用马克思主义的立场、观点和方法，有目的、有组织地对人民群众进行系统的思想理论等意识形态的教育宣传，使之提高觉悟、坚定政治立场、树立政治信仰、保持正确的政治方向。灌输并不等于"满堂灌"，必须研究教育主体与客体间的关系、研究主体的接受机制和规律、研究教育的环境、研究教育的实效性等一系列问题。结合世界各国坚持灌输的经验，我们的思政教育要毫不动摇地灌输、理直气壮地灌输。关键是"灌输什么，如何灌输"。在新的形势下，必须创新灌输方法、拓展灌输空间、讲求灌输效果，即从硬性灌输向软性灌输转换，从统一灌输向分层灌输转变，达到春雨润物细无声的境界。

第三节　高校思政教育工作的方法创新策略

一、理论灌输法

灌输的方法是列宁提出的。从政治教育的目的和任务来看，灌输是原则。政治教育的目的"是要解决人们的立场、观点和政治信念问题"，也就是要提高人们的思想觉悟，提高人们的认识能力。要达到这个目的，最有效、最根本的办法就是用共产主义思想来武装人们的头脑。这是因为共产主义思想是指导我国革命和建设最先进、最科学的思想体系，掌握了这个思想体系，也就有了无产阶级科学的世界观，也就能够使教育者透过纷繁复杂的社会现象，正确认识和把握客观世界的变化规律，从而有效地改造客观世界。但是共产主义的思想体系是永远不可能在群众中自发产生的，因为它是由中国历代领袖集团在吸收和改造全人类思想、文化等一切有价值的东西基础上，在工人运动的实践中创造出来的，工人群众只能为它的产生创造必要的条件。所以要让群众掌握它，就必须做"从外面灌输进去"的工作，这正是政治教育的根本任务之一。由此可见，灌输是政治教育中一个必须遵循的原则。

在新的形势下，我们必须注意灌输方法的改进，克服在方法运用过程中易走极端的现象。为此要着重处理好以下几个关系。

第一，主体与客体的关系。政治教育主客体的关系，就是教育者与被教育者的关系。与人和自然的主客体关系不同的是，它的双方均是人。在教育过程中，教育者对受教育者而言，是施教的主体，具有能动性、诱导性，但他的能动性要受对象（客体）的认识能力、理解水平和学习进程的制约。反过来，作为受教育者，把教育者作为认识对象，又表现出极大的主体能动性，他要感知、想象、体验和理解，他要调动自己全部心理机能去学习思考。因此，作为教育者和受教育者，都不是单纯的主体和单纯的客体，他们作为客体时，也不像物体那样任其主体改变和留下实践的痕迹，而是主体化的客体和客体化的主体。弄清政治教育主客体关系问题，对于我们正确运用灌输的方法，具有重要的指导意义。

第二，灌输与疏导的关系。疏导是政治教育的总方针，疏导中包含了灌输的思想。所谓疏，就是要广开言路，让大家敞开思想，把各自的观点和意见充分发表出来。所谓导，就是把各种不同的思想和议论引向正确、健康的轨道。以往，我们在运用灌输方法时，曾把灌输与疏导方针对立起来，把疏与导割裂开来，其结果不仅破坏了灌输的声誉，而且使疏导变成了疏而不导，成了放任自流。因此，我们必须纠正灌输与疏导对立的观点，使人们在各种错误观点面前始终保持清醒的头脑。

第三，思想性与娱乐性的关系。寓教于乐，是政治教育的一个重要方法，其显著特点就是易接受性。因此，我们在运用灌输的方法时，要注重与娱乐性的方法相结合，这对于提高政治教育的效果是非常有益的。但是，这种结合必须是辩证的结合，是以教为目的的结合。要克服片面强调娱乐性、生动性，而忽视政治教育的原则性、目的性等有乐无教的现象。

第四，灌输教育与自我教育的关系。弄清和正确处理好灌输教育与自我教育的关系，是我们做好灌输工作的关键。二者的关系是：首先，灌输教育是自我教育的前提和必要条件，没有灌输，自我教育便不能发生和进行；其次，自我教育是灌输得以实现的基础和途径，没有自我教育的过程，教育目的则难以实现，因为灌输的内容必须通过被教育者的自我教育，才能真正被认识、接受和内化。灌输教育与自我教育相辅相成、互相促进，正确的灌输有助于自我教育能力的提高；反过来，教育对象会更主动地接受灌输，两者的最终目的是一致的。我们既不能夸大和贬低灌输教育的作用，也不能视自我教育为"万能教育"或"无能教育"，任何片面强调一方，弱化另一方的做法，都是不科学的。

总之，在思想政治工作面临新环境、新任务、新问题的今天，灌输的原则和方法并没有过时，关键在于我们要准确地领会和理解灌输的含义，并使之正确地运用于我们的工作实践。随着国家改革开放的进一步深入，随着思想政治教育的不断加强和改进，灌输的原则和方法会得到进一步的发展和完善，在政治教育过程中起到越来越重要的作用。

二、行为调节法

从人类社会最初开始，人际交往就担负着人的行为调节和满足人们心理接触需要的作用，它在团体活动中具有不可缺少的行为调节效应。高校学生应有意识地调节自己的行为，使自己的行为更有利于集体的稳定团结，更有利于整体目标的实现，从而使人际关系起到协调行为的效应。

(一) 行为调节法应遵循的原则

1. 互容性原则

每个人都希望别人承认自己的价值，希望别人能够接纳自己、喜欢自己。然而，和谐的人际关系是建立在相互重视和相互支持基础上的。要想让别人接纳自己，首先你得接纳别人。一个人只有善待别人、喜欢别人，才能被别人接纳。

2. 交互原则

交互原则所强调的是人际行为方向的相互对应。在日常生活中，人与人之间的交往更多的时候都不仅需要倾向的相互一致，而且还需要保持对等的交换。人是理性的动物，每个人都有一定的价值观，并按照这种价值观来决定自己的取舍。因此，人在同周围世界发生联系的时候，总保持着自己特有的得失观念。对于那些对自己来说是值得联系的，意识就倾向于保持；而对于那些对自己来说不值得联系的，意识就倾向于回避。

3. 群体价值保护原则

价值保护，是指人为了保护自我价值，心理活动的各方面都有一种防止自我价值遭到否定的自我支持倾向。在人际关系方面，人际交往中的接纳和拒绝都是相互的。人们只接纳那些喜欢自己、支持自己的人，而对于否定自己的人则倾向于排斥。这里同样可以看到明显的自我价值保护倾向。心理学家发现，一旦我们在交往中威胁别人的自我价值感，那就会激起别人强烈的自我价值保护动机，在此情况下，我们就很难和别人建立和维护良好的人际关系。大学生思想活跃、语言犀利，容易威胁别人的自我价值感，所以，言行一定要慎重，自觉维护他人和群体的价值保护意识。

（二）行为调节的方法

1. 学会与别人友好相处

要做到与别人友好相处，在日常生活中应关心别人、理解别人、宽容待人，尽量避免与别人进行无价值、无意义的争论。在学习和生活中应尊重别人的意见，避免直接指责，因为当一个人的自我价值面临威胁时，将表现出强烈的自我辩护倾向，从而使交往陷入危机。另外，自己有错误时要敢于承认，这样非常有利于人际关系的改善。

2. 克服人际交往中的心理障碍

大学生在人际交往过程中常表现出一些心理障碍，妨碍了良好人际关系的建立。这些心理障碍主要是恐惧心理、自卑心理、封闭心理、自傲心理等。

3. 关心他人，替别人着想

这是一个高尚的人所应有的道德水准。如果能做到多关心他人，多替别人着想，那么别人也自然就会喜欢你、欢迎你，把你当作好朋友。反之，若事事处处只想着自己，唯利是图，甚至不惜为了自己的利益去伤害别人，那人们自然也就要讨厌你了。

三、情感沟通法

高等学校思政教育工作，要增强教育的吸引力和说服力，使广大师生乐于接受，需要在内容、形式、方法、手段、机制等方面进行创新和改进。其中很重要的一点，就是教育者要加强与广大师生的情感沟通，实现思想上的共鸣。

沟通与师生的情感，重要的一条就是教育者首先要树立言行一致的良好形象。中国共产党的一句"为人民服务"，就足以唤起千百万人民的革命热情和献身精神。其中根本的原因，不是政治工作者多么能言善辩，而在于他们以为人民的利益不怕牺牲一切的模范行动，塑造了共产党人全心全意为人民服务的光辉形象。在新的历史条件下，思想政治工作要研究新情况、解决新问题、开创新局面。政工人员必须以中国特色社会主义理论体系为指导，切实把人民的利益、师生的利益摆在第一位，牢固树立服务意识，在荣与辱、苦与乐、利与义等一系列人生得失的抉择中，向党和人民，以及你所服务的对象交出合格的答卷。

沟通与师生的情感，必须把"对上负责"与"对下负责"一致起来，时刻不忘代表广大师生的根本利益。做好当代思想政治工作很重要的一个问题，是要求各级教育工作者正确处理"对上"与"对下"的关系，把对上负责与对下负责统一起来，把对领导负责与对广大师生负责统一起来。一定要深入基层、深入实际，了解真实情况，实事求是地反映广大师生的意见、建议和呼声。这样，才能准确掌握下情，从广大师生中获得真实的信息，为制定各项决策提供可靠的依据，从而保证决策的准确性和科学性；这样，才能体现思想政治工作者的良好品格和高尚的职业道德；这样，才能提高思想政治工作的效果，赢得广大师生的信赖。

沟通与师生的情感，还必须既讲"义"又讲"利"，正确处理好二者的关系。人总是要有点精神的。讲"义"就是讲"大道理"，对师生进行革命理论和科学知识的灌输，引导师生识大体、顾大局，不断增强革命的事业心和责任感，积极鼓励为国家建设勇于奉献，等等，这是思想政治工作的重要内容，也是与师生情感沟通的根本前提。存在决定意识，精神源于物质。提高思想政治觉悟，不能离开广大师生的切身利益，应当帮助大家正确认识自己的利益，以便更好地激励大家努力进取。作为思想政治工作者，在鼓励师生努力工作、积极贡献的同时，还必须积极为基层、为广大师生排忧解难，解决实际问题。这样，多了一些实事求是、从实际出发，少了一些脱离实际、以空对空，思想政治教育就进入了师生现实思想、工作和生活之中。

思政教育要贯彻以人为本的思想，因为人是有思想感情的，思政教育应把关心人和关心事结合起来，主动关心高校学生的学习和生活，深入了解他们的困难，关心他们的冷暖。同时，思政教育者还应重视感情的投入，用真实的情感、诚恳和热情的态度去凝聚人，调动大学生的积极因素，变"说教式""号召式"为"引导式""激发式"，以增强思政教育的吸引力。

四、榜样激励法

榜样可以是正面的，也可能是反面的；可以是显性的，也可能是隐性的。榜样有一般的，还有特殊的；有自然的，也有人为的。正面反面，指的是好的和坏的。显性的指的是明显的、人所共知的；隐性的则是不明显的、鲜为人知的，这种榜样，在某种情况下，可能更起作用。而一般的榜样，指的是对广大群众都适用的，人们都要学习的；而特殊的榜样，则指的是特殊领域里，特殊的人或事。自然的榜样，指的是在群众活动中自然形成的先进典型、模范人物。人为的榜样，指的是领导或教师人为地树立起来的榜样。这种榜样往往不起作用，甚至起副作用。

榜样的特点在于形象性和易模仿性。榜样总是以生动鲜明的形象体现着某种思想观念、行为准则、理想品德，富有感染性、激励性；同时又是直观的、具体的，具有可学性或易模仿性的，而容易被人们接受、效仿。失去了形象性和易模仿性，也就没有了榜样。

榜样的作用，从心理学的角度来看，就是易于形成相关事物的表象。而表象乃是事物的形象在人脑中的反映。它是直观向抽象过渡的桥梁，是感性向理性发展的中介，是认识向实践转化的转化点或催化剂。榜样的力量之所以是巨大的、无穷的，原因就在于此。人们在进行思想观念、道德品质或行为规范等教育时，提供相应的榜样，在学习者头脑中形成相关的表象，也就为学习者接受理性教育架设了桥梁、提供了中介，同时，也为学习者认识转化为实践提供了催化剂。

榜样激励是一种行之有效的教育方法。它通过榜样的示范来规范、引导学生的行为，激励学生奋发向上，在班集体中形成合力，以达到预期的教育效果。在运用这种方法时，应注意以下几个方面的问题。

第一，要注意学生的比较心理。在没有明确的规章制度或规章制度不健全的情况下，人们就会拿周围的人做比较，以他们的行为作为尺度来衡量自己的行为。这就是比较心理。与此同时，还应注意：一是多树立几个榜样，让学生在德、智、体、美、劳各方面都有学习的榜样；二是不要搞"高大全"式的榜样，人为地拔高、过分地美化只会削弱榜样的激励作用；三是要随着学生的成长更新榜样，促使学生不断进步。

第二，要充分利用学生的向上动机。每个学生都有一种或强或弱的向上性动机，他们总是乐意向自己敬佩的人学习。教师要善于"因其势而利导之"，把他们的这种动机引导到正确的道路上，让他们向先进人物学习、向正确的榜样学习。教师只有在肯定学生求真向善本质的前提下，充分利用其向上的动机，帮助学生树立正确榜样，才能使榜样激励的方法起到正面的积极作用。

第三，要注意满足学生的合理需要。不论是一般学生，还是作为榜样的学生，他们奋发向上就是为了满足个体发展中的各种需要。对于一般的学生，教师容易注意满足他们的各种合理需要；而对作为榜样的学生，教师则容易忽视这个问题，把他们当作自己手中的"木偶"，人为地控制、调整他们的需要，使其达到某种理想境界。这其实是违背心理发展规律的，有时甚至是有害的。当然，学生与学生之间存在个别差异，他们的需要也是多种多样的，有着不同的层次、内容。这就要求教师在满足需要时因地制宜、因人而异，万不可千篇一律、无的放矢。

第四，要注意处理好榜样学生与一般学生之间的关系。事物总是处在不断的发展变化之中的，同样，榜样也不是固定不变的。榜样学生与一般学生既对立又统一，在一定条件下可以互相转化。如果榜样学生不能不断奋发向上，就会转化为一般学生；而一般学生只要刻苦努力，向榜样学习，最终超过榜样，那么他也就成为其他学生的榜样了。这个道理很简单，但是在教育实际中，有些教师却不明此理，不管情况发生了怎样的变化，榜样永远是榜样。人为地将榜样与其他人之间画一条不可逾越的鸿沟，往往削弱了榜样的激励作用。所以，在运用榜样激励时要鼓励学生"学习榜样，成为榜样"，这样，学生才会感到"有奔头"。

总之，教师在运用榜样激励这一教育方法时，只有注意研究学生心理、把握学生特点，做到有的放矢，才能收到卓有成效的教育效果。

五、自我教育法

当代大学生的自我教育，就是指在教师（包括辅导员、班主任）的启发和引导下，学生按照一定的社会要求和学校的规章制度，通过自身内在的思想矛盾运动，自觉接受外界的积极影响、克服外界消极影响，主动进行思想政治道德认识转化和行为控制，以培养自己良好的思想政治品德。自我教育的实质就是充分发挥学生在思想政治教育过程中的主体作用，自觉地对自己的思想政治道德进行自我认识、自我控制和自我矫正，不断地提高自己的思想政治道德水平。自我教育在当代大学生的思想教育过程中具有十分重要的作用，是提高学生思想政治水平和道德品质的有效途径。

自我教育的方法较多，而常用的方法主要有以下四种。

第一，心得体会法。就是指学生通过记录心得体会，使自己在自我教育中不断提高思想品德和情操的方法。具体来说，就是教师要经常引导、督促学生养成记日记、写学习收获、谈学习体会等良好的学习思考习惯，使自己在自我学习、自我思考中实现自我教育和自我提高，从而达到思想认识能力和自我约束能力的不断升华。

第二，思想小结法。就是通过思想小结，使学生正确认识和教育自己，正确选择自己努力的方向和目标。要使学生搞好思想小结，教师要深入学生实际，经常引导和要求学生适时进行思想小结，并教给学生进行思想小结的正确方法，使他们在思想小结中，既明确自己的优缺点和努力的方向目标，又不断提高自己的思想认识能力、政治理论水平和文字写作水平。

第三，自我鉴定法。就是学生通过一段时间的学习、生活、工作，在回顾总结的基础上写好自己的鉴定来实现自我教育的方法。这种方法要求教师根据学生学习、生活、工作的实际情况，适时引导学生实事求是、一分为二地写出能够正确反映本人的学习、生活和工作表现的自我鉴定，使他们通过自我鉴定和自我总结来教育自己。

第四，理论研究法。就是通过政治、道德理论的研究，使学生的政治理论水平和思想道德品质得到自我提高的方法。在采用这种方法时，教师要注意激发和引导学生研究的兴趣和热情，研究的内容要具有针对性，采用的形式要丰富多彩。

六、问题解决法

解决思想问题与解决实际问题相结合是中国共产党的思想方法和工作方法。

在加强和改进大学生思政教育中，我们同样要把加强思政教育与解决实际问题结合起来。只有这样，才能提高思政教育的针对性、实效性和吸引力、说服力、感染力。

思政教育归根到底是做人的工作，必须坚持以人为本。既要坚持教育人、引导人、鼓舞人、鞭策人，又要做到尊重人、理解人、关心人、帮助人。当代大学生在成长过程中难免会遇到一些思想问题，在生活中，也会面临很多实际问题，而这些实际问题往往是他们思想问题的根源。因此，他们遇到的一些具体思想问题，既需要通过提高认识来解决，也需要通过解决他们所遇到的一些具体困难和问题来解决。对大学生进行思政教育，既要摆事实、讲道理，以理服人，不断提高他们的思想认识和精神境界，又要关心人、办实事，以情感人，帮助大学生处理好成长过程中学习成才、择业交友、健康生活等方面的具体问题。切实将思想政治教育渗透到多为大学生做实事、做好事的过程中，在办实事中贯穿思想教育，通过解决实际问题引导大学生提高思想境界。

要进一步做好贫困家庭大学生资助工作，帮助他们顺利完成学业。目前，高校有一定数量的贫困家庭学生急需帮助。做好这项工作，不让一个大学生因家庭经济困难而辍学，不仅是经济问题，也是政治问题，体现了社会公正、教育公平，体现了社会主义制度的优越性，体现了党和政府的关怀。要认真落实国家关于解决高校贫困家庭学生困难问题的相关政策和各项措施，政府、高校要为贫困家庭大学生勤工助学创造条件。要在全体学生中加强艰苦奋斗、自立自强、勤俭节约教育，在资助贫困家庭学生时，要注意方式方法，体现人文关怀。

要进一步做好毕业生就业服务指导工作，帮助大学生成才立业。做好毕业生就业服务工作，关系到实施人才强国战略和全面建成社会主义现代化强国的全局，关系到广大毕业生及其家庭的切身利益，关系到高校和社会的稳定。要坚持"面向市场，双向选择，完善服务，加强指导"的就业方针。高校要做好就业指导工作，积极为高校学生落实就业岗位创造条件。要教育引导大学生树立正确的择业观念，特别要激励大学生发扬艰苦奋斗和甘于奉献的崇高精神，到基层、到西部、到祖国最需要的地方去建功立业。

要进一步做好后勤管理和服务工作，为大学生学习生活创造必要条件。管理和服务在思政教育中发挥着不可或缺的作用，是全方位育人的重要环节。要把大学生思政教育与为大学生服务紧密结合起来，了解大学生的愿望要求，关心大学生的冷暖疾苦，帮助大学生解决实际困难。要不断提高管理和服务水平，从关心大学生学习生活的一点一滴做起，从大学生反映的一个一个问题抓起，切实加强大学生宿舍、食堂、澡堂和活动中心的管理，不断满足大学生对学习、生活和文体活动等方面的合理需求，在科学严格的管理和细致入微的服务中，增强思政教育的实效。

要进一步做好大学生的心理健康咨询和教育，帮助大学生培养良好的心理品质。现代社会竞争激烈，大学生面临的学习、生活、情感和就业等压力明显增大，由此产生的心理问题明显增多。心理问题已成为影响大学生健康成长的新的重要因素，必须高度重视。要积极开展心理咨询工作，为大学生提供及时、有效、高质量的心理健康指导与服务，有针对性地帮助大学生处理好学习成才、择业交友、健康生活等方面的具体问题。要积极开展多种形式的心理健康教育，促使大学生形成和保持健康的心理素质。

思想是行动的先导，认识指导着实践。有什么样的教育理念，就有什么样的教育实践，教育理念的正确与否，直接关系到教育的效果、关系到人才的培养、关系到社会的稳定和发展。不可否认，改革开放多年来的思政教育工作，为促进改革、发展、稳定，为夺取现代化建设的胜利，提供了强大精神动力和重要政治保证。但是，我们应当看到，面对世界政治格局的深刻变化、经济全球化的迅猛发展、科学技术的全面进步、市场经济体制的逐步确立，传统的思想政治教育理念已经变得与时代和社会越来越不相适应。科学发展观揭示了事物发展的普遍规律，对于我们做好新时期思想政治教育创新工作具有重要的指导意义。为了适应社会的需要，我们必须改进和创新思想政治教育方法，必须改进和寻求大学生思想政治教育的途径。只有这样，才能真正使高校思想政治理论课成为培养德智体美劳全面发展的社会主义合格建设者和可靠接班人的红色课堂与舆论阵地。

第六章　新媒体环境下高校思政教育的提升

第一节　新媒体时代高校思政教育工作者新媒介素养的提升

如今新媒体技术的迅猛发展，新媒体时代对思想政治教育工作的"媒介化"发展提出了新的要求。在利用新媒体对大学生进行理想信念教育时，高校思政教育工作者要充分承担起"舆论领袖"的角色，主动面对新形势下的新挑战，全面提升自身媒介素养，有效地利用新媒体技术开展教育工作，开拓思政教育工作新局面。

一、新媒体时代提升高校思政教育工作者媒介素养的必要性

如今数字电视、网络、5G 手机等新媒体已成为大学生学习生活中不可或缺的部分，国内的多数学者把目光聚焦在了对大学生媒介素养教育问题的探究上，却忽视了对高校思政教育工作者开展媒介素养教育的必要性。而新媒体使高校思政教育面临着前所未有的挑战。随着传播技术的发展，网络受众可以以数字和电子信息技术为平台，自由地发布和整合信息，并即时进行互动。而在我国传统的高校思政教育模式中，信息的传播是单向性的，教师按照预先设计好的模式来给学生进行"填鸭式"讲授。随着 Web3.0 技术的成熟，信息变成了多向性的，教师课堂上所阐述的观点网络上可能会有无数种不赞同的说法，在这种情况下，如果高校的思政教育队伍不能够利用网络作为思政教育的新平台与学生进行即时沟通，仅以传统的一对一、一对多的教育模式进行教育，效果可想而知。因此，必须提高高校思政教育队伍甚至整个教师队伍的媒介素养。现实中，由于大学生能够快速接受新事物，他们更易于掌握最新的传播技术，并且在速度上领先于教育

工作者，而教师媒介素养缺乏导致他们不能有效地与学生进行沟通，这是思政教育效果不理想的一个主要原因。在大众媒介面前，必须改变传统意义上的教师权威，努力提高教师的媒介素养，只有这样，才能更深入地了解学生，为学生的媒介素养提高做指导。

二、新媒体时代对高校思政教育工作者媒介素养的要求

（一）应具有敏锐的媒介信息意识

媒介信息意识是指对媒介的发展、运用、需求等方面的自我意识，主要表现在人们从媒体的角度去感受、认识、理解、评价自然界和社会中的各种现象、行为和洞察有用的媒介信息的能力。在新媒体环境下，高校思政教育工作者最大的阻碍不是技术问题，而是价值观念和思维模式滞后的问题。新媒体增大了高校思政教育工作者与受教育者之间沟通的距离，而师生之间交流不通畅的主要原因，在于教师或辅导员对学生媒体信息交流的内容和方式了解不足，导致教师观点难以被学生认同，甚至还有可能使他们产生逆反心理。因此，高校思政教育工作者必须具备较强的信息意识，很好地利用网络等新媒体平台，掌握大学生的沟通方式，保证与大学生进行顺畅的交流，只有师生之间有了良性的交流，思政教育工作才会取得实效。

（二）应具有较强的媒介能力

只有媒介意识，没有媒介能力，就不能充分利用新媒体为高校思政教育工作服务。新媒体时代，高校思政教育工作者应该具备如下四个方面的媒介能力。

一是媒介的运用能力。高校思政教育工作者只有在了解媒介基础知识、熟练运用媒介设备的基础上，才能准确使用媒介工具，从而对各类媒介信息进行检索、存储和制作，进而与大学生展开新媒体平台上的沟通、交流，有针对性地开展思政教育。

二是媒介的批判、反思能力。媒介的批判、反思能力是高校思想政治教育工作者运用马克思主义基本原理，结合现有的知识储备，对媒介信息进行科学鉴别，揭示信息背后所隐藏的意识形态，从而保持对信息的清醒认识的能力。在工

作、学习、生活中，高校思政教育工作者应该学会运用符号分析的方法进行反思，利用网络、报纸、广播、电视媒介合理地表达自己的观点，增强信息的过滤能力和免疫能力，进而提高自己的媒介水平。

三是分析制作信息的能力。分析制作信息的能力是指高校思政教育工作者利用已经获取的有价值信息，遵循思政教育工作基本原理，结合新媒体的应用，分析、创作出适合大学生思政教育工作材料的能力。新媒体时代，信息技术特别是互联网技术取得了快速发展，高校思政教育工作者除了掌握思政教育基本功之外，还应适应新媒体时代要求，注重自身能力结构的完善，具备创造性地分析、制作信息的能力。

（三）应具有崇高的媒介道德素养

所谓媒介道德是指在媒介活动中的信息接收者、使用者、加工者和传递者之间各种行为规范的总和，即整个媒介活动之中的道德。新媒体时代引发了一系列媒介道德伦理问题。在这种情况下，高校思政教育工作者只有自身具备崇高的社会道德，才能帮助大学生树立媒介道德意识，使他们学会正确使用新媒体，从而避免新媒体带来的负面影响。高校思政教育工作者的媒介道德素养主要包括以下几个方面。

一是媒介伦理道德意识。在新媒介中，人们把媒介伦理道德称为"第一道防火墙"。高校思政教育工作者应在心理和思想上建立起抵御互联网不良信息的防线，树立正确的新媒体伦理道德观念，恰当地控制自己的媒体行为，自觉抵制不良信息的侵袭，从而成为一名合格的媒介使用者。

二是媒介法治观念。高校思政教育工作者只有具有媒介法治的观念，全面增强媒介法律法规意识，才能在法律规定的范围内正确使用媒介及利用媒介信息开展思想政治教育；在此基础上，才能针对大学生开展有说服力的媒介素养教育，全面提高思政教育工作的实效性。

三是社会责任感。高校思政教育工作者除了要担负大学生的思政教育职责，也要承担起媒介与舆论导向的责任。因此，其媒介道德水平、社会责任感就显得尤为重要。只有具有较高的社会道德水平，并在实际工作中坚持知行合一，自觉强化媒体观念，才能真正树立为学生、为社会服务的意识，进而做好新时期的大学生思政教育工作。

三、高校思政教育工作者媒介素养的提升策略

如何挖掘新媒体技术的思政教育功能，如何充分利用新媒体增强思想政治教育的效果，提升教师的新媒介素养是前提条件。但是，相关教育者的专业特性决定了他们在信息技术、媒体利用等方面具有一定的局限，其媒介素养整体水平不够理想，而当今大学生的媒介素养，尤其是媒体技术能力普遍优于思想政治教育工作者，这就要求教师必须努力提高自身媒介素养。为此，我们提出如下策略。

（一）开展培训活动，全面提升媒介素养

开展各种培训活动是目前提升教师媒介素养的基本途径。近年来，计算机等级考试、计算机应用能力考试等在高校的推行，一定程度上实现了媒体技术的普及；各级各类专业培训也并不少见，如教育部全国高校教师网络培训中心等机构在高校教师网络培训方面做过不少工作，但在培训计划中，针对思政教育课程的培训内容较少。因此，在培训形式、培训内容与培训过程三个方面应有所改进。

在培训形式上，专项培训与综合培训相结合。专项培训是指提高教师媒介素养的专门性培训。目前常见的有普及性培训，如教师参加全国信息技术等级考试之前的集中培训；有针对性培训，如教育部全国高校教师网络培训中心举办的与专业课程对应的培训。综合培训是指在对思想政治理论课教师进行专业培训中穿插安排的培训，如教育部组织的高校思政教育骨干教师研修班，其宗旨是从多个方面加强教师队伍建设，提高思政教育工作理论水平，培训中往往会安排与教师媒介素养提升相关的专题讲座。目前培训形式存在的主要问题是，针对思想政治理论课教师的专项培训较少，而综合培训中，受学时、场地所限，学员相关学习仅限于听与看，而没有条件一试身手。

在培训内容上，应使技术培训、媒体能力培训、法律法规培训、其他专题培训相结合。除关于信息技术的普及性、一般性培训之外，还应有针对性地开设相关技术培训课程，为思政教育工作者提供设备与实践场所，使他们有条件将所学技术向应用转化，为进一步将其渗透到教学之中奠定基础。

现阶段，我国与公民媒介素养息息相关的法律法规大致包括三大类：一是基

本成形的网络媒体管理与规制的法规体系，如《互联网信息服务管理办法》《互联网著作权行政保护办法》等；二是我国现行立法中与网络舆论相关的内容；三是在手机信息使用方面的相关规定，如《通信短信服务管理规定》等。了解这些有关网络及传媒的法律规范，有利于提高教师的媒介素养、创建良好的网络环境。另外，培训还应有针对性地涉及一些专题，如新媒体技术如何更好地应用于政治理论课程、如何在思政教育教学中贯穿媒介素养教育等。应让在这些方面有研究、有心得的一线同行走上讲台，传授经验、交流体会，有针对性地解决教学中的问题。

在培训过程中，应注意定期的专业培训与不间断的自我培训相结合。新媒体的概念维度之一是时间性，新媒体是相对于旧媒体而言的，随着技术的日新月异，新旧更替成为必然。随之，公众需要熟悉新媒介、掌握新技术、提高信息素质、增强运用传媒的能力，使自身的媒介素养持续提升，所以，对于高校思想政治教育工作者来说，自身媒介素养的提升应贯穿于职业生涯的全过程。为此，专业培训不可少，需要高校思想政治教育工作者形成良好的媒介素养意识，保持知识更新、技术更新与理念更新，跟上新技术发展的节奏，满足现代教育教学的需求。

（二）开展科学研究，促进成果推广与资源共享

关于新媒介素养对思想政治教育的影响的研究还不够深入，尚有大量的问题亟待解决，需要学校及各级管理部门营造科学氛围，划拨资助基金，鼓励教师展开研究，从而提高教学效果，提升教育者的媒介素养。

在学习相关理论、掌握一定技术、利用数字校园环境的基础上，身处思想政治教育一线的工作者可以结合日常的工作，建设网络平台，增加师生之间的交流互动；也可以将经典案例、相关视频资料、学生活动等编辑成系列视频，最大限度地发挥新媒体技术的作用。

近年来，媒介素养教育与思想政治教育的交叉研究也引起研究者的关注。在我国高校媒介素养教育的起步时期，思政教育工作者可以适度地在思想政治教育中融入媒介素养教育的内容，借助媒介素养教育来提高思政教育的效果，使二者相得益彰。一些深受社会舆论关注的事件可以作为此类研究的案例，通过对围绕

这一事件各个方面声音的分析,一方面,教会学生用科学的世界观、方法论来认识世界;另一方面,引导他们理性地看待媒体信息,指导他们学会运用新媒体传播健康信息,树立正确的网络道德观,为建设和谐社会、创建良好网络环境做出自己的贡献。

经过一段时间的研究积累,当今高校在媒介素养教育、网络思政教育方面已经取得了不少成果,这些成果一般表现为论文著作、教材教辅资料、实践中的经验总结、数据资源库、网络平台系统等。这些成果应当及时应用于教育实践中,在尊重版权、保护版权的前提下,有关部门应创造条件督促这些成果的推广与资源的共享。当在实践中探索出的好办法在更广的范围内得到采纳时,当相关网络平台点击率不断提升时,当所涉资源库的访客人数不断增长时,当更多的大学生关注严肃游戏时,这些科研成果的价值才算真正得到实现。

(三) 建立评价体系,引导规范媒介素养教育

新媒体环境之下,高校教学管理和评价需要引入对教师信息能力、媒介素养的管理与评价,形成一套较为完善的高校思政教育工作者媒介素养评价体系,以提高媒介素养教育的质量。因媒介素养教育需要软硬件技术与环境的支持,这一评价体系从内容上可以分为媒介素养环境评价、教师媒介素养评价两个部分。

高校建设新媒体技术环境,包括硬件建设和软件建设,如提供功能齐全、技术先进、充分满足活动需求的多媒体网络教室;在学校网络教学平台开设思政教育网站;相关部门为思政教育活动进行录像、为学生活动观摩提供条件和场所等。学校还应通过科研立项、教学评价等手段,鼓励思政教育工作者利用新技术开发思政教育新媒体模式,建设开发相关的资源库,编写相关教材,应用新媒体技术更新活动方式,形成提高师生媒介素养的良好环境。

建立高校思政教育工作者媒介素养评价体系,一方面,可以引导督促思想政治教育工作者参与教育学习,提高自身的媒介素养;另一方面,可为相关培训、教师自学提供质量规范标准。评价体系内容应基于三个层次:一是观念意识层面,二是技术应用层面,三是媒体信息综合利用层面。观念意识是先导,技术应用是基础,而媒体信息综合利用是核心与归宿。

评价体系应考虑到全面性与系统性的结合,尤其要体现教师媒介素养对思想

政治教育的积极作用；注意体现工具性与实践性，高校思政教育工作者媒介素养标准的重点应是如何利用新媒体技术开展工作、如何促进学生新媒体素养的提高；还应重视评价标准的开放性与可行性；最后要注意标准的层次性与差异性，考虑到高校思政教育工作者在年龄、兴趣、知识结构等方面的不同，既要体现高标准的导向性，也应该关照可行的底线。

评价体系可采用量表与网络相结合的形式，以传统量表式或者试题式，通过考试或者答题，形成评价；同时，平行建立网络评价体系，持续地搜集信息，既可形成最终的总结性评价，也可进行有阶段性的考量，实现形成性评价，同时，也可以有针对性地提出解决方案，以评价促提升，体现评价体系的诊断性。

总之，提升高校思政教育工作者的媒介素养已经成为现阶段增强高校思政教育效果的一个重要方面。思政教育的目的是提高学生的思想政治素质，其意义在于引导学生形成正确的人生观、世界观和价值观，在这一过程中，高校思政教育工作者的媒介素养如何、实施媒介素养教育的效果如何都将具有重要的影响。

第二节　新媒体时代高校思政教育实效性的提升

一、高校思政教育实效性概述

（一）高校思政教育实效性的含义

思想政治理论课是高校对大学生进行思想政治素质教育、品德教育和马克思主义理论教育的主渠道和主阵地，对大学生政治方向的引导及世界观、人生观和价值观的形成，培养他们成为中国特色社会主义事业的建设者和接班人具有十分重要的作用。高校思政教育实效性的增强是高校教学工作改进的重要的中心环节。

广义上的高校学生思政教育实效，就是按照高校学生思政教育目标要求，开展思政教育活动，其结果与高校学生思政教育目标相比，所达到的真实、有效的程度，以及这一结果给受教育者带来的实际利益和社会带来的实际好处，既包括物质成果，也包括精神成果。而狭义上的高校学生思政教育实效，是指按照高校学生思政教育目标、教育内容的要求，结合高校思政教育的特点，发挥高校思政教育功能，对青年学生开展思政教育活动，其活动结果（青年学生的思想政治素质）与高校学生思想政治教育目标相比所达到的真实、有效的程度。

思政教育的实效性，首先要看是否保证了社会主义方向，有了这个根本前提，才能更好地完成具体任务。因此，高校思政教育实效性，是指思政教育者在不断提高自身素质、不断优化教育环境的同时，按照教育规律和大学生思想政治品德形成规律，通过科学设计思想政治教育目标与内容，努力改进思政教育的方法与途径，提高大学生思想政治品德认知水平，培养率真情感，磨砺意志，使他们养成良好行为习惯，促进大学生全面发展所达到的真实有效的程度。可以说，高校思政教育实效性强调的是思想政治教育活动的质量，重点在培养大学生良好的思想政治品德，其基本内涵包括思想政治品德认知提高、情感培养、意志磨砺、行为习惯养成四个主要方面。

第一，思想政治品德认知提高。所谓思想政治品德认知主要是指大学生对社会主义道德知识的感知、理解和接受，并逐渐掌握和内化，形成一种比较系统的看法。通过思想政治教育，促使大学生由感性认识不断上升到理性认识，提高思想认识水平，促进社会道德要求转化为大学生个人的内在品质，帮助大学生树立正确的世界观、人生观、价值观。

第二，思想政治品德情感培养。这里主要指大学生根据社会主义思想道德准则，在处理人际关系和对别人与自己的行为进行评价时产生的一种情绪体验。培养大学生丰富的思想政治品德情感，可增强大学生思想政治品德认知，通过自身的情绪体验，评价、调节大学生的思想道德观念或行为，使大学生有所为、有所不为，对大学生思想政治品德的形成起催化和强化作用。

第三，思想政治品德意志磨砺。思想政治品德意志是大学生在履行思想道德义务过程中所表现出来的自觉克服一切困难和障碍的毅力。大学生思想政治品德是凭借个人意志选择而获得的行为习惯，意志对大学生思想政治品德的形成起调节、监督和控制作用。因此，磨砺大学生的意志，可以提高其思想道德的判断能力，促使认识、情感向行为转化。

第四，思想政治品德行为习惯养成。思想政治品德行为是指大学生在社会主义道德意识支配下所采取的自觉自愿的行为，它是品德的外部状态，表现为道德活动和道德习惯。一定的道德行为经常表现出来，便会形成一定的道德行为习惯，从而表现为具有稳定特征的品德。这种品德督促大学生把认识和情感转化为行为，依靠意志来坚持行为，养成良好的行为习惯，形成优良思想政治品质，这种品质反过来又增强思想政治品德认知。

（二）高校思政教育实效性的规定性

高校思政教育工作实际上是大学生美好心灵塑造的工作，其实效性的实质，就是高校思政教育预期目标的实现程度和高校思政教育任务的实际完成情况。

在高校思政教育工作体系的各个环节和运行的过程中，始终贯穿着高校思政教育的实效性，它是思政教育生命力的标志和体现，是衡量高校思政教育成功与否的基准和标尺，是思政教育的直接目的和终极目标。但由于思政教育高投入、低实效的客观现实，高校必须坚持效益性原则，增强实效。将高校思政教育视为一种特殊社会实践活动的学生思想教育，须同经济一样，能够产生效益。这里的效益是衡量高校思政教育实效性高低的标准，重视高校思政教育效益性，就是为了充分发挥教师、学生和教育环境等要素的作用，通过选择正确的内容，采取科学的方法，以最短的工作时间投入、最低的物力和财力消耗，获得培养符合社会进步和经济发展所需要的人才的最佳效果。高校思政教育的成效不在于找学生谈心上百次，不在于家访几十次，不在于大型报告或讲座举办多少次，最终还是要看给学生解决了什么问题。高校思政教育产生的效益，首先体现在大学生美好心灵的塑造、素质的提高上；其次体现在培育"四有"新人上。育人与否，在多大程度上育人，是衡量高校思想政治教育效益的直接标准。

可见，高校思政教育实效性科学内涵的本质，就是育人的实效性。高校思政教育是高校素质教育的灵魂，是关系到高校培养的人才"走什么路，举什么旗"的关键问题。实效性直接关系到培养的人才的政治方向、人格的完善，关系到如何培养全面发展的大学生，而不讲实效就失去了其存在的价值。因此，增强高校思政教育实效性就成为当务之急，这就要求高校思政教育工作者具有高度的责任感，在实施教育过程中从实效性出发，坚持运用正确的方法、原则，纠正或修正在实践中被证明是错误的方法、原则，以达到培养大学生良好的思想品德的目的。

二、提升高校思政教育实效性的途径

(一) 转变教育模式方法

1. 改革思政教育教学模式

第一，创新教学模式是提高教学效果的有效手段之一，要提升新媒体背景下高校思政教育的实效性，就必须改革传统的思政教育教学模式，实现对思政教育教学模式的优化和创新。对于大学生而言，思政教育理论课是必修课，传统教育教学以教师为主体，学生被动接受知识，教育者是最大的教学载体。在新媒体时代，必须改变这种模式，即应该将多媒体技术作为推动思政教育的重要媒介，充分发挥网络在高校思政教育工作中的作用，真正实现多媒体技术和思政教育的融合；充分利用多媒体技术来进行教学，从而提高大学生的学习积极性。课堂本身是枯燥的，很多学生的兴趣无法得到有效的激发，教师可以将文字、图片、音频、视频等内容融入课堂，使学生能够在愉悦的环境中获得知识，得到全新的体验感受。

第二，教师可以利用多媒体在课堂上引入新的话题，网络的内容非常丰富，教师可以针对学生比较关注的事件开设讨论课，在讨论中提升自我，如"套路贷""校园贷"问题，教师可以以这些话题为例，让学生认识"套路贷""校园贷"，引导学生形成良好的消费观念，不盲目花钱，更不能贷款，通过这样的形式，真正起到对大学生进行思政教育的作用。

第三，教师可以在日常课程教授的过程中使用新潮流行事物与学生进行互动，从而拉近教师和学生之间的距离，如"快闪"，通过了解快闪，让学生也做一次关于"我和我的祖国"的快闪，这样能够极大地激发大学生的爱国热情，使思政教育渗透在学生的头脑中，从而提高高校思政教育的实效性。同时，还应该充分利用"微课堂"，加强学生对课堂知识的理解与吸收。教师可以把课件上传到网上，学生可以把自己对问题的看法发到平台上，强化教师和学生在平台上的交流。

2. 优化创新思想政治教育方法

在新媒体迅速发展的时代背景之下，传统的思政教育方法已不能与新的发展形势相适应，只有对思政教育的方法进行优化创新，才能使高校思政教育的实效性得到提高，达到高校思政教育的目的。现实需求对教育方法创新拓宽了渠道，要创新方法一定要从大学生的实际情况出发。因此，在具体的课堂中，要将网络元素引入课堂，实现网络载体的全面覆盖和完善，优化创新思政教育方法，提高教学育人的整体实效性。

以学生为本，制定与学生兴趣相关的学习需求，也就是学校应该坚持以人为本的宗旨和理念，把学生的需求看作课堂设计的主要因素，让学生的需求成为思想政治教育课堂的中心点。教师应根据时代发展情况，制定创新的学习专题，激发学生的兴趣，让学生了解更新的国家方针和政策，不断引导他们树立正确的人生观、价值观和世界观。优化创新思政教育方法，拓宽思政教育的途径，大力推广网络平台的应用。坚持线上与线下教学的相互结合，真正提高教学效果。要摒弃传统的"填鸭式"教学方法，通过应用网络平台，充分利用新媒体技术，达到提高教学效果的目的。通过课堂教学，让学生掌握更多的理论知识，通过实践教学，提高学生的综合能力和水平。

（二）转换教育实施路径

提高高校思政教育实效性的重要举措，就是应该不断创新思政教育的实施路径，使其更好地与网络时代背景相适应，符合多媒体时代的新要求。

1. 强化学校网络平台建设与应用

第一，对于高校思政教育工作者而言，要转变传统的教育教学模式，实现与多媒体的有机融合，高校也应该强化相应的硬件建设。

第二，强化对学校基础资源的大力支持。高校应该积极加大投入，进一步提高学校网络基础设施建设水平。从一定程度上来说，高校的网络基础设施建设应包括：加强高科技网络硬件设施建设，需要对使用者端口和接口进行有效优化；加强网络软件设施建设，学校应该强化无线网的建设，让学生能够随时随地上网，了解国家的方针、政策。通过加强学校的软硬件设施建设，能够保证思想政治教育工作的有序开展，学校可以搭建网络思想政治教育平台，学生也能够积极参与其中。还应该注意两点：一是要配备专门的人才对思想政治教育网络平台进行维护，确保授课、学习、教育的有序运行；二是提高教师的能力水平，从而积极高效地开展思想政治教育活动。

第三，高校应强化网络培训工作。高校应高度重视网络思政教育工作的开展，对网络平台的使用方法进行培训，培训的对象主要是网络技术人员、思想政治课教师。有效培训能让教师对网络平台有个充分的认识，在新的教学理念引导下，教育者要明确自身定位，掌握教学内容和方法，推动思政教育工作顺利开展。同时，高校应加强对大学生的技术培训，使大学生掌握学习方法的同时充分利用网络来进行思想政治知识的学习。针对这样的培训，高校应该根据大学生的基本情况制定相应的教学流程，让大学生能够更好地进行系统的学习。对于当前高校而言，要想达到更好地开展思政教育工作的目的，就必须完善网络思政教育课程。它不仅可以使学生的学习积极性与主动性得到大幅度提高，还可以强化学生对知识的认识和理解。同时，也能够真正契合网络时代的发展，通过网络对学生进行引导，防止受西方思潮和错误思想的影响，使广大学生深刻明确思政教育的意义，从而端正学习态度。

2. 优化师生线上线下互动机制

第一，在网络时代，人们的交流日益便捷，线上线下教学融合的模式越来越普遍，取得的效果也越来越明显。在高校思政教育工作过程中，教育工作者应充分明确思想政治课堂教育和网络教育的重要性，二者缺一不可。一方面，要加强理论课堂的教学，教师在课堂上对学生进行有效的引导；另一方面，也不能忽视网络思想教育课堂的重要性，真正将线上和线下教育相结合，使学生在思想政治教育课堂中有所收获，提高思政教育的整体水平。同时，作为教育工作者应该熟练地运用网络，不断丰富网络教学资源，让学生能够获取更多、更好的知识。思想政治理论课教师应该把数字化处理和传统的教学内容结合起来，充分利用互联网技术对教学内容进行完善，充实数据库内容，让学生能够获取更多的知识，拓宽他们的视野，让大学生获得更加及时有效的思政教育内容。

第二，高校思政教育工作者应不断吸收新知识、新理论，不断丰富教学数据库，真正体现网络思政教育的重要性，让网络思政教育平台能够真正地发挥出最佳效果。首先，要不断提高网络思政教育平台建设的水平，充分利用多媒体技术，利用动态图、视频、音频充实平台内容，可以开展小组合作活动，促使大学生积极参与，加强教师和学生之间的沟通；其次，要不断开展丰富多彩的教学活动。伴随网络时代的到来，高校思政教育工作迎来了全新的挑战，只有通过优化创新思政教育工作形式，才能适应发展的新变化、新需求。教师应该让学生在课堂上接受知识的同时，积极参与思政教育教学实践，使学生通过参与形式多样、生动丰富的思政教育活动来加强自身世界观、人生观、价值观的完善，从而提高思政教育的整体效果。

3. 净化思政教育网络环境

所有事物都是辩证的，网络在给人们带来便利的同时，也给人们带来诸多不利。特别是对于高校来说，网络的出现给高校思政教育工作带来了便利也增加了难度。因此，必须加强对网络的管理，不断净化思政教育工作的网络环境。

第一，要从源头上加强管理，要制定良好的网络使用文明规范，引导大学生养成文明上网的好习惯，可以在课堂上组织大家一起讨论如何文明上网的问题，提高大学生对网络的认知，同时，还应该不断完善学校网络管理的制度，形成一个全方位、一体化的网络化管理系统，在校园内形成一个良好的网络氛围，提高大学生的自律意识。要强化技术引领，凸显思政教育网络安全的重要性，学校信息技术部门要加强网络安全的引导，通过相应的防火墙技术，防止病毒的入侵，要利用监控软件对程序和数据进行监控与过滤，抵制不健康的思想进入学生头脑，让学生在一个清净的网络环境下学习，为高校思政教育工作的开展提供一个良好的环境基础。

第二，要加强对网络的宣传。高校思政教育工作者要合理分析网络信息，特别是一些学生参与度、关注度比较高的话题，也要坚决反对和抵制网络上的一些错误言论和思想，引导大学生拥有正确的思想，使正能量的思想充满校园，发挥思政教育的作用。

（三）加强教育主导力量

1. 完善相应法律法规

要加强教育主导力量，就应该完善相应法律法规，建立健全各项制度，做到有法可依。如激励制度、利益相关制度、分工制度、规则制度、惩罚制度、决策制度，包括社情民意反映制度、社会公示制度、社会听证制度、专家咨询制度、决策论证制度和责任制度等。

2. 引领社会正向风气

重视网络道德建设。在新媒体背景下，全社会应明确对网络道德建设的重要性。大学生应该坚决抵制网络暴力、网络垃圾和网络侵权，做到文明绿色上网。同时高校应该确立良好的网络道德规范，培养大学生具有良好的道德素养与健康积极的人格；大力宣传与大学生息息相关的优秀网站，加大网络道德规范宣传，形成健康的网络环境。

结合实际制定政策，努力完善思想政治理论课教学工作中的不足之处，从整体上提升教学质量。各地都应该根据具体课程设置成立相应的理论课教学指导委员会，制定定期汇总答疑制度，组织专家进行精确答疑指导，保证教学指导工作落实到每一位教师。除此之外，定期对所属高校思想政治理论课教学工作进行经验汇总，大力宣传先进典型，为进一步加强思想政治理论课教学工作构建良好风气。

3. 加强学校思想引导

网络教学是课堂教学的重要辅助方式，具有帮助学生学习知识、掌握理解理论等重要作用。要充分利用网络教学的功能，不断对网络教学方式进行改革创新，大力促进网络技术与传统教学形式的融合。

落实高校主体责任。高校党委书记要落实高校思想政治教育第一责任人责任，校长要切实担负起政治责任，不断完善思想政治教育工作制度，健全教学监督机制，大力提高思想政治教育教学质量。高校应该构建由宣传、教务、学工、科研、人事等部门通力协作的教学管理体制，促进其他科目课程和思想政治教育课程紧密联系，改进完善考核方式。采用多种方式考核学生对知识的掌握情况，注重考核学生运用马克思主义观点分析、解决问题的能力，力求全面反映大学生的马克思主义理论素养和思想道德品质。

4. 推动家风家教养成

一是限制环境，控制时空。正确引导孩子浏览官方网站，抵制不良网站信息的阅读。控制时空，即控制孩子的上网时间及上网空间。二是正确引导，密切沟通。经常和孩子进行亲切沟通，了解孩子日常状态，丰富孩子生活。家长要为孩子营造健康、积极的家庭氛围，带领孩子多了解社会，要在日常的生活休闲活动中潜移默化地对孩子进行网络道德教育，让孩子健康成长。

三、提升高校思想政治教育实效性的意义

（一）坚定正确的政治方向的根本保证

所谓政治方向，是政治立场、政治理想、政治态度、政治品质、政治信念等的综合表现，其中，政治理想和政治信念起着支配作用，是思想和行为的精神支柱。一个人所拥有的坚定正确的政治方向，既不会与生俱来，也不会自发产生，而是需要通过不断地进行思政教育获取。人才的政治方向，从根本上说，就是社会主义、共产主义的方向。思政教育实效性对于确立和坚定人才的社会主义方向具有主导性的作用。

1. 思政教育是提高社会主义觉悟的基本途径

人才的政治方向正确与否，经常地表现为政治觉悟的高低。高校思政教育就是要从理论和实践的结合上对大学生进行社会主义、共产主义的教育，帮助他们不断提高社会主义的觉悟程度。

2. 思政教育是党的路线、方针、政策得以在大学生中贯彻落实的可靠保证

党的路线、方针、政策在大学生中的贯彻落实，主要是指党的路线、方针、政策要为大学生所知晓、所理解、所拥护、所坚持。中国共产党是社会主义现代化事业的领导核心，人才的正确政治方向，最直接的表现形式就是政治上同党中央保持一致；自觉地贯彻执行党的路线、方针、政策，这是社会主义道路和方向的具体体现，是符合广大人民群众的根本利益的，也必然会受到绝大多数群众的拥护。但是，党所确定的路线、方针、政策是从社会主义事业的全局和人民群众的长远的、根本的利益出发的，有时它会同局部的、眼前的、个人的利益发生暂时的矛盾。因此，大学生只有把握社会主义的科学理论、了解社会的发展规律，才能正确地认识和自觉地贯彻执行党的路线、方针、政策。

3. 思政教育是抵制和克服各种违背四项基本原则的思想和行为的重要武器

一个合格的社会主义建设者，必须拥护和坚持四项基本原则，这是起码的政治标准。而这里所说的拥护和坚持，并不只是在口头上承认，而是要真正从思想上接受、行动上执行，在任何复杂的情况下不转向、不动摇。这就需要不断地提高认识水平和觉悟水平，同时，要抵制和克服各种违背四项基本原则的错误的思想和行为，也要依靠思政教育的积极作用的发挥。

（二）对于培养提高大学生核心能力具有重要的现实意义

随着市场经济的不断发展，社会对人才的要求越来越高，人才竞争日趋激烈，怎样让高校大学生在激烈的竞争中脱颖而出，是每个高等院校人才培养的首要任务，也是衡量高校思政教育实效性的重要标尺。因此，提高高校思想政治教育实效性，就应该把思政教育的结果与提高高校大学生核心能力有机统一起来。

就高校学生而言，其核心能力的构成要素应该包括学习能力、沟通能力、适应能力、耐挫能力、组织管理能力、创新能力和问题解决能力七项。当然这种核心能力不是高校学生与生俱来的，必须通过不断学习和实践而获取。成功的思政教育，将会大大促进学生的学习、沟通、耐挫等能力的提高；反之，如果思想政治教育实效性不明显，那么学生的学习、沟通、耐挫等能力将会受到重大影响，最终影响大学生的成长和成才。高校思政教育实效性对培养和提高大学生的核心能力具有重要的现实意义。

1. 有助于大学生学习能力的提高

当前，人类正步入知识经济时代，知识和信息成为经济增值的主体，产业呈现出知识化、软性化特点；同时，知识和行业间的界限被打破，呈现出综合化的趋势。科学技术的飞速发展促使知识老化的周期变短，产品换代加速，职业的更新、更替频繁，这一切在客观上要求高校大学生具有学习的能力。学习能力是学生在学习或实践过程中遇到问题、独立解决时所体现的一种能力，具体是指在学习、实践活动中，能根据学习过程、工作岗位和个人发展的需要，确定学习目标和计划，灵活运用各种有效的学习方法，并善于调整学习目标和计划，从而不断提高自我综合素质的能力。

马克思主义基本观点和方法教育，使高校大学生掌握马克思主义基本观点和方法，学会批判性学习。批判性学习能力主要是指一种反思能力。在一个社会组织里，有必要形成与维持一种促进学习和发展的组织文化，而个体反思能力的发展有助于达成此目标。一个具有职业核心能力的个体须具有对实践和学习进行反思的能力。大学生反思能力的发展不仅对行动有所启迪，而且有利于促进后续的学习。反思能力的发展也有助于大学生及时地更新知识。个体有必要通过对学习的反思和对实践的反思形成与扩充自己的知识库。通过马克思主义基本观点和方法教育，高校大学生掌握批判性学习方法，将学习的重点从掌握固定范围的知识方面，转移到通过对学习和实践的反思建构和形成自己的知识与能力体系方面，进而提升自己的核心能力。

2. 有助于大学生实践能力的提高

在现代科学技术日新月异的条件下，人的智力水平不仅取决于获取知识、运用知识和创造知识的能力，也受科学思维方法与理论和实践相结合的能力的影响。思想政治教育对大学生进行马克思列宁主义世界观的教育，用辩证唯物主义思想武装大学生头脑，帮助大学生掌握科学的思维方法，使他们的思维从专门学科的相对狭隘的视野或形而上学的思维方法中解放出来，引领大学生用辩证的方法思考问题，从事物的整体，从一事物与他事物的联系，从事物的过去、现在和未来的发展去全面地研究问题，以促进智力的开发。大学生的智力开发不仅是一个思维过程，也是一个实践的过程。大学生的实践能力不仅影响智力发展的水平，也直接关系智力应用的程度。一个只拥有书本知识而缺少实践能力的人，从某种意义上说，不能算是智力全面发展的人，应该把培养和提高实践能力作为开发智力的一项重要内容。高校思想政治教育内容十分强调实践性，通过组织各种实践活动提高大学生的组织能力、社交能力、活动能力，锻炼大学生在实践中运用和发展知识的能力，进而促进创造性思维和创造能力的发展，使大学生的智力得到更为全面的开发。

3. 有助于大学生适应能力的提高

适应能力是高校大学生自我成长过程中必须具备的一项重要核心能力。高校大学生毕业后，走上工作岗位，将面临全新的环境，在这样的环境中将不再有父母和教师的呵护和迁就，他们必须独立地去面对，学会适应，否则面临的就可能是失业。同时，随着社会竞争的日趋加剧，职业的稳定性大幅下降，个人的职业生涯中可能要经历多次的职业角色变化，如果不具备较强的适应能力，自然很难在激烈的人才竞争中立于不败之地。因此，适应能力也是高校大学生核心能力的重要组成部分，培养和提高大学生的核心能力，必须加强大学生的适应能力的培养和提高。

高校思政教育课程的开展，能够帮助大学生更好地认识自己，发现自己身上的不足，并不断加以改正，多学习他人身上的优点，尽可能多地去尝试、经历。在多次实践经历后，大学生能在衡量自己的能力后设定适合自己的人生目标，提高自己的适应能力。这样在将来的就业中，不会出现因为环境不尽如人意而难以施展自己的才华的现象。

4. 有助于大学生沟通能力的提高

当今世界，沟通能力已经成为 21 世纪人才竞争的重要能力之一。随着社会利益多元化的发展，社会问题也呈现出复杂化的趋势，个人在应对这些社会问题时，能力显得越来越有限，很多时候，不得不借助他人的帮助来解决这些社会问题，即需要与人合作。与人合作的前提是必须进行必要的沟通，个人必须具备良好的沟通能力；同时，与人合作也是良好沟通能力的表现。因为与人合作要双方协商、配合，自然离不开良好的沟通能力。

随着网络技术的发展，越来越多的高校大学生通过网络获取知识和信息。网络改变了传统社会交往的秩序和规则，传统的人际交往关系亲和力强，个人沟通能力是在与他人的接触中得以提高的。随着网络技术的出现，人们的交往不再受时空的制约，不必顾虑世俗和利害冲突，可以随时随地寻求思想和情感交流。新型的"人机关系"开始出现，使人们感到无比自由，避免了现实世界的危机和压力，但长期的"人机交往"很容易导致虚拟与现实的混淆和错位，使人产生孤独、苦闷、焦虑等消极情绪乃至在现实中出现人际交往障碍。不少大学生表示：迷恋上网络后，给家里打电话、与朋友聚会的次数大大减少了。更有甚者，大学生在网络社会交往中一旦受骗，容易导致对现实社会人际交往产生怀疑、悲观的态度。这对那些原来就有人际交往障碍但又渴望别人关心、理解的学生来说更是雪上加霜。此外，长时间的网络交往，容易造成人际情感的淡化，使人趋向于社会分隔化和个人孤立化，导致大学生人际关系疏淡、沟通交往能力下降。

针对上述情况，高校思想政治教育工作者开展了大量诸如社会调查、小组讨论、集体参观、主题辩论等活动。通过这些活动，学生表达了自己的观点、获取和分享了信息资源，进一步认识了他人和社会，建立起彼此之间的联系，从而提高了自己的沟通能力，增强了个人的核心能力。因此，高校思政教育的第二课堂是培养大学生沟通能力的重要渠道，也是培养大学生核心能力的基石。

5. 有助于大学生组织管理能力的提高

组织管理能力，按照美国管理学家杜拉克的观点，指一种参与能力，是指劳动者形成自己的工作场所和工作环境，做出决定，并为承担职责做好准备的能力。它包括理解业务过程和组织机构的能力、理解组织的财政情况的能力、理解组织的行政管理和其他方面的管理事务的能力、理解并进行质量管理和质量控制的能力、监管的能力、教授和培训的能力。在现代企业中，随着劳动者流动性的加大，企业中永久性的劳动者会不断减少，企业必须信任劳动者，而劳动者必须担负起管理自己的职业生涯的责任。在新的环境下，劳动者要能在工作场所做出决策，这要求劳动者必须具备一种组织管理能力。高校通过思想政治教育工作战线——学生会和社团，让学生组织相关活动，参与学生事务管理，提高学生的组织管理能力，增强学生的核心能力。

6. 有助于大学生解决问题能力的提高

在高等教育过程中，有必要强调大学生利用认知过程解决现实问题的能力。因为高校大学生无论是在学习还是在将来的工作中，都将遇到一系列的现实问题，作为有竞争力的高等人才，大学生必须能快速而妥当地处理好这些问题，这也是提高大学生核心能力的前提。

就高校思政教育实效性对大学生问题解决的意义而言，思政教育工作者通过社会调查实践、案例分析等手段创设与大学生成长成才相关的问题情境，要求大学生运用已掌握的知识、技能对其进行分析、判断，有效地利用资源，通过提出解决问题的意见，制订并实施解决问题的方案，并适时对其进行调整和改进，在实践中解决问题、完成任务，包括按工作任务要求，运用所学知识发现问题、分析问题、提出问题；工作过程中的自我控制和管理以及工作评价、安全意识和社会责任感等。通过这样的锻炼，不断提高大学生解决问题的能力。

7. 有助于大学生创新能力的提高

伴随着科技的创新与发展，我国知识密集型的产业逐渐增加，传统的产业结构在优化提升，新兴产业不断涌现，因此，需要大批高等技术创新人才。高等技术创新人才需求的竞争，本质是高校大学生创新能力的竞争。

创新能力是指在工作活动中，为改变事物现状，以创新思维和技法为主要手段，能提出改进或革新的方案用于实践，并能调整和评估创新方案，以推动事物不断发展的能力。它是从事各种职业特别需要的一种社会能力，是高校大学生核心能力中最为重要的能力。为此，高校思想政治教育工作者设立了"思想政治论坛"，组织学生自由选题，自主查阅资源，进行研讨交流；组织学生撰写报告、研究答辩等，开阔了学生的眼界，拓宽了学生的思路，增强了学生思维的敏捷性、灵活性和创造性，使其真正学会学习、学会研究、学会创造，逐渐培养大学生的创新能力，增强其持续发展的潜力。

高等教育的多年实践证明，不断加强大学生的思想道德教育的实效性，不仅能不断提高大学生的思想政治素质、道德品格和法律修养，还能培养和提高大学生的学习、沟通、适应等能力，增强大学生的核心能力，帮助大学生尽快适应岗位需求，在职业环境中重新获得新的职业知识和技能；促使大学生在工作过程中调整自我、发展自我，形成可持续发展的能力，促进自我的全面发展。

第三节　新媒体时代高校思政教育亲和力的提升

一、新媒体背景下高校思政教育亲和力的内涵

（一）新媒体背景下高校思政教育亲和力的含义

高校思政教育亲和力作为一种情感上的持续的推动力，限定的范围不同，推动的主体和接受的客体是特定的，所产生的影响也不同。高校思政教育亲和力可

理解为将亲和力作用的空间范围限定在高校之中，其中，主导亲和力提高的主体指的是高校的思想政治教育工作者，包括思想政治理论课的教师，以及大学生日常思想政治教育工作者、党政干部和专职辅导员或教务人员；客体指的是高校中接受教育的大学生群体。新媒体背景下开放共享的理念和先进技术优势悦纳了不同群体，尤其是走在时代前沿的大学生群体，高校思政教育亲和力可以通过积极利用新媒体背景下的先进理念和技术优势提升教育对象的亲近感、认同感而获得其对所传递价值理念的悦纳。

基于以上分析，新媒体背景下高校思政教育亲和力可以理解为高校的思政教育工作者即教育主体坚持以人为本的理念，遵循思政教育的基本规律，通过借鉴新媒体思维和利用新媒体技术优势，持续优化教育过程与提升自身素质，使大学生对思政教育增强亲近感、认同感、和谐感。

（二）将亲和力纳入新媒体背景下研究的原因

第一，顺应思想政治教育生态的变迁。当代科学哲学家米歇尔·塞尔在其著作中指出，"受众"被媒体"格式化"了，在这个"师生媒体化"时代，一方面，主客体关系发生了改变。新媒体的隐匿性与平等性等特征使主客体界限日趋模糊，师生间思想的差距越来越取决于对新媒体背景下信息的了解和对新技术的掌握程度。换句话说，新媒体背景下如同有着一道看不见摸不到的"信息之海"，如果教育者没有掌握"划舟"的技术甚至没有"划舟"的意识，那么只能和学生"相隔两岸"；另一方面，传统封闭的"百人课堂"式教育场所被摒弃，传统课堂的"信息红利"弱化，无时不网、无处不网的新媒体网络瓦解了传统课堂时空受限的弊端，大学生越来越青睐于在空间开放、时间自由、言论民主的网络平台学习。高校若想提高思政教育亲和力，就不能故步自封，新媒体必然要进入高校思政教育的视野。

第二，将亲和力与新媒体的理念与目标具有契合性。首先，新媒体以其开放共享的理念悦纳了不同群体，当前，大学生是新媒体技术使用的主力军，大学生人手至少一个新媒体账号，而对于高校思政教育亲和力工作而言，教育对象在哪，工作就要做到哪，这与亲和力工作应该包含思政教育全员、全过程、全方位的宗旨相统一；其次，新媒体背景下"用户至上"的理念将用户的需求放在首位，具有民主、平等的特点，本质上体现的是以人为本的思想，这与现代高校思政教育亲和力工作以学生需要为本的宗旨不谋而合；再次，新媒体注重用户的黏度，用户黏度是指用户对于品牌或产品的喜爱、信任与良性体验等综合表现的依赖程度和再消费期望程度，即什么东西吸引人，什么东西就能黏住教育对象，就能"增粉"，这与思想政治教育亲和力研究如何通过提升教育对象的亲近感、认同感，最终实现其对所传递价值理念的悦纳是同样契合的，如商业化的运营模式就因能抓住人的心理特点而"增粉"，值得高校参考；最后，网络并非高校思想政治教育的盲区，在媒体网络环境中积极树立阵地意识、以加强网络阵地的意识形态建设为当前的首要目标，同样以媒体网络环境潜移默化地向大学生传递特定价值观念也是当前思想政治教育的重要手段，二者具有内在旨归的一致性。

第三，亲和力与新媒体相互作用，相辅相成。首先，新媒体技术手段的不断革新增强了高校思政教育亲和力提高的可行性。新媒体背景下，移动终端的不断创新使得高校思想政治教育途径的传播呈现多样性。如通过微信公众号推送使大学生获得更加直观的声、光、触信息体验；在网络直播中，大学生可以通过实时的弹幕进行互动；通过虚拟现实技术实现教育的情境化和体验化，加深大学生对教育活动的记忆。而这些被称为"第六感官"的媒体平台和技术手段，恰恰适应了现代大学生的思维方式和使用习惯，相比于传统媒体进行的教育，随着媒体技术成长起来的大学生，仿佛对新媒体有着先天的熟悉感和兴奋感，二者之间也似乎有着天然的联系。其次，高校思想政治教育亲和力的提高又反过来规范了复杂的新媒体环境。意识形态领域很多错误思潮和问题往往以网络为温床而发酵。加之现今经济全球化浪潮的兴起，部分大学生群体的价值取向呈多元化趋势，网络上人云亦云的错误跟风现象盛行，言行过激的文化不自信现象比比皆是。高校的思想政治教育亲和力提升，使得大学生对思想政治教育所传递的价值理念自觉悦纳，从而完成正确的价值观念的构建，那么复杂的新媒体环境自然而然就会得到规范。

二、新媒体背景下高校思政教育亲和力的构成要素

（一）兼具人际魅力与传授魅力的教育主体亲和力

思政教育主体是思想政治教育活动的组织、实施与调控者，包括从事思想政

治理论课教学和日常思想政治教育不同岗位的工作人员。哲学上的主客体观经历了由本体论到认识论的过程，而近年来"主体间"理论较为盛行。虽然说教育者与受教育者二者是主体间关系，但基本上主体应是教育者，起主导作用。教育主体是教育亲和力的直接体现者，它是实现亲和力的基础的、能动的、显性的力量，在教育过程中扮演着启发、催化其他教育亲和力的重要角色，起着协调其他亲和力要素的中枢作用，具有不可替代性，既是亲和力的发起主体之一，又是串联其他要素、优化教育活动的主导者，一定程度上决定了高校思政教育亲和力的实现程度。

新媒体背景下教育主体亲和力主要体现为良好的人际魅力和传授魅力。首先，教育主体的人际魅力是指教育者在大学生学习认知、情感交往过程中，所展现出来的态度、情感、气质、个性等方面的总和，其核心是人际的吸引力，体现着人与人之间心灵的亲密度、思想的融洽度和行为的协调度。由情感力、形象力、学术力等综合构成，一名合格的高校思政教育工作者应本着以人为本的理念，在情感上对受教育者倾注充分关怀和尊重，以平易近人的态度打破传统的教师刻板、严肃的形象，并以专业的知识底蕴为大学生解决思想上的困惑，从情感、道德、知识三个层次成为大学生精神世界可以信赖、亲近和敬仰的引导者和合作者，所谓亲其师，才能信其道。其次，新媒体背景下，教育主体的传授魅力是指以较高的媒介素养精心设计所传授内容，使之呈现出艺术力、感染力与吸引力，包括教育主体的扎实的理论功底和富于艺术性的教学形式。新媒体背景下，传统"百人课堂"的照本宣科式传授已不能满足大学生的需求；同时，"互联网+"教育的出现，使得教育主客体间的明确界限日趋模糊，人们并不关注讲授者是谁，反而更关注讲授内容的优劣，因此，教育者应该思考的是如何提升自己的传授魅力使讲授内容成为大学生喜爱的黏性内容。可见，无论是现实的还是虚拟的教育途径，转变传统的教育理念，借鉴互联网思维，不断提升自己的媒体素养，与大学生进行思维与情感的交融，才能提升教育者自身的传授魅力。

（二）理性深度与现实温度并存的教育内容亲和力

思政教育内容是指教育者向受教育者所传递的符合一定社会要求的思想道德信息，是实现教育目的的载体，同时，也是构成思政教育活动的最基础部分。思政教育想要有亲和力，除了要使教育主体"以情化人"，更要用内容"以理服人"。部分学者将其归纳为"内在力"，它是思政教育呈现出的一种真理的力量，使大学生在思想上与之产生共鸣。马克思指出，理论只要彻底，就能说服人。所谓彻底，就是抓住事物的根本。因此，在新媒体环境海量纷杂的信息中，思政教育内容要能抓住根本，彰显教育内容的理论深度。这种深度并不是说理论多么高深晦涩，而是说在理论逻辑上要有一定的科学严谨的说服力、解释力。只有讲通思政教育内容的道理和逻辑，才会使受教育者不排斥这种特定的价值观念，从而产生亲近感与和谐感。

面对新媒体背景下多重社会意识形态的激烈交锋，思政教育内容只有理论的深度是不够的，还必须蕴含现实的温度。这种现实温度表现为要有问题导向意识，要能旗帜鲜明地对一些错误思潮和价值观念加以批判与引导。还要能融入受教育者的生活世界，满足他们真正的需要，直面大学生成长期遇到的思想上的困惑和对未来生活的迷茫。如果把马克思主义基本原理变为脱离生活实践的冰冷教条进行说教，那么最终则会丧失生命力和说服力。只有传授具有现实温度的思想政治教育内容，受教育者才不会觉得教育内容是"形而上"的枯燥理论，从而实现理性与感性的双重亲和。

（三）契合个性意识与时代意识的教育方法亲和力

思政教育方法指的是在遵循以人为本的前提下，为教育活动的顺利展开以及教育目的的顺利达成所采取的一定教育手段和途径。思政教育是否具有亲和力，与教育者以何种方式开展思政教育活动是密不可分的。

在新媒体背景下，大学生的个性意识凸显，传统单一的课堂说教方式只会遭到他们的抵触和排斥。由于个体主客观条件上的差异，思政教育方法亲和力首先表现为要有针对性，要因材施法；其次表现为人文性，在遵循思想政治教育基本原则的前提下，能与受教育者换位思考，将情感的交流与精神的融合放在首位；最后表现为艺术性，艺术性就是要通过个性的交流将教育方法灵活运用，具体问题具体分析，从而找到最适合受教育者的方法，而非不分地点场合的生搬硬套，总之就是使教育方法契合个性意识，充分尊重受教育者，了解每个个体的真正所需，这样才会使受教育者产生亲近感与悦纳感。

思政教育方法的亲和力还要兼具时代意识。新媒体技术的不断变革也要求具有亲和力的方法进行变革，在数字技术高度发达的今天，思政教育方法要与时俱进，以新媒体技术实现思政教育和科技的高度融合。具体来说，这种时代意识集中表现为教育方法的生动性、趣味性、创新性。例如，将传统谈话咨询法与大数据技术相结合，不但可以增强此方法的针对性，更能增强科学性，通过数据分析提前准备好谈话内容，更容易拉近与受教育者心灵的距离。

（四）开放多元与新旧交融并存的教育载体亲和力

在思政教育活动中，教育者用于承载和传递特定教育内容与价值观念的部分都可以称作载体，常见的载体包括大众传媒载体、文化载体、语言载体、活动载体、情境载体等。虽然载体形式种类众多，但在实际的思政教育活动中不能将它们独立区分开来，而应将多元的载体进行科学的有机组合并综合运用，发挥其最大效力。

开放多元是指横向上教育者要使教育载体具有开放性与多元性。新媒体背景下不同文化的边界日益消融，在各种信息如潮水般涌入的背景下，教育者除了要多元地选择和运用载体，还要报以开放的心态，不断提高自身眼界和素养，对不同地域、不同国界的教育载体呈包容之姿，取其精华、去其糟粕地批判性运用。只有在空间上开放多元地运用教育载体，教育内容才会以最好的形式呈现出来，受教育者也才会为之吸引亲近。

而新旧交融指的是纵向上教育者要发挥传统的教育载体和新兴教育载体的合力。首先，重视思政教育课堂的主渠道等传统载体，努力提高思政理论课的亲和力，在注重教材理论完整性的同时，更加注重学生的现实需求。其次，因时制宜，在传统载体的基础上，大胆地对已有载体进行创新，如将传统的话语载体由书面语言转变为接地气、生动幽默的通俗语言；或以喜闻乐见的形式搭建具有互动性、开放性的新媒体实时教育平台等。当前，新媒体技术在思想政治领域可发挥的空间仍需高校深度挖掘，以教育载体的新旧交融实现思想政治教育学术性、人文性、感染性、现实性的高度统一。

（五）和谐民主的校园文化环境及虚拟舆论环境的亲和力

思政教育环境是指能够影响教育对象思想观念形成与发展的一切外部因素的

总和。马克思主义的人与环境关系学说科学揭示了人与环境之间是辩证统一的关系，一方面，环境为人的生存和发展提供必要的物质条件；另一方面，人的认识被环境影响，即社会存在决定社会意识，社会意识是社会存在的反映。以此为理论依据得知，在思想政治领域，积极健康的环境能够在潜移默化中引导、感染人形成正确的价值观念，而纷杂的环境必会在一定程度上不益于人的身心发展。

高校思政教育环境分为校园文化环境与虚拟的舆论环境。其中，校园文化环境又被称为中观环境，其指高校经过长期积淀，对某一价值体系形成的共识，是高校精神风貌的集中体现，既包括课堂、物质设施显性的文化环境，也包括校风、制度等同样起教育作用的隐性文化环境。无论是显性的还是隐性的文化环境，都应摒除那些思政教育中硬性、强制性甚至不公正等的行事风格，将民主和谐的观念纳入校风、师风等校园文化环境建设中，自上而下地形成使受教育者倍感信赖、亲近的校园文化环境。

随着新媒体网络技术的盛行，以符号数字化为代表的网络话语体系兴起，区别于主流文化和精英文化的青年亚文化已成为校园文化不可分割的一部分，大学生文化消费呈多维性和选择性等特征，这些无一不表明校园文化环境正在发生着变革。与此同时，可以看到，由这种变革所带来的一些不利于思政教育顺利开展的虚拟舆论在持续发酵，如一些高校形象及教师形象被无故抹黑，社会道德、价值观念在网络上被娱乐化等，归根结底是由于高校思想政治教育工作在新媒体中的话语权生硬化、敷衍化及官方化，没有满足大学生的诉求造成的。因此，高校虚拟的舆论环境应同样纳入和谐民主的观念，使受教育者都能感受到自己是舆论环境建设的一分子，才能感到亲近和谐。

三、新媒体背景下高校思政教育亲和力提升的途径

（一）借鉴媒体思维：增强情感共鸣力

新媒体的热度之所以只增不减，究其原因，在于其以"用户为上、体验为先、内容为王、创新为要"的新媒体思维抓住了新时代主流大众的心理。在新形势下，教育者必须摒弃传统的育人理念，在理论功底、人际交往、道德品行三方面积极借鉴新媒体思维，以大学生的情感需求为"上"、价值体验为"先"、人

文性的内容为"王"、教育形式创新为"要",打造属于思政教育工作者特有的主体魅力场,不断增强大学生之间的情感共鸣力,促使受教育者以最优状态接受思政教育所传递的特定价值观念,由对人的好感过渡到对思想政治教育的好感。

1. 确立"以情感人、因材施教"的人际魅力

想要提高人际魅力,教育者需要运用人际吸引律,借鉴"用户为上、内容为王"的思维,以前沿的眼界、平等的姿态、高度的热情对受教育者产生人际吸引,塑造一个新媒体环境下的良性互动机制与互信氛围,使教育主体的亲和力在一种和谐氛围下不自觉地显现出来。

2. 打造"以德化人、严慈相济"的形象魅力

高校思政教育工作者具有劳动示范性特点,他们的精神气质、道德品格、一言一行都在潜移默化中影响着教育对象。亲其师才能信其道,要用堂堂正正的品格做学生的表率。新时代下,教师要树立坚定的理想信念、崇高的道德情操,集仁爱之心为一体的教育形象,在言传的同时,更不忘身教,给学生心灵塑造埋下真善美的种子,"引导学生扣好第一粒扣子",使受教育者在教育者的一言一行中感受到亲近、和谐的力量。针对高校层面来说,更应及时净化舆情,面对谣言及时澄清,帮助教育工作者树立积极正面的形象。

3. 培养"以理服人、虚实统一"的传授魅力

思政教育作为理论知识型为主的学科,其道德教化性较强,在新媒体背景下,借鉴新媒体"内容为王"和"创新为要"的思维,注重运用新媒体技术进行不断加工和创新,不断增强教育主体"以理服人、虚实统一"的传授魅力。这就要求高校在重视教育工作者理论素养的同时,更要加大人力、物力、财力的投入,注重对教育工作者媒介素养的培养与提高。可以说,培养集高媒介素养和高理论素养于一身的复合型人才队伍,是适应时代飞速发展的必然之选,更是提高教育工作者自身传授魅力、缩小与受教育者心灵与思维的鸿沟的捷径。

(二) 延伸理论空间:加深价值认同力

1. 开展"互联网+教育"的延伸式教学

新媒体背景下"互联网+教育"的出现,充分使课堂教学得到了时间与空间

上的延伸，实现了以课堂教学为基础、以网络与实践课堂为辅的立体化时空教学，是线上和线下教育的大融合。结合"互联网+教育"开展思政教育是专注服务学生、尊重育人规律、拥抱时代的必然之选。

2. 巧用微平台扩充日常隐性教育新阵地

可以看到，在新媒体背景下，大学生的认知特点和需求都有了新的特点，以往单向度的红色网站等教育形式，已经无法适应新媒体时代下大学生的个性需求，高校必须了解大学生的信息接受偏好，精心设计大学生喜闻乐见的教育形态，积极开发易于网络有效传导的隐性化内容，满足大学生对教育个性化的诉求，使思政教育在竞争激烈的网络领域占据一席之地，实现思政教育显性化与隐性化的统一。

3. 加强新形势下的适应性理论研究

每一个时代的理论思维，都是一种历史的产物，它在不同的时代具有完全不同的形式，同时，具有完全不同的内容。新媒体背景下，社会实践和信息技术不断向前发展，思政教育理应与时俱进，改变传统意义上对思政教育的理论价值和固有属性的认识，在满足大学生认知需求的基础上，更注重其情感层面的需求，走进网络、利用网络，以崭新的媒体网络视角不断加强基础理论、认知需求理论和心理动态理论的优化研究，打造贴近大学生生活实际，既有深度又有温度的教育内容。

（三）推动方法创新：增强艺术感召力

新媒体背景下，一些传统的思政教育方法已经不能完全适应新的现实环境，面对新媒体技术带来的机遇与挑战，教育主体必须积极拓宽媒体视野，在对传统教育方法精准总结的基础上，将传统教育方法与新媒体技术相结合，打造富有艺术力和感召力的教育方法。

1. 结合媒体体验推进网络同构式教育法

网络同构式教育法是指以教育主客体间的共同或相似属性为切入点建构起的互依互信的和谐域，坚持了以人为本的宗旨，真正体现了对教育对象主体性的高度尊重，蕴含了丰富的情感关照，主要分为教育目标、思维方式与情绪情感的同构。

2. 结合"意见领袖"完善朋辈渗透式教育法

朋辈渗透式教育法是指通过榜样示范、互帮互助等多种途径,积极发挥背景相仿、趣味相投、追求一致的大学生群体内部间的相互影响性和感染性,在潜移默化中促使个体见贤思齐、取长补短,最终达到群体共同成长的效果。面对新媒体带来的种种挑战,只有正确运用朋辈渗透式教育法,积极发挥群体间的影响作用和带头作用,通过在大学生群体中培养网络"意见领袖",打造朋辈渗透式教育的媒体平台等,才能不断丰富朋辈渗透式教育形式,更新朋辈渗透式教育理念。

3. 结合大数据分析创新咨询辅导教育法

咨询辅导教育法的本质是疏导,以教育主客体间良好的人际互动为前提,它是彰显思想政治教育亲和力的重要方法之一。新媒体背景下的大学生有两种存在形态:一是现实中以肉身存在的个人,其思想难以琢磨;二是在新媒体网络中以数据形态存在的虚拟人,通过数据分析可将其思想高度透明化。因此,咨询辅导教育法理应结合大数据进行创新,依托互联网和各种移动终端,使思政教育工作者可以广泛收集思想政治教育对象的信息。

第七章　高校思政教育路径的创新发展

第一节　高校思政教育的理论课建设创新发展

一、高校思政教育理论课课堂教学的特点

(一) 高校思政教育理论课教学的引导性

对于高校思政课课堂教学而言，主要是为了引导和帮助学生树立科学的三观，以更好地实现学生的全面发展，成为新时代国家发展需要的建设者。青少年正处于人生"拔节孕穗"的时期，需要理论课教师对其进行精心的引导和栽培，引导学生树立四个自信。所以，引导性是高校思政课课堂教学所独有的特点，引导性发挥得好与坏对高校思政教育的效果产生了直接影响，也将影响中国梦的实现。当前处于网络化时代，信息的快速传播给学生搜集信息带来了便利，有利于培养学生的创新意识，但也会产生负面的影响。大学生的人生阅历浅，正处在三观形成的重要时期，很容易对社会现象进行错误的分析，容易导致极端行为的产生。同时某些西方国家企图将自身的信念强加给别人，如果大学生对事物的辨别能力不强，就会被蒙蔽双眼，混淆是非对错。

因此，高校学生的这种迷茫状态，亟须教师发挥高校思政课的引导性，帮助他们理清思绪，引导他们朝着符合社会发展要求的方向发展，达到社会发展的要求。思政课课堂教学的引导性表现在课堂教学的内容、方法等各个方面，对高校学生的思想、政治、道德等方面的发展起到了正面的积极引导作用。积极的正面引导有利于高校学生形成正确的道德素质和较高的思想水平，有利于高校学生构建正确的"三观"，成为国家发展需要的高水平、高素质人才。

（二）高校思政教育理论课教学的思想性

高校思政理论课课堂教学的思想性主要是在课堂教学中，教师根据党和国家制定的各项方针政策，对学生进行思想政治教育，在思想和观念上引领学生拥护党制定的各项方针政策，提升学生的思想认识，树立正确的"三观"。所以，思想性是它的显著特点。发挥思想性的特点，课堂教学必须做到以下几点：第一，向学生传授马克思主义的世界观和方法论，使学生对马克思主义有一个全面、系统的认识，掌握其中的观点和方法，拓展学生的思想视域；第二，用社会主义核心价值观强化教育引导，使学生明白是非善恶的评价标准，将其融入自身的发展中，做到信仰它、传播它，并积极践行；第三，要正确处理好思想与学术之间的关系，既要帮助学生掌握相关的理论知识，又要注重培养学生的道德素质，使思想处于主导，学术处于从属；第四，教师要抓住学生在发展过程中遇到的思想认识问题，采用结合学生实际的实例教育，有针对性地讲述相关的理论，用新时代的思想铸魂育人，帮助学生解决思想上的疑惑，引导学生树立正确的"三观"。

（三）高校思政教育理论课教学的政治性

高校思政理论课课堂教学的政治性实质上体现了中国特色社会主义大学的本质要求。高校思政课作为一种思想政治教育，是上层建筑的一个重要组成部分，肩负着实现中华民族伟大复兴和培养新时代发展需要的有用人才的历史重任。我国高校必须要坚持正确的政治方向，我们的高校是党领导下的高校，是中国特色社会主义高校。由此可见，高校思政课的政治性十分鲜明。高校思政课课堂教学关系到培养什么样的人以及为谁培养人，课堂教学效果的好与坏直接关系到伟大复兴的进度，关系到党的执政地位。因此，高校思政课课堂教学必须紧紧围绕政治性进行，坚持政治性与学理性相统一，在大是大非面前保持清醒的头脑，用科学的理论解释政治，使课堂教学以理服人，并在此基础上有目的、有计划地传授马克思主义理论和相关政治文化，引导学生探索人类和社会的发展规律，学会运用科学的政治学理论，提高政治鉴别力。

二、高校思政教育理论课课堂教学的作用

（一）有利于提高高校学生的辩证思维能力

辩证思维能力是指高校学生能够利用辩证思维的方法去看待生活中遇见的各种各样的现象，并且能够运用客观、联系、发展、全面的观点，去处理各种现象的一种能力。要学习掌握唯物辩证法的根本方法，不断增强辩证思维能力，原因在于思政课程中蕴含着丰富的辩证方法，教师通过课堂将理论与实际联系在一起，将抽象的知识变得通俗易懂，使学生易于掌握辩证的方法，形成辩证思维的能力，并将这种能力应用到日常的生活工作中。

高校在思政课教学中，教会学生运用辩证的方法看待各种社会现象，认识事物发展过程中具有前进性与曲折性，弄清楚事物的内部矛盾是其发展变化的原因，可以帮助学生在看待社会某一具体的现象时，不要盲目跟风，要深入调查现象发生的原因，对现象进行全面的分析，通过现象的表面看到其本质，正确地认识世界和改造世界。同时，高校思政课要紧密联系学生的思想实际，运用辩证思维的方法帮助学生分析生活中遇到的各种现象，分辨是非，提高学生运用辩证思维的能力。

（二）有利于增强高校学生分析和解决问题的能力

通过高校思政理论课课堂教学，学生树立正确的世界观和掌握科学的方法论，增强分析和解决问题的能力。《马克思主义基本原理概论》通过将马克思主义的观点、立场和方法与学生的实际紧密结合，使学生将课堂知识应用到实际生活中，从而树立正确的世界观和方法论，使学生在日常的生活和工作中，坚持一切从实际出发、实事求是、理论联系实际、讲求工作实效，不搞形式主义，以此来分析问题和解决问题。《中国近现代史纲要》主要是让学生能够运用辩证、历史的观点分析问题，透过纷繁复杂的社会现象认识社会生活的本质和发展趋势，从而可以使自身分析问题和解决问题的能力得到有效提高。《思想道德修养与法律基础》主要解决学生关心的热点问题和实际问题，引导学生一步步思考，看清问题的本质，培养学生分析和解决具体问题的能力。

三、高校思政教育理论课建设创新发展的路径

高校思政课关系大学生自身的发展，也关系到我国人才战略目标的实现。当前我国高校思政理论课课堂教学中存在一定的问题，为此，我们必须立足整体与全局，结合当代的发展，多管齐下，找到有效解决问题的路径。

（一）坚持高校思政理论课课堂教学的基本原则

科学坚持高校思政课课堂教学的基本原则是提高课堂教学质量的必要条件。因此，高校思政课课堂教学必须坚持政治性与学理性相统一、坚持因材施教与以学生为本相统一、坚持知识传授与情感共鸣相统一的基本原则，只有这样，理论课课堂教学才能顺利开展，教学目标才能顺利实现，课堂教学效果和质量才能提高。

1. 坚持政治性与学理性相统一

要不断提高思政课的教学效果，要做到坚持政治性与学理性相统一，用鲜明通彻的道理回答学生的问题，用易于理解的话语说服学生，用马克思主义的真理引导学生树立正确的"三观"。政治性主要体现在高校思政课教学是对学生进行系统的马克思主义教育和社会主义意识形态的教育，体现出无产阶级的立场和观点。学理性是指高校思政课要培养新时代的有用人才，就是要培养"德才兼备"的建设者，这就要求不仅有正确的政治方向，还要向学生传授科学的理论知识，让学生掌握相应的理论知识。高校思政课课堂教学只有坚持政治性与学理性相统一的原则，才能有效解决当前存在的问题。第一，要有坚定的政治立场，在大是大非面前保持政治清醒，在思想上、行动上同党中央保持高度一致；第二，既要坚持马克思主义的真理，又要看到马克思主义是不断发展的，要善于培养学生运用辩证法和历史唯物主义的能力；第三，用科学的真理解释政治，让思政课以理服人，引导学生领悟马克思主义的真理。因此，只有将二者相统一，才能解答学生的思想疑惑，提高课堂的教学效果和水平。

2. 坚持因材施教与以学生为本相统一

高校思政课课堂教学坚持因材施教的基本原则，主要是指在课堂教学中，对

学生的实际需求加以了解，并按照学生的专业兴趣，把课堂教学内容与学生专业有机结合在一起。

以学生为本就是指根据社会的热点问题和学生的思想疑惑，有针对性地答疑解惑，制定相应的教学策略和方法。高校思政课课堂教学只有坚持因材施教与以学生为本相统一的原则，才能提高教学效果，该课程课堂教学要做到因材施教，就必须做到以理服人，并且还要与大学生的思想实际进行密切联系，思考高校学生在想什么，关注的社会热点问题是什么，他们在思想上存在什么困惑，他们期望在理论课课堂中有怎样的收获。高校思政课课堂教学要做到以学生为本就必须把学生放在主体地位，主动回应大学生关心的理论问题，培养他们的兴趣，提高他们的理论思维能力，把高校思政课知识与学生的专业兴趣相结合，把课堂教学与学生的课外自主学习相结合，课堂教学要紧紧围绕重大历史和现实主题展开，紧贴实际。因此，只有将二者结合起来，才能有效解决当前学生被动接受和参与的问题。

3. 坚持知识传授与情感共鸣相统一

坚持知识传授与情感共鸣相统一主要是指高校思政课课堂不仅需要根据知识本身的系统性，结合学生的实际情况，使学生由浅入深、由简到繁、由表及里地对知识进行掌握，还需要通过传授知识，实现学生的情感共鸣。在高校思政课课堂教学中，传授知识是获得情感共鸣的前提和条件，情感共鸣是传授知识的方向和动力。高校思政课课堂教学要做到知识传授，教师必须树立正确的育人观念，紧密联系学生实际，与学生平等沟通和交流，使学生掌握基本的方法和原理。高校思政课课堂教学要做到情感共鸣，必须使学生掌握一定的理论知识，只有学生对知识认同才能产生共鸣，才能引发学生的情感共鸣，才能使学生的思想政治素质得到提高，才能使教师的教和学生的学实现统一，用教学相长提高课堂的教学质量，用情感共鸣推动课堂教学的发展。因此，必须坚持知识传授与情感共鸣相统一，推动课堂教学效果和质量的提高。

(二) 全面提高高校思政理论课教学效果的攻坚路径

在全球各种观点大融合、大交流、大碰撞的时代，高校思政课的任务十分艰巨，课堂教学就显得尤为重要。面对这样的现实，应采用以学生为本的教学理念，按照学生的实际需求优化课堂教学内容，加强高校思政教师队伍的专业化建设，形成符合课堂发展的评估机制，营造良好的课堂教学氛围，解决当前存在的主要问题，提高教学的效果和质量。

1. 理念攻坚

教学理念是教师对教学活动的看法和态度，教师对教学行为的一定价值倾向和价值选择也融入其中。只有坚持以学生为本的教学理念，思政课课堂教学的效果和质量才能得到有效提升。

（1）更新以学生为本的教学理念

以学生为本，实现由教师的单向教学向师生互动的转变，要把培养高校学生的身心健康全面发展作为立足点，让学生自愿参与课堂教学，变"被动"为"主动"。只有树立以学生为本的教学理念，才能更好地对学生的思想状况加以了解，满足学生的学习需要，使学生在课堂中有更多的获得感，课堂教学效果就会随之提高。

首先，教师需要通过多种途径，如在课堂上加强与学生的沟通，加强与其辅导员的交流等，了解学生的思想状况和思想疑惑。只有充分了解学生的思想状况，才有利于激发学生的兴趣，才能设计出激发学生兴趣的教学活动，才能选择到学生认可的教学方式，才能提升思政课课堂教学效果和质量。

其次，教师在课堂教学中，要对学生的人格和价值予以尊重，并对学生的能力予以信任，调动学生在课堂教学中的积极性，与学生建立民主、平等、合作的新型师生关系，把严格要求和尊重人格相结合，把教师的主导作用和学生的主体作用相结合，为学生创造自由、民主的课堂学习环境。

（2）树立现代化的教学理念

现代化的教学理念就是指在课堂教学中，教师要发挥引导的作用，学生是主体，掌握着学习的主动权，把培养学生处理各种各样社会现象的能力作为重点。

首先，教师要有现代化的教学目的。教师在课堂教学中根据学生的需要设立相关的自主探究教学活动，调动学生的积极性，使学生主动去学习知识，积极思考和探究。在这个过程中，学生会对思政课产生兴趣，进而会提高课堂的抬头率，课堂教学的效果和质量就会随之提高。

其次，采用五步教学法。在思政课课堂教学中采用五步教学法，按照创设情境—提出问题—提出假设—解决问题—结论验证的步骤展开教学活动，充分调动学生的积极性，引导学生发现问题。在思政课教师的引导下，学生自主探究，寻找解决问题的具体办法，并且加以验证。在这个过程中，激发学生对理论课课堂学习的兴趣和自信心。

2. 师资攻坚

教师是高校思政课的主力军，教师的教学能力直接影响到课堂教学的质量和效果。因此，要打好师资攻坚战，加强教师队伍的专业化建设，让教师充分利用好课堂，发挥好课堂的"主战场"作用，提高课堂的教学效果，实现立德树人的根本任务。

（1）促进教师的自我发展

高校思政课教师是思政教育内容的主要传递者，是立德树人目标的践行者。

首先，政治要强，要有坚定的理想信念。高校思政课教师必须具有纯洁和坚定的思想信念，能够从政治的方面看待问题，并且始终信仰马克思主义，坚持共产主义的理想。教师只有政治要强，具有坚定的理想信念，在大是大非面前保持清醒的头脑，才能做到"有信仰的人讲信仰"，把正确的思想和观念传递给学生，用自己坚定的理想信念引导高校学生，把学生培养成国家需要的人才。

其次，情怀要深，人格要正，自律要严，要有高尚的道德情操。思政课教师要有家国情怀，能够关注时代和社会的发展，并从中汲取知识，同时思政课教师人格要正，自律要严，能够树立无私奉献的人生理想，养成良好的师德师风，在学生中起到示范作用，用人格魅力吸引学生对思政课的关注。

再次，创新思维，拓宽视野，要有扎实的专业知识。一方面，高校思政课教师要不断加强自身的理论学习，通过阅读大量的书籍，对理论课知识进行研究，学习辩证唯物主义和历史唯物主义，掌握课程的最新理论知识和国家的政策方针，创新课堂教学模式，提高课堂教学的亲和力和感召力，使学生有更多的获得感；另一方面，思政课教师要有知识视野、国际视野和历史视野，通过比较，将理论知识讲透彻。

最后，要有仁爱之心。思政课教师要有仁爱之心，关心每一位同学的生活和成长，这样才会对学生的发展产生影响，才能引导学生形成正确的"三观"。

（2）学校构建的各项制度为教师队伍的专业化发展提供了平台

首先，高校应制定合理的教学与科研管理制度，并突出教学工作量的重要性，在教学方面的制度安排上应体现与科研成就同等重要的地位，并在考评中增加教学评价所占的比重，引导教师合理分配在科研和教学中的精力，促进教师队伍在教学和科研上的发展。

其次，高校应加强教师培训与完善制度的建设，采用多样化的培训形式，从教师的实际情况出发，选择适合他们的培训方式，如职前培训、职后培训及后续培养等，加强教师队伍的专业化发展。

最后，高校应建立恰当、合理的教师考评制度。在教师评价制度建设方面，要建立由重科研转向教学与科研并重的评价向导，也要设立由终结性评价变为发展性评价的评价目的。在教师的考评制度建设方面，应对教学考评的内容加以明确，发挥师生评价和教学督导的作用。

（3）政府的政策保障为教师队伍的专业化发展提供了外部动力

政府的政策保障和支持为理论课教师的专业化发展提供了宏观环境，为提高理论课教师的教学能力提供了坚实的基础。政府的政策保障主要是通过政策的引导、经费的支持来实施的。首先，政府要加强政策的引导。政府应主动考虑教师教学能力发展的实际需求，制定相关的政策，鼓励和帮助高校根据本校的实际情况建立独具特色的思政课教师培训组织，如设立全国重点马克思主义学院、全国高校思想政治工作培训研修中心等，推进教师队伍培训工作常态化、制度化。其次，政府要加大经费投入。一方面，政府要引导建立公平合理的收入分配制度和理论课教师资助机制，提高高校思政课教师的起点工资标准，运用经济杠杆调动教师的积极性，使教师能够积极主动地投入课堂教学；另一方面，加大对教师研究经费的直接投入，投入专项经费保障高校思政课教师的专业发展。

3. 内容攻坚

课堂教学内容优化就是要遵循课堂教学的基本规范和要求，从高校学生的实际需要出发，理论联系实际，把课堂教学内容转化为学生乐于思考、愿意接受的语言，使课堂教学内容贴近实际、贴近学生、贴近生活，丰富教学内容，使其更有针对性，体现出时代感，提高课堂教学的吸引力和感召力。

（1）把握学生的实际需求

课堂教学内容是促进高校思政课课堂教学效果和质量提高的一个关键性因

素，课堂教学内容针对性强，符合学生的实际需要，学生就会积极主动地参加课堂教学活动，课堂教学质量和效果就会提高。首先，优化课堂教学内容就要研究学生关注的社会热点问题和现实生活中遇到的思想疑惑问题。只有对其进行研究，才能了解学生的实际思想状况，才能在课堂教学中更好地满足学生成长成才的需要，才可以使学生主动接受课堂教学中的内容，才能使其从中体会到更多的获得感。其次，根据学生的实际需求选择课堂教学内容的切入点。课堂教学内容切入点符不符合学生的实际需求，关系到能不能激发学生的学习兴趣和课堂的参与度。只有课堂教学内容的切入点与学生实际相联系，才能提高学生对课堂的兴趣，学生才会自愿参与课堂教学活动中。这样的师生互动才会是高效的，才能把枯燥乏味的教学内容变得生动有趣，从而使课堂教学效果和质量得到提高。

（2）将思政课教材内容转化为课堂教学内容

将两者进行转化，是解决课堂教学内容枯燥乏味的重要途径。高校思政课教材内容政治性和思想性强，过于枯燥和抽象，学生接受有一定的难度，只有将高校思政课教材内容转化为课堂教学内容才能使学生易于接受。实现两者之间的转化，关键是要回归到学生的现实生活中，将教材知识与学生的实际相结合，将教材体系中一些政治性和思想性过强的内容转化为具体的、生动的故事和语言，贴近学生的实际生活，这样的课堂教学内容才能被学生接受。

（3）必须要紧紧抓住时代的发展脉络

课堂教学内容只有抓住时代的发展脉络，才能站在时代的前沿对思政理论课进行研究，才能根据时代的需求将内容传授给学生，帮助学生去分析和思考新时代出现的新问题，帮助学生答疑解惑，才能使理论课课堂教学充满生机与活力。

4. 机制攻坚

高校思政课堂的评估机制主要是指科学地调查和判断学生在高校思政理论课课堂中的学习情况，方便管理者和理论课教师诊断课堂教学中存在的问题，及时解决问题和总结工作经验，进一步改进课堂教学的方式，从而实现理论课课堂教学的目标。评估机制能够为思政课课堂教学的顺利开展提供决策的依据，对于强化竞争意识、提高教育者的积极性和工作的实效性具有激励和督促的作用。

（1）建立课堂评估标准

①规范标准。这种标准是一种基本规定和要求，主要是思政课教学方案对课

堂教学各个要素和整个教学过程的规定，前者主要是看各要素是否完备、优质，是否更好地实现了课堂教学的具体要求。而后者是评价教学过程的各个阶段是否得到全面实施，各环节之间是否相互衔接。

②知识标准。知识标准是对思政课知识把握水平的标准，主要有考试标准、考核标准和综合标准。考试标准是测验学生对知识的熟悉程度的具体标准。考核标准是测验高校思政课学生学习情况和掌握程度的标准，侧重考察学生的技能。综合标准是衡量知识结构是否优化的标准，是前面两种标准的补充。

③素质标准。素质标准是衡量学生各方面素质全面发展的尺度。以思想道德素质为评价标准，应全面评价学生的理论学习情况、思想品德水平等。以综合素质全面发展为评价标准，既可以检验思政课的课堂教学效果，又可以推进大学生素质教育，激励学生的全面发展。

④实践标准。实践标准是最高评估标准。学生对马克思主义理论知识的掌握程度，学生的思想道德素质和综合素质等，归根到底都要在实践中得到检验。

（2）明确课堂教学的评价主体

评价主体不仅可以促进思政理论课课堂的发展，对高等教育的发展也有推动作用。首先，按照课堂评估标准可以将评价主体分为课堂内部评估主体和课堂外部评估主体。课堂内部评估主体主要是指教师和同学，课堂外部评估主体主要是指家长、辅导员或其他任课教师。其次，各评价主体要明确自身应承担的责任，保证评估的准确性。最后，各评估主体的比例要合理，充分发挥每一个评估主体的作用，保证课堂教学评估的客观性和科学性。

（3）注重进行过程评估

高校思政课教学要加强动态评估，把评估过程同日常的课堂教学活动结合起来，将评估的目标细化，把整体目标同部分目标结合起来，提高评估的有效性。教师不单只关注学生最终的考试成绩，还要关注学生在日常课堂中的教学活动参与度和学习情况，可以通过课堂小测验、日常行为表现等方式进行评估。用多样化的评估方式激发学生的学习兴趣，使教师与学生之间产生互动，引导学生逐渐认识到思政理论课的作用。

（4）充分发挥评估机制的激励和制约作用

充分发挥奖惩在评估工作中的作用，把外部激励、外部控制转化为内部激励、自我控制。理论课教师和学生要端正对奖惩手段的认知态度，深刻挖掘奖惩背后的精神性导向。教师要从评估的结果去查找问题出现的原因，要注重细节和相关责任人的具体表现，不能以终结性评估取代形成性评估。要使每一位学生在经历了一段课堂学习后看清同原有目标、同学和自身要求之间的距离，对自己有一个明确的定位。教师应充分肯定每一位学生在高校思政理论课课堂教学中所具有的正面价值，使每一个人都对自己的学习、工作充满成就感和荣誉感。

5. 环境攻坚

教学氛围是高校思政课教学系统中的一个重要因素，课堂教学氛围营造得如何，对课堂教学效果起直接影响。所以，提高课堂教学的质量，就需要采取多种措施营造良好的课堂教学氛围。

（1）精心创设课堂教学的"软件"

思政课教学"软件"主要包括活跃的课堂氛围、融洽的心理环境以及平等的师生关系。

①活跃的课堂氛围。教师可以利用自己丰富的知识储备，用贴近生活，生动且富有趣味性的语言吸引学生，活跃课堂的教学氛围。如教师可以通过网络流行语和寓言故事等方式，吸引学生的兴趣，在潜移默化中使学生受到启发。

②融洽的心理环境。教师在课堂教学中要保持积极向上的心态，根据课堂状况运用一定的心理调节技巧及时调整学生的心理。

③平等的师生关系。改变教师一言堂的局面，给学生更多的话语权，并鼓励学生发表意见，同时还要指导学生之间的自主合作学习，让学生从传统的课堂学习中解放出来，从"接受者"转变为"参与者"，在课堂中不断提高学生的能力。

（2）精心设计课堂教学的"硬件"

课堂教学"硬件"主要包括课堂中的多媒体设施、教师课堂讲授使用的 PPT 课件等。

①课堂中的多媒体设施。当前，高校思政理论课课堂多媒体设备齐全，教师应充分发挥多媒体的工具性和交互性，为课堂教学创设活动的场景，通过直观、生动的画面吸引学生，加强教学内容的丰富性，激发学生的学习热情和积极性。

②教师课堂讲授中运用的 PPT 课件。在设计教学课件时，要以教学内容为

根据，以学生为中心，注重培养学生的思维能力，紧紧围绕教学内容和教学目标，要具有实用性，不能只停留于表面，盲目追求课件的美感。所以，高校思政理论课教师要找准教学的重难点，只有选择合适的教学素材，并有目的地制作教学课件，才能吸引学生，才能增强课堂的教学效果。

第二节　高校思政教育的实践活动创新发展

一、高校思政课实践教学模式

高校思政课肩负着开展马克思主义理论教育的重担，在高等院校学生的必修课程中，它作为一门基础课程，培养了能够承担复兴中华民族重任的鲜活生命力。在思政课的教学中，实践教学起了加强教学效果的重要作用。同时，应对当下思政课的教学形式进行反思，并从发现问题中创新教学方法。

（一）高校思政课实践教学中的问题

高等院校在思政课的开展中，使实践活动和理论教学紧密结合，既能使学生的理论知识和个人素养得到提高，还能使学生在实践的过程中对马克思主义理论有更深刻的认识，从而提高能力，对社会主义树立起坚不可摧的信念，学会做有独立人格、有理想、有社会责任感的新时代接班人。因此，必须加强实践教学的作用，从而提高思政课对学生的教学影响。

理论知识与实践活动亲密结合是开展思政课实践教学的关键，作为理论教学的深化，实践教学的主要目的是加强学生对课堂知识的掌握，熟练地将马克思主义理论运用到生活和学习当中，更清晰地意识到党的路线和方针。当教学过程中理论教学和实践教学的关系失去平衡后很容易出现一些弊端。

第一，理论教学和实践教学的内容不匹配，导致实践教学成为了师生的一种负担，从而敷衍了事，失去主动积极的践行实践教学的兴趣。

第二，太看重实践教学的作用，忽视了理论教学的作用，主次失衡。教育部要求，理论教学为主，实践教学作为其延伸，不能反客为主。

以上的问题都使得实践教学活动无法顺利进行，只有清晰的认识和正确的态度，才能保证实践教学的顺利进行。

（二）高校思政课实践教学模式的方法

实践教学的发展应当与时俱进，在践行的过程中才能不断地发现问题，更好地解决问题，而创新是使实践教学保持源源不断的生命力的关键。作为课堂主体之一的教师，应该利用实践的作用引领学生深刻地领会课程内容，实践和理论相结合，在实践过程中才能够及时发现问题，更好地发挥实践教学的作用。

1. 概念的明确

明确思政课实践教学的概念，是完善思政课实践教学的起点。思政课实践教学，即除日常课堂和虚拟网络外的环境中，把教师作为主导、学生作为主体，开展和组织的环绕"思修""纲要""概论"和"原理"四门主要课程的教学活动，这种教学活动有明确的目标和具体的行为，而且只发生在一定的社会场所当中。只有实践教学的正确含义得到了师生的清晰认知，它才能更好地突出实际作用。

2. 设施的完善

第一，高校在认清开展思政课程和实践教学的重要作用后，首先要利用教师的高度专业性对教学加以扩展，使教师享有优质的待遇，定期开展他们的集体交流和学习，使实践教学能够更加高效；第二，开展思政课实践教学所需的经费应该由教育部和高校共同承担，经费的计算基于参与到实践教学中学生的人数，做到定期发放；第三，对高校思政课实践教学应做出硬性的要求，明确其权利与责任，使高校有法律的保障。

3. 方法的丰富

我国很多高校所在的当地都有很多红色遗址和历史文化，是补充思政课实践教学很好的地方资源。高校和这些地方单位共同合作开展实践教学，以历史资源为基础，发掘出独特的地域文化，并与社会主义核心价值观相交融，能使实践教学更具有新特色。在抛弃以往的理论教学模式的基础上，多元化教学形式的发展必不可少，只有不断地创新方法，学生的学习兴趣才会被更好地激发。

总之，高校在面临当今社会对更高素质人才的需求中，有责任培养高素质人才为社会主义服务。实践教学在思想政治教育中作为一个关键因素，对学生素质的培养起着独一无二的作用。只有不断提高和创新实践教学，才能提高教学质量。实践教学模式的发展，在社会各方的共同努力下，定会越来越好。

二、高校思政教育的实践特征

（一）目的性明确

人类社会实践活动均是以一定目标为切入点的，而人类也从实践活动产生那时起便开始正式追求自由的伦理维度。在受教育者的思想和活动中巧妙地融入统治阶级的意识是思政教育的根本内涵所在。而对受教育者进行思政教育不仅是为了使他们能够接受社会意识形态的主流意识，还能够使他们牢固掌握社会生活的基本技能，并能真真正正融入社会生活中去，从而能够利用自己的聪明才智为社会贡献一份力量。从受教育者的角度来看，接受思政教育不只是社会化实现的途径，更是确保个人实现全面发展的关键所在。

（二）渗透性较强

要想使思政教育的实践性得到有效增强，就必须在学生的生活、学习和实践中进行渗透，尤其是要到学生的实践活动中进行渗透。而只有通过思政教育对学生的生活和学习实践活动进行有效指导，才能获取源源不断的发展活力，才能提升思政教育的亲和度，才能使学生真正接受。实践育人理念要求引导学生对他人给予积极帮助，并形成合作共赢的理念，不得采取强迫他人、枯燥无味的教育方法。而这就需要学校积极组织与学生平时学习相结合的实践活动，形成相互监督的学习模式，从而可以更好地开展学生的自我教育。对学生而言，这样的教学理念不仅能够提高学生自身的生活品位，还可以有效提高学生的人生境界。

三、高校思政教育实践活动创新发展的路径

(一) 转变教育观念

随着网络的普及与信息技术的不断发展，现今社会处在信息化高速发展的时代，信息获取途径之便利、获取速度之快捷，信息量之大远超以往任何一个时代。但这也是一个瞬息万变的时代，各种价值观念层出不穷，相互交融。大学是人生的一个重要阶段，是学生形成良好世界观、人生观和价值观的关键时期，因此，高校思政教育必须将对学生价值观方面的教育作为一项重要内容。这就需要高校管理者转变其思政教育方式和教育意识。

实践证明，以往"填鸭式"的教育模式在今天的时代背景下已经不能取得较好的教育效果了。现代教育需要的是从"以教师为主"的教学方式转变为"以学生为中心"的教学模式，思政教育工作者应该充分了解学生的思想特点和他们关注的内容，并在思政教育工作中确立平等的交流模式，充分尊重学生的自主性和主动性，充当引导者的角色，促进学生的健康发展。

(二) 拓宽教育载体

首先，让学生参与到校园文化建设中。良好的校园文化对大学生有重要的作用，能在潜移默化中影响学生的思想观念和价值取向，激励学生完善人格和规范道德行为。各高校应该高度重视校园文化建设，特别是在校园文化建设中加入蕴含思政教育的内容。学生亲自参与校园文化建设，能极大提高教育的实效性。

其次，当今社会发展变化最快的是网络，网络的普及为高校思政教育提供了新的平台，特别是新媒体的发展。由于新媒体蕴含的信息资源十分丰富，且交流方式方便快捷，受到广大师生的关注和喜爱，成为大学生获取信息和交流信息的重要途径。高校应充分利用新媒体技术，从而创新教育方式，并极大地调动学生参与思政教育的积极性，最终使学生成为网络上弘扬正气、传播正能量的主力军。除此之外，高校要注意用科学的理论占领网络思政教育的舆论阵地，并建立规范的校园网络管理制度，主动在校园网及学生经常浏览的网络中发言，强化主流言论，从而更好地实现网络思政教育的发展。此外，高校也应该及时了解网络

舆情的最新动态，把关网络信息内容的真实性、思想性，坚决抵制侵蚀学生思想的相关不良信息，站在全局的高度引导大学生树立正确的价值理念。

第三节　高校思政教育的校园文化创新发展

一、高校校园文化的作用

（一）能够塑造学校的良好形象

校园文化是学校的内在精神和文化的集合，其中的一些优秀人物形象以及一些标志性建筑，都会对公众乃至全体社会起到很强的示范作用。例如，教师和一些名人，以及散落在校园内的各种书画、水墨画，特别是历史名人雕塑、碑亭等文化景观。和谐的大学校园文化可以塑造学校的良好形象，提高学校的声誉和知名度。

（二）能够起到平衡与协调作用

校园文化只有具备平衡和协调的功能，使整体和个体都得到尊重，才能发挥其最大的作用。校园文化在高校中的作用并不直接可见，但生活在校园里的人们随时随地都能感受到。塑造完善的校园文化，当学生置身于环境中时，他的思想行为就会自然而然地受到这种氛围的影响，随着时间的推移，他就会成为一个有知识、有良好气质、有进取心的人。

（三）能够加强师生员工的凝聚力

凝聚力作为维持集体的必要条件，对集体潜力的挖掘也发挥着很大的作用。凝聚力通常是指在一个群体里，各种成员之间因为某事团结起来，向一个方向使劲，对其他成员产生的吸引力和向心力。在一个集体中，如果失去了凝聚力，就不可能完成组织分配的任务，进而失去生存的条件。而这种凝聚力一旦形成，教师、学生和员工将团结起来，为学校的发展而奋斗。

（四）具备扬弃筛选与开发创造功能

对于高校来说，一旦形成校园文化，就不能轻易改变，因为其具有相对稳定性和独立性。应学会过滤筛选所有的文化，以防止一些社会文化中的消极思想对校园文化产生影响。校园文化作为一所学校的灵魂，是学校与社会之间的净化带，能够为全体师生过滤掉消极的东西，形成健康的校园文化。高校校园文化建设需要充分发挥人的主观能动性，激发人的创造潜能，从被动接受知识到主动运用知识来丰富和发展知识。因此，校园文化也有培养创造力的功能。校园的发展离不开一代人才，人才的发展离不开人的创造性活动，而无尽的创造力则维系着校园的发展。

（五）能够对学生起到教育和导向作用

我国对高校校园文化的基本要求是必须体现健康向上、生动活泼的内容。这是因为，健康向上、生动活泼的校园文化能够提高全体师生员工的思想觉悟和认知能力，进而塑造和培养其美好的心灵。由于每个学生的家庭环境不同，这就会使他们的人生观、价值观及世界观具有差异性。再加上信息化时代，信息良莠不齐，影响了他们的思想行为。这些都需要发挥校园文化价值取向的导向作用对学生进行引领，引导着他们的思想行为，从而使其树立正确的世界观、人生观、价值观。

二、高校校园文化建设的原则和方法

（一）高校校园文化建设的原则

1. 方向性原则

高校担负着贯彻落实马克思列宁主义、毛泽东思想、邓小平理论、"三个代表"重要思想、科学发展观和习近平新时代中国特色社会主义思想，促进和发展社会主义先进文化的重要责任。在此前提下，开展校园文化建设，必须坚持正确的政治方向，注重爱国主义精神的培养，突出素质教育和创新教育时代的现代教育特色。高举马克思主义伟大旗帜，坚持社会主义教育政策和服务方向，促进社会主义先进文化的发展是高校校园文化建设的基本要求。

2. 创新性原则

校园文化建设始终坚持继承与创新的有机结合。高校是民族文化积累、传播和创新的重要阵地。学校学科齐全，人才荟萃，国际交流频繁。因此，高校有责任整合中外文化成果，努力创新和发展社会主义文化。高校校园文化建设要正确处理好继承与借鉴、改革与创新的关系。改革创新要立足改革开放和现代化建设实践，立足世界文化发展前沿，发扬民族文化优良传统，吸收民族文化精髓，创新文化。我国的民族文化是富有特色的，是我们民族所使用的。我们应增强中国特色社会主义文化的吸引力和感召力，建设继承优良传统、体现精神、立足国内、面向世界的社会主义大学校园文化。

3. 整体性原则

校园文化建设是一个系统的、系列化的工程。校园文化的建设是一个整体的建设。在校园文化建设中，必须坚持整体性原则。我们不仅要注意硬件建设，还要注意软件建设。我们不仅要重视继承，而且要重视发展。我们不仅要注意这些特点，还要从中学习。在校园建设中，要认识到物质文化是基础，制度文化是纽带，行为文化是途径，媒介文化是载体，精神文化是灵魂。

4. 人本性原则

校园文化是学校在长期管理中逐渐形成的共同价值取向。它是教师、学生和员工在各种环境中生存的精神支柱。其核心是"以人为本"。

高校校园文化建设坚持人本性原则的具体措施如下：①弘扬民族精神，加强对学生的爱国主义教育；②以"为人民服务"为核心，以集体主义为原则，以爱祖国、爱人民、爱劳动、爱科学、爱社会主义为基本要求，以社会公德、职业道德、家庭美德为重点，提倡"爱国守法、明礼诚信、勤奋自强"；③致力于团结友爱，推进学校教育、社区教育、家庭教育相结合的德育体系建设，形成全社会共同管理、共同教育的良好环境；④拓展学生思政工作的新途径，引导学生正确分析和认识实际问题，引导学生健康发展，培养学生的奋斗与合作精神，倡导学生自我教育、自我服务，提高学生的能力；⑤必须坚持"贴近生活、贴近社区"的原则。

5. 参与性原则

在进行校园文化的精神文化建设时，学生是主体，教职工是主导，他们是校园文化的重要载体，是校园文化建设的参与者和贡献者，只有发挥他们自身的能动性，才能将外在的教育要求和语言化熏陶内化成他们的思想行为。而精神文化建设作为校园文化建设的灵魂，对校园文化建设的成败起着决定性作用。因此，一定要让全体师生员工都参与到校园文化的建设中去，并建立促使师生共同参与的激励机制，加强精神文化建设。

(二) 高校校园文化建设的方法

1. 高校校园文化在实践上必须选择好活动载体

一是把握重大节日和纪念日的契机，设计出符合学校特色、适合学生特点的校园文化活动，进而激发学生的参与热情，使学生在轻松的文化氛围中受教育；二是大力引导和发展学生社团，发展学生个性，活跃校园文化氛围，增长学生才干，提高学生的综合素质。

2. 高校校园文化建设必须坚持习近平新时代中国特色社会主义思想的指导

习近平新时代中国特色社会主义思想作为立党之本、执政之基、力量之源，是中国共产党面向新世纪的伟大宣言，是对马列主义、毛泽东思想、邓小平理论的继承和发展，更是当今时代促使我国文化事业健康发展的根本保证，决定着社会主义大学校园文化的性质和发展方向，在我国的思想中占有重要地位。根据习近平新时代中国特色社会主义思想的要求，在进行校园文化建设时，一定要始终坚持以马列主义为指导思想。无数历史经验证明，只有坚持正确的指导思想，才能使校园文化建设稳步推进，并发挥出它最大的魅力，反之，则会使校园文化建设偏离正确的方向，以此影响其发展。因此，我们必须从关系国家生死存亡和巩固党的执政地位的高度，坚定不移地以习近平新时代中国特色社会主义思想作为发展校园文化的指导思想。

3. 高校校园文化建设的内容必须突出思想道德教育这个主题

思想道德教育是大学生素质教育的灵魂。首先，在开展校园文化建设时，要注意各项活动的价值取向和行为取向，充分体现社会主义人才培养的思政道德行为要求，使学生真正实现"四有"；其次，应该充分发挥教师的主导作用，充分发挥教师的特殊作用，使教师成为思想道德建设的先驱者和楷模；最后，深入开展理想信念教育活动，使学生树立正确的理想信念，树立正确的世界观、人生观、价值观。

4. 高校校园文化建设必须创建一个优良的校园环境

在高校中，校园环境能够对学生产生教育作用，因此，要利用环境的优势，促进校园文化建设的发展。当然，在进行校园文化建设时，要想利用环境的优势打造理想的校园环境，就需要完善学校的布局，设计出能够反映校园文化特色的文化场景。通过优良的校园环境来营造一种良好的、适合学生发展的文化氛围，形成一种良好的心理环境，进而加强校园文化设施的建设。在进行校园文化建设时，一定要保证充足的人力、财力、物力，完善硬件设施，进一步发挥校园文化的作用。

5. 高校校园文化建设必须为校园文化建设提供保障

高校一定要在今后的建设中加强制度建设，使其可以最大限度地发挥制度文化的育人作用，加强对全体成员的法治教育，倡导大家依法办事，按制度办事。另外，还要加强建立校园文化全员共建机制，不断创新高校的制度文化。我们都知道，校园的文化建设需要各方面的配合，不能单单依靠思政教育部门的努力。因此，只有各方面建设全力配合，才能建设好校园文化。

对此，我们一定要加强对校园文化建设的统筹规划，把校园文化建设纳入学校建设与发展的总体规划。为了让这些建设不只是形式上的，应建立完善的监督机制和评价机制，以此达到思政教育的目的，消除校园文化建设中的自发性、盲目性、随意性和偶然性，使校园形成一种独特的文化氛围。

6. 高校校园文化建设必须加强校园精神文化建设

要想加强校园精神文化建设，就要塑造具有校园特色的"校园精神"。因为，"校园精神"是一所学校校园精神文化的核心，所有的校园精神文化活动都是围绕"校园精神"开展的，都是为了突出"校园精神"。"校园精神"是一种深层次的文化，具有相对稳定性和继承性，一旦形成，就很难发生改变，并随着时间推移传承下去，对全体师生员工的思想行为产生极大的影响。那么，要怎么塑造"校园精神"呢？

具体做法可以参考以下几点。

（1）要构建反映时代精神的"校园精神"。在当今时期，要想和时代发展相适应，就要在坚持解放思想、实事求是、与时俱进的同时，不断把时代特点融入校园精神中去，这就要求构建的校园精神必须符合时代精神的内涵，与时代精神相一致，才能体现弘扬主旋律的内容。

（2）根据学校特点，提出具有学校特色的校训、校歌。对学校历史加以编写和宣传，发挥名人效应，形成名校。还要充分发挥教师的主导作用，提高教师的综合能力，打造一支善于治学和教书育人的教师队伍。

（3）加强校风建设。每所学校的校风都是与全体师生员工长期的思想行为相一致的，是具有自己特色、相对稳定的。因此，要加强校风建设，就要努力培养优良的教风、学风，以及领导的工作作风，并且要建立良好的人际关系。这些都是加强校风建设的必备条件。

（4）既然要加强精神文化建设，那么就要在思想道德建设方面做出努力，就要积极进行课程文化建设，努力形成一批高水平、结构合理的课程和学科专业，丰富学生的内涵。

三、思政教育视角下校园文化的创新发展

（一）坚持马克思主义的主导地位

社会主义核心价值体系的基本内容，充分体现了党领导人民进行长期的社会主义实践所形成的伟大的精神成果，始终代表着最广大人民群众的利益。我们党在建设中国特色社会主义的过程中，一直处于"摸着石头过河"的状态，而社会主义核心价值观的提出，充分展现了我党对中国特色社会主义建设已经从制度层面上升到了价值层面，为共产党加强社会主义建设的规律和人类社会的发展规律的认识提供了根本遵循。社会主义核心价值观的提出，不仅是我党思想建设的伟大创新，更重要的是它为社会主义事业合格接班人的培养指明了方向，为社会文化建设提出了新的要求，也为高校校园文化思政建设奠定了理论基础。

马克思主义对于我们从应试教育走出来的莘莘学子来说并不陌生,甚至可以说非常熟悉。马克思主义为我们的社会主义事业的建设提供了正确的理论基础和指导思想,使得我们在艰难的探索过程中不会迷失方向。

马克思主义为高校思政教育提供了理论和思想基础,它弘扬了社会的主旋律,因此,我国高校的思政教育必须使中国化的马克思主义占主要地位。众所周知,大学生思维之活跃,接受新事物之迅速,都是他们的特长,再加上他们积极上进、奋发进取的精神状态,更加善于将马克思主义融入高校思政教育的过程中。有了科学的理论思想作为大学生行为举止的基础,他们的世界观、人生观和价值观的构建更加成熟,而且在学习和研讨科学发展观、理论联系实际、社会主义现代化建设等重大问题时,能够坚持理论联系实际,不断开阔视野,提高解决实际问题的综合能力。通过对时事政策的学习和了解,在把握国家发展趋势的同时,在参加社会实践时他们目标更加明确,不断使自身的成长步伐永远朝向社会发展的方向迈进。

(二) 弘扬优良传统文化,培育民族精神

中华民族的传统文化历经了几千年的积淀和传承,它集合了整个社会发展的各种文化思想和精神观念,是中华文明成果的根本创造力。中华民族的传统文化已不仅仅影响着中国的 56 个民族,其辐射范围之广大,已经被当代人称为"汉文化圈"。而优秀的传统文化对当代大学生的思政教育更是起着举足轻重的作用,因此,高校校园文化建设的顺利发展,要以传统文化作为继承和弘扬的基本内容。

1. 加强大学生思想道德教育

在几千年的中华传统文化中,能够滋润人们心田、陶冶人们情操的文化,尤其是那些净化人们心灵、提升人们精神境界的传统文化是中华民族的精神命脉。它是团结各族人民、维护国家稳定和保障社会和谐发展的精神根基。高科技飞速发展的今天,互联网这一特殊媒介,为高校大学生获取信息提供了便利条件。由于大学生的人生观、价值观和世界观还处于初建期,很容易遭受不健康文化的误导。例如,一些高校的大学生强调自身利益的最大化,这种极端个人主义的猖獗,严重危害大学生正确价值观的形成。而因时制宜地加强高校大学生进行中华

民族优秀的传统文化的学习，可以增强他们的民族自信心、自尊心和自豪感，使他们以一名优秀的社会主义接班人去报效祖国，为社会主义现代化建设贡献力量。

我们的传统文化虽然是在长时间的历史实践中形成的，但它不能满足于现状，不能故步自封、停滞不前，它是具有时代性的，服务于每一个具体的"当代"社会。这就要求在学习和弘扬优秀传统文化过程中，不断教育引导广大青年学生深入理解和掌握传统文化的精神实质，弘扬艰苦奋斗和创新精神，并结合当今社会发展时代潮流，使广大师生在不断变化发展的传统文化中提高其思想道德水平，而与此同时，高校加强和改进思政教育的目的也得到了实质性的进展。

2. 培育大学生的民族精神

民族精神是社会主义核心价值观的重要精神支柱，为社会主义先进文化的发展指明了前进方向。而高校的主要任务是为社会主义事业培养合格的接班人，仅以先进的科学知识和技能来武装大学生已远远不够了，更重要的是以优秀的文化成果来丰富大学生的精神世界。那么民族精神就是提高大学生精神境界的力量源泉。

古往今来，民族精神对于一个国家、一个民族的兴衰成败都起着至关重要的作用，而大力培育大学生的民族精神，对增强他们的爱国主义精神、自强不息的进取精神和开拓创新精神起着决定作用。加强对当代大学生的民族精神的培养，要改变以往强硬灌输的教育方式，应以理论和实际相结合的教育手段来对新时代的民族精神进行弘扬和培育。

（1）通过思政教育使广大学生了解中华民族的伟大传统文化。而要想对中国的传统文化进行准确了解，就必须要掌握中国的历史。我们通常说要"以史为镜""以史为鉴"，就是让大学生在了解中国悠久的历史文化的基础上，用追忆历史的眼光看待中国的基本国情，了解顽强的中国人民为了获得民族独立和人民解放所付出的沉重代价，了解建设中国特色社会主义的决心和信念，在优秀的传统文化中不断地认识自我、提升自我，从而更好地为弘扬和培育民族精神奠定良好的思想根基。

（2）要积极展开社会实践，只有这样，民族精神的培育才能落地生根、开花结果，而不是仅仅停留于精神教育层面。例如，在高校校园内开展一些慰问孤寡老人、争当环保小标兵等公益活动，也可以建立一些社会实践基地，使大学生不用出校门，随时随地都可以进行社会工作的训练。通过在这些实践活动中锻炼和磨砺，能够很好地让大学生感受到格物致知的"魅力"，增强他们对民族精神的认同感，达到知行合一的目的。

综上所述，大力弘扬和培育大学生民族精神，一方面需要思政教师的循循善诱；另一方面需要展开有目标、有信念的社会实践活动，使大学生利用坚实的理论知识指导实践，再通过实践活动使已知理论得到升华。这种对民族精神的体会和认知才是最彻底的、最深入人心的，从而高校思政教育工作实现了有的放矢，也达到了事半功倍的效果。

3. 激发大学生的爱国热情

中华民族精神的核心和灵魂是爱国主义，爱国主义是使全国各族人民拧成一股绳，齐心协力共同奋进的重要力量，也是维护祖国统一、民族团结，抵御外来入侵的思想基础和强大动力。在中华民族五千多年的悠悠历史长河中，从不缺乏具有爱国主义精神的志士仁人和民族英雄。这些英雄人物以天下为己任，誓死维护祖国的统一，为中华民族的团结稳定"鞠躬尽瘁，死而后已"。他们用自己的行动甚至生命向我们证明忠诚而虔诚的爱国之心是中华民族争取独立，维护统一的精神食粮，是伟大祖国的国魂。

正是爱国主义这种强大的精神力量保障着社会不断向前发展，体现着全国各族人民共同的爱国情怀，指引着人们朝着同一方向共同奋斗，同时，爱国主义又是一种基本的道德规范。而广大青年大学生是祖国建设的主力军，爱国主义教育的重点对象就是这些塑造性较强的大学生，高校很自然地就成为爱国主义教育的主要战略基地。在高校思政教育的过程中，以爱国主义教育为核心的民族精神教育培养成了教育内容的主导方向。教育主体是教育成败的关键人物，应当把专业课程中所能体现的爱国精神同时代主流精神有效结合，赋予抽象的爱国精神具体性和时代性。当然，仅仅依靠单方面说教来激发大学生的爱国主义热情是远远不够的。

要想充分调动大学生的积极性，还应该开展各种各样的社会实践活动，使教育和实践达到充分结合。广大学生通过社会实践了解当下社会发展特征，根据社会的发展需要培养品格，提高技能，同时加深爱国主义情感和增强社会责任感。

所以，社会实践具有不可或缺的重要作用。

(三) 发挥校园文化思政教育功能

1. 加强校园物质文化建设

(1) 要下大力加强校园物质文化建设，为校园文化建设提供最为基本的物质基础和得力平台，从而为广大师生提供一个健康向上、积极进取的学习和工作环境。在加强物质文化建设的同时，还要体现出丰富的人文情怀，展示特色的文化内涵，使科学精神和人文关怀相结合。

(2) 高校的物质文化建设要在符合高校办学短期目标的基础上，满足高校长期发展目标的需要，要具备远见性。近几年，由于高校扩招政策的推广，高校内掀起了一场扩建新校区或者翻修老校区的"浪潮"。这种做法虽然美化了校园，节约了办学经费，但有的可能的确不符合本校自身的发展需求。有的高校只为追求校园建筑的气势宏伟，只求眼前不图长远，只求奢华不图实效，只图外在美不求有内涵，导致出现这种不重视内涵建设的做法，难以体现自身的文化特征。所以，加强校园物质文化建设要适应学校发展战略目标的需要，在客观上为师生创造一个良好的生活、学习环境。

(3) 校园物质文化建设要体现出人文要求和办学特色。高校在进行校园物质文化建设时，要立足于本校的实际发展需求，将自身的发展与社会发展的时代特色融入各个物质设施和场景建设中，在追求"高端、大气、上档次"的同时，最重要的一定要蕴含人文因素。特别是那些有着悠久历史的名校，要让校园物质文明建设成为传承本校历史文化的永恒见证。

2. 重视校园精神文化建设

加强校园精神文化建设对于高校思政教育工作有一定的推动作用，在思政教育开展的过程中是必不可少的，能够培养大学生的政治素养。大学生作为强有力的后备军，他们政治素养的高低，与党和国家的前途命运以及社会主义事业的兴衰成败直接相关。高校作为培养合格人才的重要阵地，想要使大学生的思政教育水平得到极大的提高，必须使精神文明建设得到加强，提高广大青年学生的自主性和创新性，从而进一步提高大学生的专业技能和科学文化水平。另外，在市场经济复杂的社会环境下，社会上一些腐朽的、消极的思想流入大学校园，腐蚀大学生的思想，使得一些大学生出现了种种消极的思想问题。

3. 完善校园制度文化建设

随着时代的不断发展，曾经国内高校间的竞争已过于局限，现已发展为全球范围内的竞争。那么，通过校园文化建设提升各高校的综合素质和竞争能力，则显得极其重要。

（1）校园制度建设要体现"公平、客观、科学、规范"的原则，只有建设公平性、客观性、科学性、规范性的校园制度，其受益主体的范围才会实现最大化。同时，校园制度文化还要随时代的发展要求不断地完善和创新。现代教育的主流是提倡全面素质教育，有些不合时宜的规章制度经过时间和实践的检验，已经不适应高校和社会的需求，因此，校园制度文化建设一定要及时修改、补充和完善，才能保证现代教育跟得上时代发展潮流。

（2）校园制度文化建设一定要坚持"以人为本"的管理理念，让广大师生积极、热情地投身到校园制度文化建设中，突出他们的主体地位，这对校园制度的有效贯彻实施有很好的促进作用。广大师生作为高校校园文化建设的主体，尤其是教师这一特殊群体，他们是高校良好风气、优秀文化的传承者，只有充分发挥教师群体的作用，才能达到"为人师表"的目的，才能使校园制度文化建设有效地进行。而学生是被管理者，他们的自我管理和自我约束也和校园制度文化的建设有着紧密的联系。一方面，他们的行为举止和思想情感都受到学校规章制度的约束；另一方面，广大学生对规章制度的落实情况取决于学校规章制度是否科学合理、可操作，即规章制度的有效性。

因此，在加强校园制度体系建设过程中，一定要根据学生的实际接受情况，使他们所需要接受的制度渗透到各个学科的学习过程中，在参与学校组织的各项活动中也能体现出来，这样就能够很好地避免他们对校规校训等产生排斥心理。

另外，在制定相关惩奖制度时，要更多地采用奖励性规范，尽量避免惩罚性规范的制定。通过奖励性措施，在全校范围内形成一种正能量，使广大师生一起向着美好的方向而努力。从管理成本来看，使用奖励性措施进行管理并不一定比使用惩罚性规定的成本高，奖励性措施同时也是有效的激励手段。

4．丰富校园行为文化建设

校园行为文化是校园文化中一个重要组成部分，它往往通过一系列丰富多彩的校园文化活动展现出来。积极、高雅的校园文化活动可以使广大师生在工作、学习之余，开阔视野，加强沟通。特别是对青少年来说，通过参加校园文化活动可以增加知识，增强集体意识，提高思想政治素质。

（1）可以利用一些具有纪念意义的纪念日开展别具匠心的主题教育活动，全面提高大学生的思想政治素质。例如，"五四运动""八一建军节""国庆节"等，这些都展示着我国可歌可泣、雄伟悲壮的革命史，大学生通过参加这些历史主题活动可以在了解中国历史的同时，增强民族自信心、自尊感和自豪感；"元旦""春节""元宵节""端午节"等传统节日的主题晚会的举办，可以增进师生之间的师生情，也可以使大学生更加热爱自己的校园；"五一劳动节"等国际节日活动的举办，是高校与时俱进、与国际接轨的实际需要。

（2）为了考查学生掌握知识水平和解决实际问题的能力，可以举办一些学科竞赛活动。例如，知识大比拼竞赛、航模制作比赛、机器人大赛等。开展丰富多彩的校园科技竞赛活动，一方面，有利于提高大学生学习文化知识的积极性；另一方面，有利于提高大学生的创新能力和实践能力，力争在毕业走入社会后，能够尽快地适应环境，并在较短时间内发挥出自己的聪明才智。

（3）可以充分利用周末时间，建立周末文化广场。可以在周末固定的地点安排大学生参加各类活动，满足各个层次、各种技能的学生的需求。不仅可以提高学生的文字表达、语言组织、社交能力，还可以达到强身健体，培养兴趣爱好，陶冶情操，提高学生的综合素质的目的。

（四）加强校园网络资源的建设与管理

改革开放以来，在科教兴国战略的指引下，网络的应用越发普及，给当代人们的思想观念和生活方式带来了极大的变化。特别是成长在21世纪的广大青年学生，他们对网络的需求已经延伸到学习和工作中的每一个角落。

然而，网络技术的发展与应用给高校带来的不仅仅是机遇，还有挑战。一方面，高校可以利用网络随时获取有利于本校发展的信息资源，各高校之间可以通过网络交流实践经验，以促进高校不断向前发展；另一方面，由于网络具有公开性，使得人们对网络的审查和监管有所缺失，这就会导致各种负面信息泛滥成灾。

这些负面信息会严重误导大学生人生观、价值观和世界观的形成。因此，为了给广大师生创造积极健康的网络资源环境，高校要加强校园网络资源的建设与管理，可以利用丰富多彩的网络文化活动，大力宣扬传播科学理念、优秀文化，使社会主义先进文化成为网络思想文化所倡导的主旋律。

1. 引导学生正确利用网络文化

众所周知，大学生的可塑性是非常强的，当某一新事物出现时，或接受，或排斥，他们都能以最快的速度做出选择，而且以超强的驾驭能力去适应它。在当代校园里，大学生通过QQ、微信等网络通信平台进行相互沟通，发表一些对时事和热点的个人观点。大学生还通过网易、腾讯资讯等网页了解当下所发生的时事要闻，随时关注学校和社会的发展动态。由此可以看出，网络资源的丰富和获取信息的便捷，确实推动了社会的进步和高校校园文化的建设，但是它所带来的腐朽文化也侵蚀大学生的身心。因此，高校应专门设置网络课程，并成必修课，教育引导学生正确利用网络文化。利用网络文化培养大学生的自立和创新精神，帮助他们正确了解、客观分析他们所处时代的环境和背景。大学生也通过网络上及时而丰富的信息资源，开阔视野，提高参与社会事务的管理能力。

2. 建立本校独特的网络体系

由于网络世界里的信息良莠不齐，为了保证在校师生所接触的网络内容积极、健康，高校可以建立校园网，利用校园网的吸引力、感召力和渗透力来丰富广大师生的校园网络文化生活。高校还可以通过网络，组织开展各种知识竞赛，使学生都积极参与其中；也可以根据当下某一新闻热点，在网络上开展在线访谈活动，让师生各抒己见；组织网络红色文化艺术节，利用网络传播的广泛性，让更多的人了解中华民族的传统文化，使大学生更加热爱自己的祖国和学校。

同时，高校还可以在网络上设立一些心理辅导、创业就业、勤工助学等栏目，对大学生的生活和思想予以关心。大学校园网的建立致力于成为广大师生学习知识、获取信息、表达思想、交流情感的重要渠道，利用网络给大学生带来更多的是先进的知识、优秀的文化和更多的正能量，使之成为大学生自立自强的好帮手。

3. 加大校园网络资源的管控力度

要保证校园网络资源的"纯洁"，不被杂七杂八的不良思想所"玷污"，高校应设立专门的岗位对网上各种信息进行筛选、整理，重视网络体系的日常维护，从而推动网络管理体系的健全发展，同时，努力建设一支整体素养较高的网络管理队伍和评论员制度。而对于网络管理员的培养，要着重选拔一批熟悉新闻宣传的人，担任网络管理的人员。

另外，对于网络评论的管理工作也不容忽视。网络评论员要主动介入校园BBS和校外网站的交互式栏目，主动导帖、积极跟帖，采用"网来网去"的方法，学会用"网言网语"参与对话交流，挤压有害信息的传播空间。

参考文献

[1] 徐小莉，田爱玲. 新时代高校思政协同育人发展策略研究 [M]. 长春：吉林大学出版社，2023.

[2] 张雪霞，李娟，崔冬雪. 网络时代高校思政教育教学创新实践探索 [M]. 北京：中国纺织出版社，2023.

[3] 黄丽娟. 新时代高校思政教育理论与实践创新发展研究 [M]. 长春：吉林大学出版社，2023.

[4] 仇瑛. 高校思政金课建设的逻辑理论与实施路径研究 [M]. 长春：吉林大学出版社，2023.

[5] 石国华. 高校思政课程改革与教师职业素养提升 [M]. 长春：吉林大学出版社，2023.

[6] 张艳青. 新时代高校思政课教学改革的研究与实践 [M]. 长春：吉林大学出版社，2023.

[7] 杨杰. 文化渗透视角下高校思政教学探究 [M]. 长春：吉林大学出版社，2023.

[8] 郎旭. 高校"课程思政"实践研究 [M]. 沈阳：辽宁人民出版社，2023.

[9] 苏杭. 新时代思政课程建设研究 [M]. 长春：吉林大学出版社，2023.

[10] 李鸿雁，张雪. 高校思政课教学改革与创新研究 [M]. 延吉：延边大学出版社，2022.

[11] 黄河，朱珊莹，王毅. 高校思政课程实践教学探究 [M]. 长春：吉林大学出版社，2022.

[12] 范福强. 高校思政教育与大学生择业的研究 [M]. 延吉：延边大学出版社，2022.

[13] 王永，王曲云，黄舒. 高校思政工作者心理育人实务 [M]. 合肥：中国科学技术大学出版社，2022.

[14] 李才俊，罗茂，胡守敏. 高校思政课实践教学设计［M］. 成都：西南交通大学出版社，2022.

[15] 连那. 新时代高校思政育人体系建设研究［M］. 长春：吉林大学出版社，2022.

[16] 谢波，孙玉. 新时代背景下高校思政育人体系路径探索［M］. 长春：吉林大学出版社，2022.

[17] 李风啸. 新时代数字化与高校思政教育的深度融合［M］. 北京：中国纺织出版社，2022.

[18] 寇进. 全媒体环境下高校思政教育创新研究［M］. 延吉：延边大学出版社，2022.

[19] 高莉. 高校思政课建设的逻辑理路与实施路径研究［M］. 北京：群言出版社，2022.

[20] 王斌伟. 高校思政工作"三项育人"协同机制构建研究［M］. 广州：广东人民出版社，2022.

[21] 甘玲. 践行渐悟高校思政课实践教学的探索与实践［M］. 秦皇岛：燕山大学出版社，2022.

[22] 刘丽丽，王爱巧，帖琳娜. 新常态背景下高校思政课教学改革与探索［M］. 哈尔滨：北方文艺出版社，2022.

[23] 姚雪兰. 新时期普通高校思政理论课教学方法与实践研究［M］. 延吉：延边大学出版社，2022.

[24] 刘珺，彭艳娟，张立军. 社会主义核心价值观与高校思政教育工作理论创新研究［M］. 北京：新华出版社，2022.

[25] 严昌莉. 高校思政理论课教学实务研究［M］. 北京：北京工业大学出版社，2021.

[26] 刘仁三. 新时代高校思政育人理论研究与实践探索［M］. 北京：中华工商联合出版社，2021.

[27] 文学禹，韩玉玲. 高校课程思政体系构建与路径研究［M］. 长春：吉林人民出版社，2021.

[28] 姜雅净，程丽萍. 三全育人理念下高校课程思政改革实践［M］. 上海：立

信会计出版社，2021.

[29] 王静. 全球治理人才培养背景下的思政教育体系建设［M］. 北京：中国商务出版社，2021.

[30] 钟家全. 互联网与新时代高校思想政治教育队伍建设［M］. 成都：西南交通大学出版社，2021.

[31] 李娟. 全媒体环境下高校思政教育改革创新研究［M］. 北京：北京工业大学出版社，2020.

[32] 潘子松. 创新创业教育与高校思政教育的融合研究［M］. 北京：北京工业大学出版社，2020.

[33] 秦艳姣. 全媒体环境下高校思政教育新探索［M］. 北京：北京工业大学出版社，2020.

[34] 张锐，夏鑫. 大数据时代高校思政工作创新研究［M］. 北京：北京工业大学出版社，2020.

[35] 崔岚. 高校思政课程建设与大学生人文精神培养［M］. 北京：北京工业大学出版社，2020.

[36] 陈金平. 多媒体时代高校的思政教育研究［M］. 北京：北京工业大学出版社，2020.

[37] 吕小亮. 新时代高校思想政治理论课教学改革探索［M］. 上海：上海大学出版社，2020.

[38] 傅莹. 新媒体时代高校思政工作创新［M］. 汕头：汕头大学出版社，2019.

[39] 陈晓云. 高校思想政治理论课教师的角色冲突［M］. 上海：上海三联书店，2019.